Inscriften Schriftdenkmäler

Helga Giersiepen
Clemens Bayer

Inschriften
Schrift-
denkmäler

Techniken
Geschichte
Anlässe

FALKEN

Inhalt

Folgende Kapitel bzw. *Abschnitte* wurden von Dr. Helga Giersiepen verfaßt: Inschriften, Inschriften, Inschriften . . . / *Deutsch / Hebräisch / Steininschriften / Glas / Textilien, Keramik, Holz, Wand- und Tafelmalerei* / Schriftgeschichte / *Grabinschriften / Glockeninschriften / Erinnerungsinschriften / Rechtsinschriften / Bau- und Hausinschriften / Inschriften auf Alltagsgegenständen* / Inschriftenfälschungen / Anregungen für die praktische Arbeit.
Clemens Bayer M.A. ist der Autor der anderen Kapitel und *Abschnitte:* Was ist eine Inschrift? / *Latein / Metallinschriften / Stifter- und Künstlerinschriften / Bildbeischriften / Graffiti /* Inschriftensammlungen.

Vorwort

In einer Zeit, in der sich immer mehr Leute für historische Ereignisse und Entwicklungen interessieren und Geschichte »zum Anfassen« zunehmend populär wird, finden auch Inschriften ein wachsendes Interesse. Vor allem Lokal- und Familienhistoriker, aber auch Kunsthistoriker erkennen in zunehmendem Maße den Wert inschriftlicher Quellen für ihre Arbeit.
Das vorliegende Buch richtet sich an interessierte »Nichtfachleute«; die Literaturhinweise im Anhang machen auf wissenschaftliche Einführungen in die Epigraphik und auf einschlägige Editionen aufmerksam. Auch im deutschen Sprachbereich sind vor allem die bedeutenderen älteren Inschriften zu einem großen Teil in Latein verfaßt. Um dem Leser einen Zugang zum Inhalt dieser Textzeugnisse zu geben, bieten wir eine ganze Reihe von lateinischen Inschriften, die durch eine möglichst genaue Übersetzung und, soweit nötig, durch kurze Hinweise zur Metrik und zu sprachlichen Besonderheiten erschlossen werden.
Die einzelnen Teile des Buches wurden jeweils von einem der beiden Autoren verfaßt (s. Angaben unter dem Inhaltsverzeichnis) und zeigen deshalb gewisse Unterschiede in Stil und Darstellungsweise.

Helga Giersiepen *Clemens Bayer*

Inschriften, Inschriften, Inschriften ...

Mauerkunst – Lebenskunst war an der Berliner Mauer bis zu ihrem Abbruch zu lesen; einer der zahllosen Graffiti, die das Erscheinungsbild der Mauer von der westlichen Seite aus mit geprägt haben. Doch nicht nur dort, sondern überall stoßen wir auf Textgraffiti: an beliebten Aussichtspunkten, auf öffentlichen Toiletten, in Bussen und Bahnen, in den Hörsälen der Universitäten und den Klassenzimmern der Schulen. Die Lust des Menschen, sich mittels eines eingeritzten oder aufgekritzelten Textes zu »verewigen«, hat sich die Jahrhunderte hindurch erhalten. In den Thron im Aachener Dom, auf dem im Mittelalter die deutschen Könige gekrönt wurden, haben Besucher bereits im 17. Jahrhundert Beweise ihrer Anwesenheit eingeritzt, und das Chorgestühl der Stadtkirche St. Dionys in Esslingen trägt Graffiti, die die Geistlichen offensichtlich während des Gottesdienstes in die hölzernen Sitzflächen eingeschnitten haben.

Wie alle Texte, die nicht – wie Bücher und Zeitschriften – gedruckt oder mit der Feder oder dem Stift auf Papier oder Pergament geschrieben sind, zählen die Graffiti zu den Inschriften. Es sind aber nicht nur Graffiti, sondern Inschriften verschiedenster Art und unterschiedlichsten Inhalts, die uns überall begegnen. Jede Neonreklame (Farbtafel II), jedes Straßen- oder Ortsschild (Farbtafel II) trägt eine Inschrift. Die Namenszüge in Eheringen (Farbtafel III) sind ebenso als Inschriften zu bezeichnen wie der Dreikönigsgruß *19 C + M + B 95*, der mit Kreide über die Haustür geschrieben ist. Ja, sogar tätowierte Wörter fallen unter diesen Begriff (Farbtafel II). Zu den weltweit bekannten Inschriften gehören der überdimensionale Schriftzug *Hollywood* inmitten der Landschaft (Farbtafel I) und die Namen berühmter Schauspieler im Pflaster der Filmstadt.

Doch auch historische Inschriften sind neuerdings verstärkt in den Blickpunkt gerückt, und zwar im Rahmen der großen historischen Ausstellungen der vergangenen Jahre.

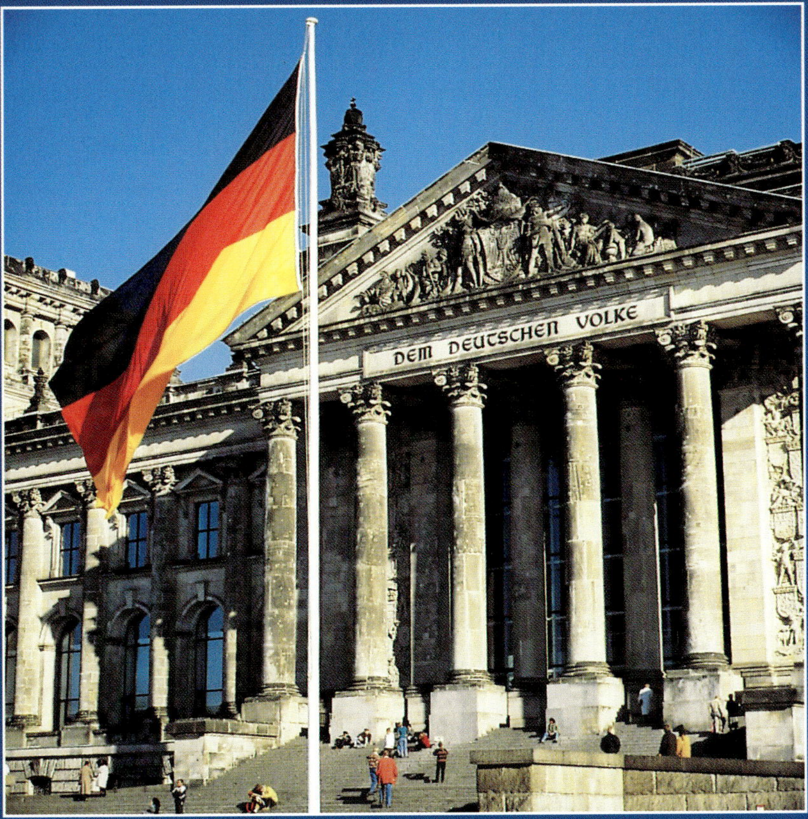

»Dem deutschen Volke«, Inschrift am Berliner Reichstag

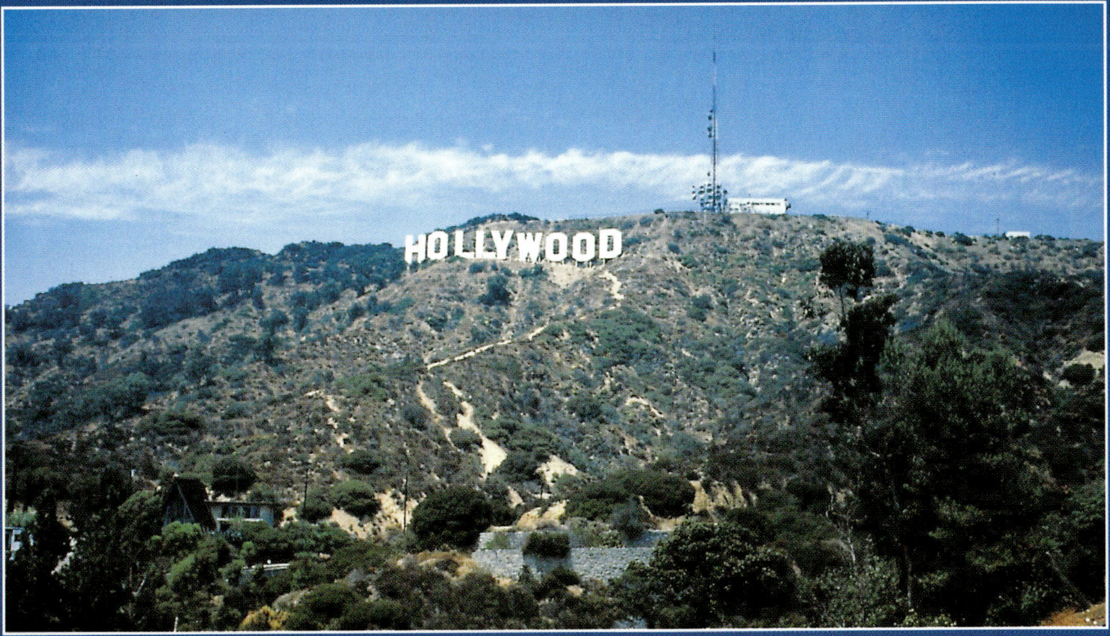

»Hollywood«, überdimensionaler Schriftzug inmitten der Landschaft

Neonreklame

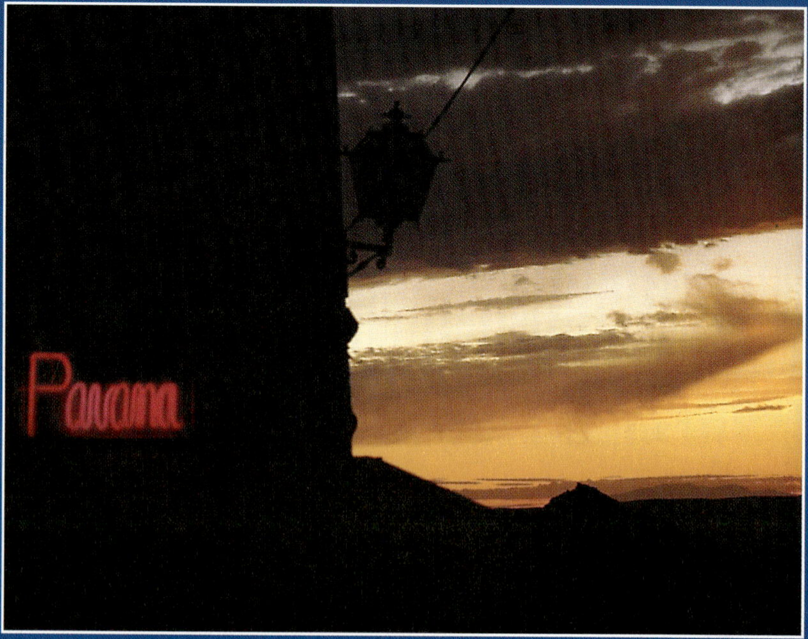

Straßenschild

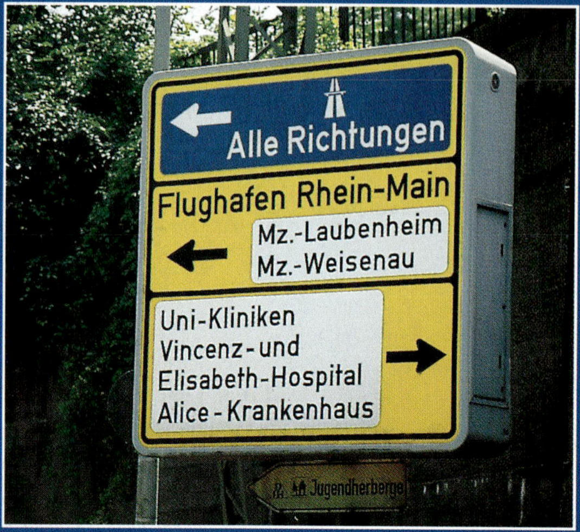

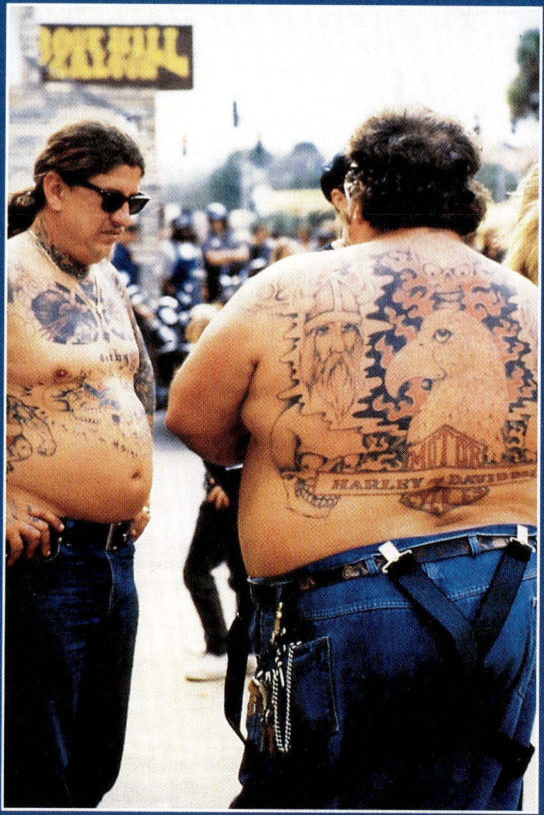

Motorradfans
mit Tätowierung

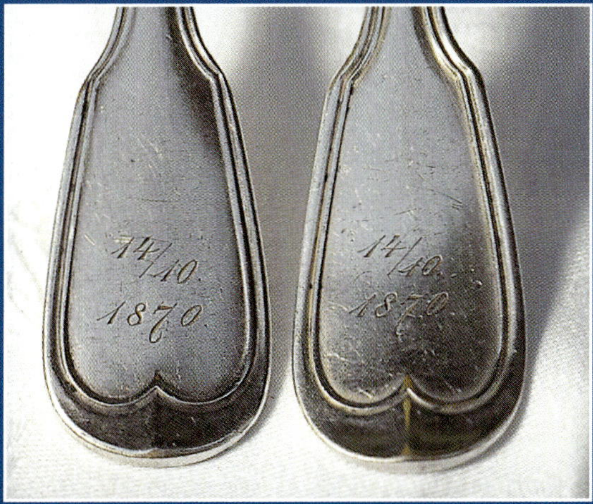

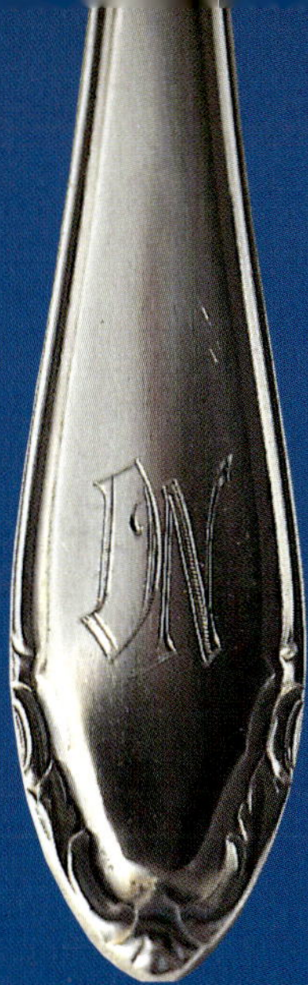

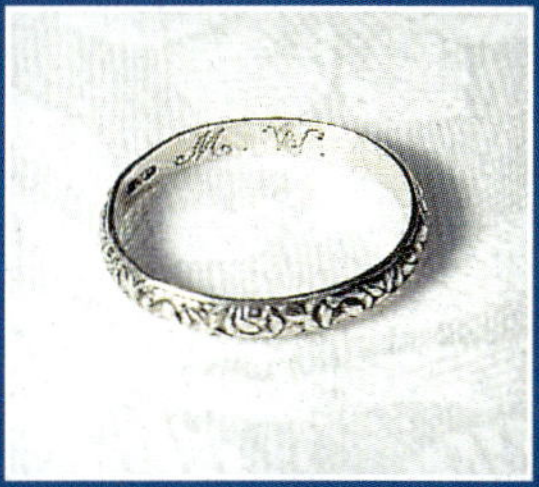

Aussteuerbesteck und Ehering mit Monogramm, bemalter Porzellanteller

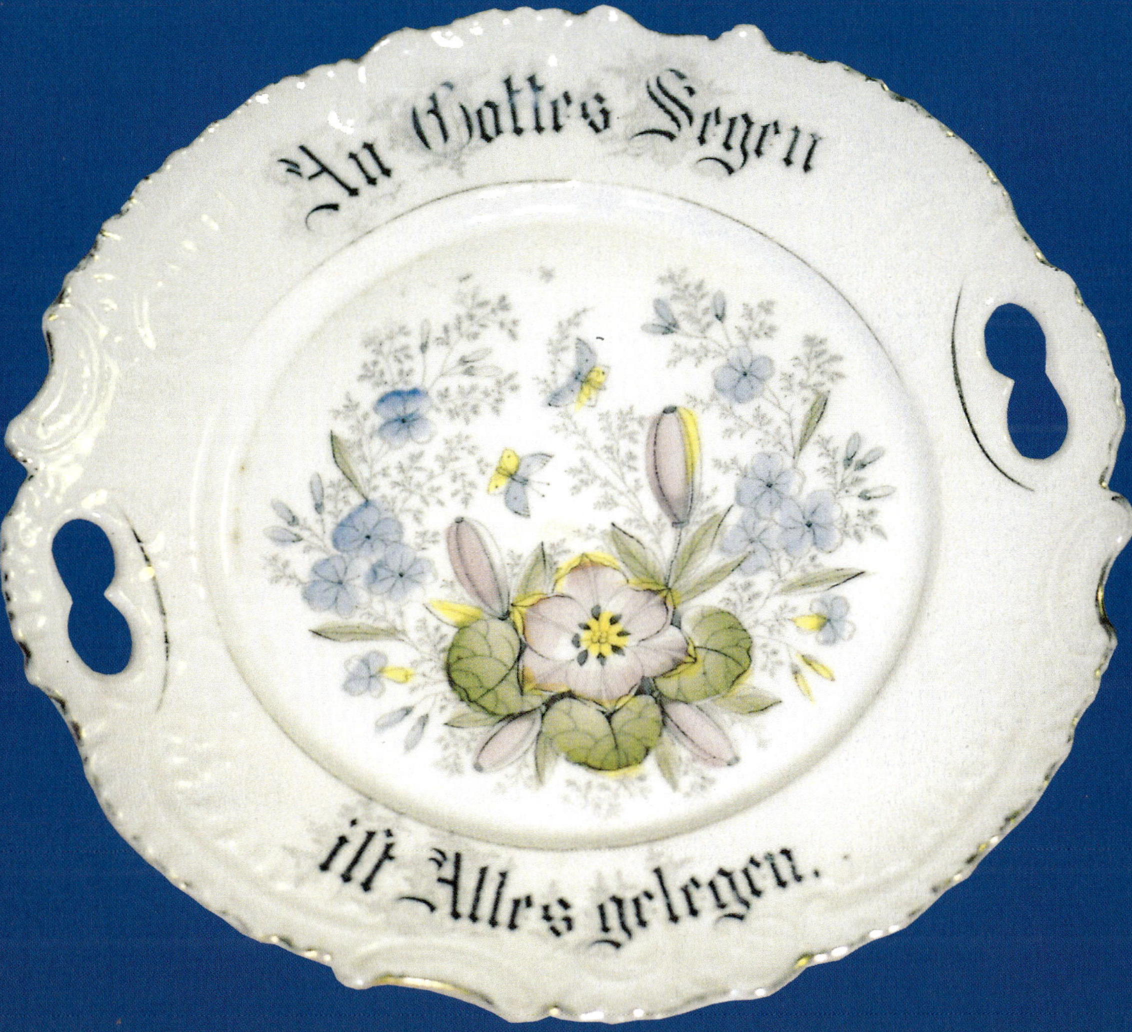

Farbtafel III

Grabplatte des Gegenkönigs Rudolf von Rheinfelden

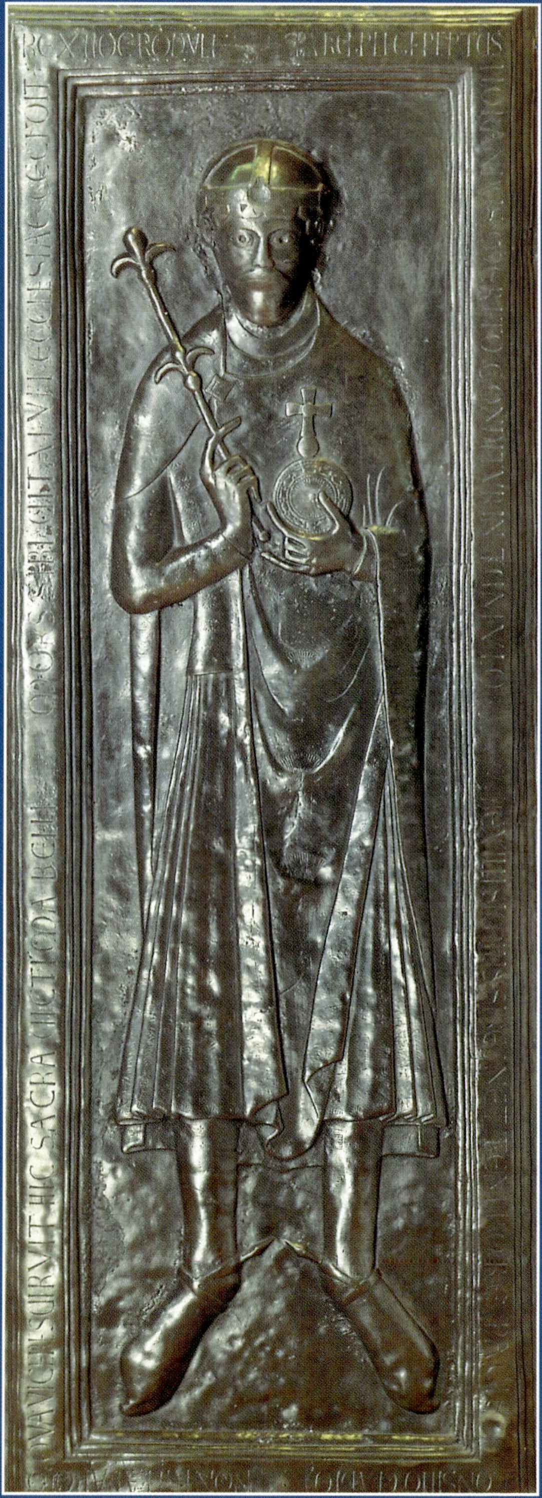

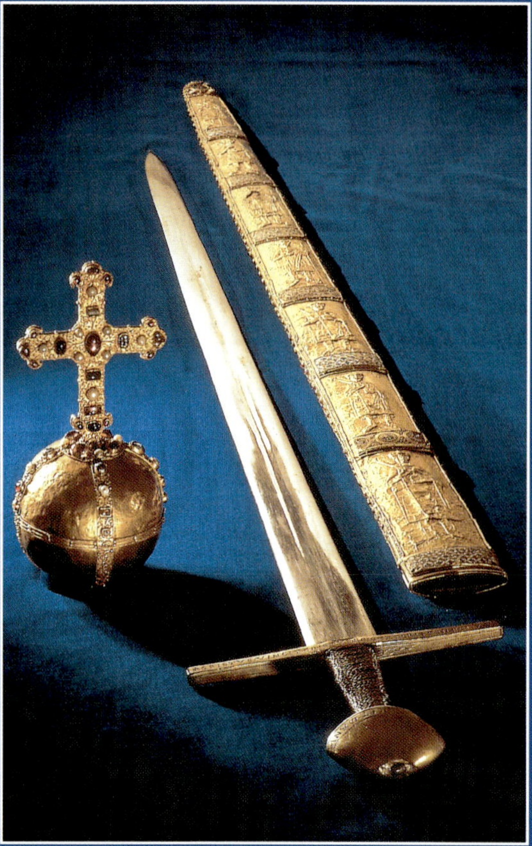

Reichsapfel und Reichsschwert mit gravierter Inschrift auf der Parierstange

Ob »Ornamenta ecclesiae«, Salier-, Staufer- oder Parler-Ausstellung – sie alle haben dem Strom ihrer Besucher eine Vielzahl von Objekten mit Inschriften präsentiert. So haben Zehntausende bei der Salier-Ausstellung im Jahre 1992 die Grabkronen Kaiser Konrads II. und der Kaiserin Gisela mit ihren Inschriften aus dem 11. Jahrhundert betrachten und die beschrifteten Bleitafeln aus ihren Gräbern anschauen können. Im selben Ausstellungsraum prangte als überdimensionales Wandbild die Reichskrone mit ihren Inschriften, darunter die aus Perlen gebildete Inschrift auf dem Kronenbügel. Geradezu unzählbar sind die Inschriften auf Goldschmiedewerken des frühen und hohen Mittelalters, die bei keiner der Ausstellungen zur mittelalterlichen Kunst und Geschichte fehlen. Doch auch die jüngere deutsche Vergangenheit hat eine Reihe inschriftlicher Zeugnisse hinterlassen. Der Reichstag in Berlin, Ende des 19. Jahrhunderts erbaut, ist inschriftlich *Dem deutschen Volke* gewidmet (Farbtafel I). Die 1950 von den USA gestiftete Freiheitsglocke im Schöneberger Rathaus (siehe S. 76) trägt eine Inschrift, die die Bedeutung der Glocke als Symbol der Zugehörigkeit des geteilten Berlin zur westlichen Welt ausdrückt. In deutscher Sprache lautet sie: *Möge die Welt mit Gottes Hilfe eine Wiedergeburt der Freiheit erleben!*

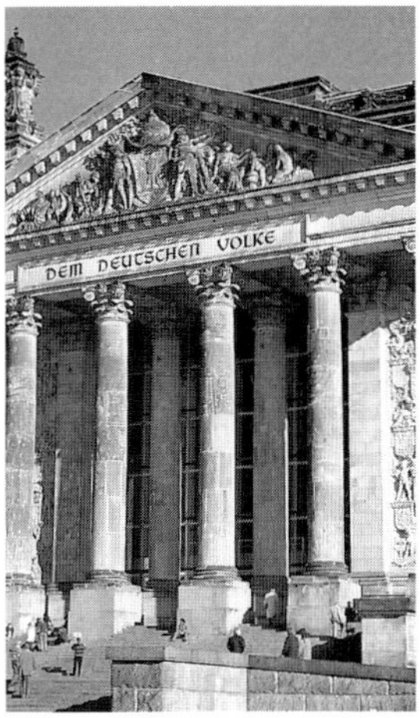

»Dem deutschen Volke«, Inschrift am Berliner Reichstag

Abbildung 1

Alte und neue Inschriften begleiten uns also überall. Die meisten der modernen Inschriften werden industriell hergestellt und sind somit ausgesprochene Massenware. Die Inschriften des Mittelalters und der frühen Neuzeit hingegen waren in ihrer überwiegenden Mehrzahl Einzelanfertigungen und tragen deshalb individuellere Züge. Grabsteine, Glocken, bestickte Gewänder, Gemälde, Reliquienschreine, Kelche – jedes einzelne dieser Stücke wurde gesondert angefertigt und hat seine eigene Geschichte. Häufig sind es die Inschriften, die diese Geschichte der Nachwelt überliefern: *St. X heiße ich, Y goß mich* informiert uns die Inschrift einer Glocke über den Patron und den Gießer; *Soundso hat mich anfertigen lassen im Jahre des Herrn ...* gibt die Inschrift an einem Kelch Auskunft über dessen Alter und den Stifter; und die Inschriften auf den zuweilen prächtigen Grabdenkmälern in den Kirchen berichten uns, wann, für und durch wen sie errichtet wurden und häufig genug auch, welches Schicksal der Verstorbene zu erleiden hatte. Diese wenigen Beispiele mögen genügen, um anzudeuten, welche

Fenster zur Vergangenheit uns die Inschriften zu öffnen vermögen. Durch diese Fenster schauen wir auf einen Ausschnitt unserer Geschichte, der uns verlockt näher zu treten, ihn genauer zu betrachten und unseren Blickwinkel zu erweitern, um die Vergangenheit besser kennen- und verstehenzulernen.

Das vorliegende Buch soll dazu beitragen, den Zugang zu Inschriften als Zeugen der Vergangenheit zu erleichtern. Dabei sind stets mittelalterliche und neuzeitliche Inschriften etwa vom 5. bis ins 19. Jahrhundert gemeint, nicht aber Inschriften der griechischen oder römischen Antike. Der zeitliche Schwerpunkt liegt auf den Inschriften bis zum 17. Jahrhundert, da danach in vielen Bereichen die angesprochene industrielle Fabrikation von Inschriften überwiegt und sie für den Historiker an Aussagekraft verlieren.

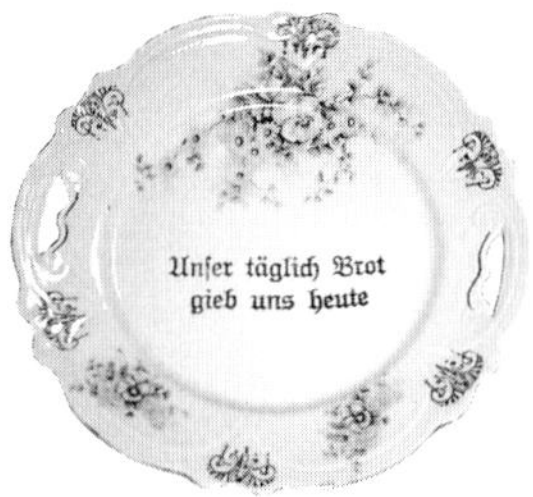

Bemalter Porzellanteller, Beispiel für eine industriell hergestellte Inschrift

Abbildung 2

Zunächst soll kurz der Begriff »Inschrift« selbst erläutert und die wissenschaftliche Disziplin, die sich mit Inschriften befaßt, die Epigraphik, vorgestellt werden. Nach der Erörterung der verschiedenen Techniken, mit denen Inschriften angefertigt werden, ist ein Kapitel der Schriftgeschichte gewidmet. Es soll einerseits das Lesen von Inschriften erleichtern und andererseits zeigen, welche Erkenntnisse über das Alter der Inschrift und über den Künstler, der sie ausgeführt hat, wir aus einer näheren Untersuchung der Schrift ableiten können. Im Mittelpunkt aber steht die Frage, was wir heute aus den Inschriften lernen können. Warum sollten wir uns überhaupt mit Inschriften beschäftigen? Welche (Er-)Kenntnisse vermitteln sie uns? Welche Fragen müssen wir an sie richten, um diese Kenntnisse zu erlangen? Anschließend kommen die Fälschung von Inschriften und die Tradition des Inschriftensammelns zur Sprache. Ein Schlußkapitel gibt Anregungen für die eigene praktische Arbeit des Sammelns, Abbildens und der Auswertung von Inschriften. Im Anhang finden Sie eine Erläuterung der wichtigsten Fachbegriffe, ein Verzeichnis der grundlegenden Literatur zum Thema sowie die Adressen der einschlägigen Forschungsstellen.

Was ist eine Inschrift? Aufgaben der Inschriftenkunde

Das deutsche Wort »Inschrift« begegnet bereits im Mittelhochdeutschen als »inscrift«; es handelt sich um eine wörtliche Nachbildung (Lehnübersetzung) des lateinischen Ausdrucks **inscriptio**. Der deutsche Begriff scheint aber zunächst außer Gebrauch gekommen zu sein; nach Erlöschen des Wortes wird es später im älteren Neuhochdeutschen als »Innschrift« wiederbelebt.

Im Mittelalter verwendete man zur Bezeichnung einer Inschrift die Ausdrücke **titulus** oder **epitaphium** oder von Verben abgeleitete Wörter wie **scriptum** (»geschrieben«), **caelatum** (»ziseliert« oder »in Metall getrieben«), **inscriptum** (»geschrieben auf...«). Das lateinische Wort **inscriptio** ist an sich eine antike Wortprägung, bedeutete aber ursprünglich nicht vornehmlich »Inschrift«; es meinte vielmehr vor allem den Akt des Beschreibens selbst (bis hin etwa zur Brandmarkung von Sklaven), dann den Titel, die Überschrift eines Buches oder eines sonstigen Textes und bisweilen dann auch die Aufschrift einer Statue oder eine ähnliche Inschrift. Im Mittelalter scheint jedoch **inscriptio** kaum im fachsprachlichen Sinne mit der Bedeutung »Inschrift« verwendet worden zu sein; Robert Favreau, Historiker und Leiter des französischen Inschriftenwerkes in Poitiers, stellt fest, daß **inscriptio** in dieser Wortbedeutung nach äußerst seltenen Verwendungen im 14. und 15. Jahrhundert erst ab dem 16. Jahrhundert geläufig wird.

Der Fachausdruck »Epigraphik« bezeichnet die Inschriftenkunde. Das Wort ist die eingedeutschte Variante einer Lehnübersetzung des lateinischen **inscriptio** ins Griechische: Die Epigraphik ist die Wissenschaft dessen, was **auf** (griechisch **epi**) einen bestimmten Träger **geschrieben** ist (griechisch **graphein** = »schreiben«).

Unter den verschiedenen Definitionen des wissenschaftlichen Fachbegriffes »Inschrift« hat sich am besten die Definition von Rudolf M. Kloos (gest. 1982) bewährt, der als Archivar und Historiker zuletzt in München tätig war und als einer der wichtigsten deutschen Epigraphiker gilt. Kloos schreibt: »Inschriften sind Beschriftungen verschiedener Materialien – in Stein, Holz, Metall, Leder, Stoff, Email, Glas, Mosaik usw. –, die von Kräften und mit Methoden hergestellt sind, die nicht dem Schreibschul- und Kanzleibetrieb angehören.« Ganz zu Recht weist Kloos darauf hin, daß die in den Handbüchern der klassischen griechischen und römischen Inschriftenkunde zumeist genannten Kriterien wie etwa die Dauerhaftigkeit des Materials oder die eindrucksvolle Ausführung in deutlich lesbarer, oft großformatiger Schrift an öffentlicher Stelle (»Monumentalität«) längst nicht für alle Inschriften gelten. Bei Stoffinschriften beispielsweise ist die Dauerhaftigkeit des Materials keineswegs gegeben, und bei den zahllosen Beispielen für Inschriften auf Werken der Goldschmiedekunst oder anderen kleinformatigen Gegenständen wird man von „Monumentalität" nicht sprechen wollen.
Das Objekt, auf dem eine Inschrift angebracht ist, nennt man »Inschriftenträger«. Da fast jeder Gegenstand mit einer Inschrift versehen werden kann, kann auch beinahe jeder Gegenstand zum Inschriftenträger werden. Die Epigraphik des Mittelalters und der frühen Neuzeit untersucht vor allem Inschriften auf Gebäuden, Grabmälern, Glocken, Glasfenstern (besonders in Kirchen), liturgischen Geräten und Reliquiaren, Gemälden, verschiedenen Einrichtungsgegenständen, Textilien (vor allem aus dem Bereich der liturgischen Gewandung) und Alltagsgegenständen. Es gibt allerdings bestimmte Arten von beschrifteten Objekten, deren Erforschung besondere Kenntnisse und Methoden verlangt; es sei hingewiesen auf Siegel (und Siegelstempel), Münzen und Medaillen, Bucheinbände, Goldschmiede- und Beschauzeichen, Meisterzeichen usw. Zwar handelt es sich in all diesen Fällen durchaus um Inschriftenträger, jedoch betreibt man deren Erforschung in Spezialdisziplinen wie der Sphragistik (Siegelkunde), Numismatik (Münzkunde) usw.
Die Epigraphik läßt sich im wesentlichen in drei Gegenstandsbereiche gliedern: die Schrift, die Sprache (und das

Formular) sowie den Bezug zwischen Inschrift und Träger (bzw. den funktionalen oder anderen Verhältnissen des Trägers). Diese drei Bereiche erfordern jeweils eigene Kenntnisse und Forschungsmethoden.
Mit der **Schrift** befaßt sich die Inschriften**paläographie**. Sie untersucht die Besonderheiten der epigraphischen Schriftentwicklung und hat dabei im Unterschied zur allgemeinen Paläographie (Schriftkunde) z. B. dem Umstand Rechnung zu tragen, daß Inschriften in sehr verschiedenen Materialien ausgeführt werden, während ja im allgemeinen Schriftwesen fast nur Pergament und Papier als Beschreibstoffe zu berücksichtigen sind. Es macht eben einen großen Unterschied, ob beispielsweise ein Grabstein beschriftet werden soll oder ein Schmuckstück oder ein Meßgewand. Die unterschiedlichen Materialien verlangen aber nicht nur nach völlig verschiedenen Techniken der Schriftausführung, sondern es sind – eben wegen der Verschiedenartigkeit der Techniken – auch jeweils ganz andere Personenkreise mit der Ausführung der Inschriften betraut, also z. B. ein Steinmetz, ein Goldschmied, eine Paramentenstickerin. Welche Schriftkenntnis besaßen diese verschiedenen Gruppen? Welche Vorlagen benutzten sie?

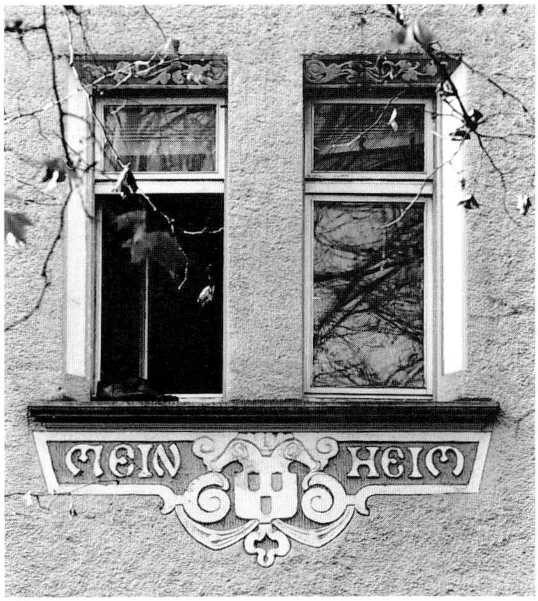

Inschrift an einem Haus in Bonn

Abbildung 3

Um die **sprachliche Form** angemessen bewerten zu können, ja oft schon bloß, um die Inschrift ihrem Wortlaut nach überhaupt richtig verstehen zu können, sind – zumal bei den älteren, meist lateinischen Inschriften – **philologische Kenntnisse** erforderlich. Häufig sind Inschriften in Versform abgefaßt, so daß der Epigraphiker mit den Regeln des Versbaus der betreffenden Sprache (also z. B. des Lateinischen oder älterer Formen des Deutschen) vertraut sein muß. Wichtig für das Verständnis mancher Inschriften ist ferner die Frage, ob es sich um einen formelhaften Text handelt oder ob wirklich ein bestimmter Einzelfall gemeint ist: Wenn eine Grabschrift den Verstorbenen beispielsweise »ehrenfest« oder »gestreng« nennt, so wird man sich hüten, diese Bezeichnungen ohne weiteres als ganz persönliche Eigenschaften des Verstorbenen zu verstehen; es handelt sich um formelhafte Aussagen, die eben nur im Wissen um ihre Formelhaftigkeit angemessen interpretiert werden können. Es kann dann auch von Bedeutung sein, daß gerade in einem bestimmten Fall von einer sonst vielleicht üblichen Formel abgewichen wird. Schließlich stellt sich nicht selten die Frage, ob die betreffende Inschrift einen anderen Text zitiert oder paraphrasiert.

Die **Bezüge zwischen Inschriften und ihren Trägern** sind sehr verschiedenartig. Eine epigraphische Bildbeischrift kann etwa die Aufgabe haben, ihren Träger zu benennen: So wird aus der Skulptur eines unbestimmten Königs durch eine Inschrift z. B. ein Bildwerk Karls des Großen. Es ist geradezu eine wesensbestimmende Eigenschaft von Inschriften, daß der Wortlaut des Textes allein nicht die ganze Aussage der Inschrift umfaßt. Nehmen wir ruhig ein etwas drastisches Beispiel: Es macht einen großen (und teils fühlbaren) Unterschied, ob dieselbe Inschrift, sagen wir eine Namensnennung wie »Felix Krull«, auf einem Buchrücken steht oder auf einem blankgeputzten Messingschild bei einem Hauseingang, ob sie in einen Ehering graviert ist oder, in Stein gehauen, auf einem Grabdenkmal zu lesen steht. Es ist ohne weiteres einsichtig, daß jeweils erst die Verbindung von Inschrift und Träger den eigentlichen Inhalt der epigraphisch vermittelten Aussage entstehen läßt. Aus diesem Grund sind im Rahmen epigraphischer Forschungen auch jene Wissenschaften zu berücksichtigen, die in besonderer Weise zur Kenntnis des Inschriftenträgers beitragen. Praktisch betrifft dies im Bereich der mittelalterlichen und frühneuzeitlichen Epigraphik vor allem die **Kunstgeschichte**, darüber hinaus, angesichts der zahlreichen sakralen Objekte, die **Liturgiewissenschaft** und anderes.

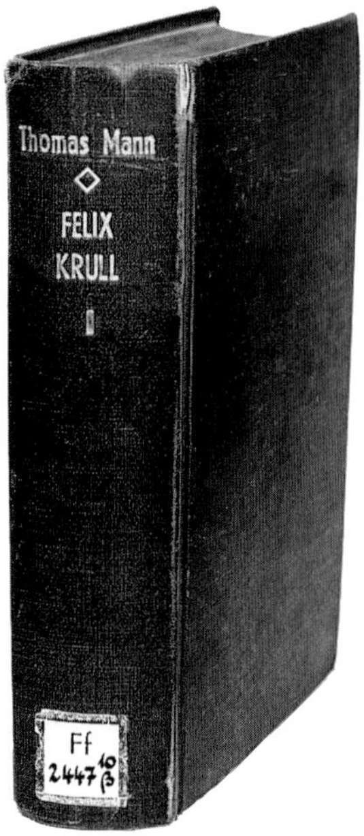

Buchrücken mit Goldprägung

Abbildung 4

Die Epigraphik gehört zu den sogenannten Historischen Hilfswissenschaften (manche sagen lieber: Historische Grundwissenschaften), wie auch die Historische Geographie, die Chronologie (Zeitrechnung), die Genealogie (Ahnenforschung, Familienkunde), die allgemeine Paläographie (Schriftkunde), die Urkunden- und Aktenlehre, die Heraldik (Wappenlehre), Sphragistik (Siegelkunde) und Numismatik (Münzkunde). Alle diese Disziplinen dienen übrigens auch der Epigraphik, denn Inschriften sind räum-

lich wie zeitlich einzuordnen, sie weisen heute ungebräuchliche Formen der Datierung auf, sie stellen die Frage nach genealogischen Zusammenhängen oder geben Zeugnis davon (besonders Grabdenkmäler).
Inschriften sind bisher in der historischen Erforschung des Mittelalters und der Neuzeit nur in geringem Maße als Quellen benutzt worden. Der wichtigste Grund für diese Vernachlässigung liegt wohl darin, daß für das Mittelalter und erst recht für die frühe Neuzeit zahlreiche andere Quellengattungen zur Verfügung stehen. In der Erforschung der Antike ist das ganz anders: Für weite Bereiche des öffentlichen und privaten Lebens sind Inschriften die einzigen Quellen; deswegen ist die klassische Epigraphik in der Erforschung der antiken Geschichte schon immer von großer Bedeutung gewesen. Hinzu kommt, daß die meisten mittelalterlichen und frühneuzeitlichen Inschriften nur unzureichend – wenn überhaupt – ediert sind. Diesem Mangel versuchen seit einigen Jahrzehnten große nationale Editionsvorhaben abzuhelfen (siehe S. 110–113).
Inschriften sind jedoch in vielen Bereichen der Forschung von größter Bedeutung: Für die mittelalterliche Kunstgeschichte liefert die Epigraphik unentbehrliche Hilfen bei der ikonographischen Deutung und bei sonstigen Aspekten der Interpretation vieler Objekte; aufgrund der Schriftformen oder des Inhaltes kann der epigraphische Befund auch Anhaltspunkte zur Datierung bieten – wie andererseits ohne kunstgeschichtliche Kenntnisse keine wissenschaftlich fundierte Inschriftenforschung möglich ist. Aber auch für andere Wissenschaften können Inschriften Quellen von hohem Wert sein; es sei hier nur verwiesen auf die Orts- und Landesgeschichte, die Rechts- und Sozialgeschichte, die Genealogie, die Volkskunde, die Sprach- und Literaturwissenschaften, die Kirchen-, Liturgie- und Frömmigkeitsgeschichte. Ein wichtiger Vorteil inschriftlicher Überlieferung ist im allgemeinen ihre unmittelbare Verbindung mit einem konkreten Gegenstand.

Die Sprache der Inschriften

Latein

Latein war nicht nur die Sprache Roms und später, nach dem Aufstieg dieser Stadt zur »Weltmacht«, die wichtigste Sprache des römischen Großreiches (vor allem in dessen westlichen und nördlichen Teilen), sondern Latein blieb auch nach dem Untergang des weströmischen Imperiums im 5. Jahrhundert n. Chr. für lange Zeit die Sprache, welche die schriftliche Überlieferung der Völker Mittel- und Westeuropas weitgehend – und zum Teil sogar ausschließlich – bestimmte. Im Raum des heutigen Deutschland überschritt das Lateinische vor allem im Zuge der karolingischen Eroberungen (8.–9. Jahrhundert) den Rhein nach Osten und Norden und breitete sich mit der christlichen Missionierung der germanischen und westslawischen Völker weiter aus; durch christliche Missionare erreichte es schließlich auch die baltischen Völker und Finnland.

Mittellatein

Das Latein des Mittelalters bezeichnet man heute nach einer Begriffsprägung des Göttinger Gelehrten Wilhelm Meyer (1845–1917) als »Mittellatein«. Zeitlich umfaßt die mittellateinische Literatur ungefähr ein ganzes Jahrtausend: Ihre Anfänge wird man im 6. Jahrhundert suchen, und ihr Ende fand sie im ausgehenden 15. Jahrhundert, als im Gefolge des Humanismus die lateinische Sprache und Literatur allmählich in ein Entwicklungsstadium getreten war, dessen Latinität mit dem Begriff »Neulatein« benannt wird. Wie alle Versuche historischer Periodisierung sind auch diese Abgrenzungen problematisch, in der Praxis haben sie sich aber längst durchgesetzt.
Eine lebende Sprache im üblichen Wortsinn war das Mittellatein nicht. Nachdem sich in den latinisierten Gebieten des ehemaligen Römischen Reiches das jeweils gesprochene, umgangssprachliche Latein zu Vorformen der romanischen Sprachen entwickelt hatte, war das Lateinische selbst niemandes Muttersprache mehr. Aber es war auch keine tote Sprache. Latein blieb die Sprache der Liturgie, der Schulen

und später der Universitäten, der Fachliteratur, die Sprache der Verwaltung, des Rechtswesens und der Diplomatie; nicht zuletzt war das Mittellatein auch eine Sprache der Dichtung. Wer eine Schule besuchte, wurde in lateinischer Sprache unterwiesen. Jede Art von Bildung erschloß sich über lateinisches Schrifttum, und die Gebildeten gewannen durch den beständigen Umgang mit dem Lateinischen oft eine derart genaue und tiefe Kenntnis dieser Sprache, daß sie gleichsam in ihnen lebendig wurde. Die Gemeinschaft der Lateinsprechenden benutzte ihre Sprache ohne wesentliche Beeinträchtigungen durch volkssprachige oder gar politische Grenzen; ein spätmittelalterlicher Student, z. B. aus Maastricht, konnte in derselben Sprache, eben in Latein, Vorlesungen in Bologna, Paris, Salamanca, Oxford, Krakau, Prag, Heidelberg oder Köln hören.
Sprachliche Grundlage des Mittellateins war nicht die klassische Latinität eines Cicero oder Cäsar, sondern das Spätlatein vor allem der christlichen Autoren und der lateinischen Bibelübersetzungen. Aber das Mittellatein war keine in bloßer Nachahmung erstarrte Sprache; so erweiterte sich der Wortschatz beständig, auch grammatische Strukturen unterlagen einer gewissen Entwicklung. In der Dichtung entstanden gänzlich neue Formen, vor allem trat neben den quantitierenden Vers der Antike (z. B. Hexameter oder Pentameter) nunmehr der akzentuierende silbenzählende Vers (z. B. steigender Achtsilbler), wie ihn auch die volkssprachigen Dichtungen kannten (zu den einzelnen Fachbegriffen siehe die Erklärungen im Anhang). Als besonders wichtige Schmuckform des Verses (und gelegentlich auch der Prosatexte) wurde aus bescheidenen antiken Vorstufen der Reim geschaffen und in vielfachen Ausgestaltungen weiterentwickelt. »Eine Sprache lebt, solange es Dichtung in ihr gibt« (Ludwig Bieler) – gemessen daran ist das Mittellatein tatsächlich eine sehr lebendige Sprache. Gewiß, niemand lernte Mittellatein als seine Muttersprache, aber die Gebildeten Europas, die sich das Mittellateinische ganz zu eigen machen konnten, benutzten es gleichsam als ihre »Vatersprache« (Wolfram von den Steinen) mit größter Selbstverständlichkeit.
Mittelalterliche Inschriften sind sehr häufig in Versen abgefaßt; meistens als Hexameter (stichisch) oder als elegische Distichen (Hexameter mit nachfolgendem Pentameter).

Diese quantitierenden Verse zeigen vielfach verschiedene Arten des Reims; am beliebtesten war der sogenannte »leoninische« Reim, der Zäsur (Einschnitt an einer bestimmten Versstelle) und Ende des betreffenden Verses erfaßt. Der Reim ist zunächst fast stets einsilbig und vorwiegend vokalisch rein; ungefähr ab dem zweiten Viertel des 12. Jahrhunderts dominiert der zweisilbig reine Reim (auch die Konsonanten zwischen den beiden Reimsilben stimmen überein). Ein Beispiel ist die 1080 oder wenig später entstandene Grabplatte des Gegenkönigs Rudolf von Rheinfelden (von Schwaben) im Dom in Merseburg (Farbtafel IV).
Rudolf nahm während des Investiturstreites eine führende Rolle in der Opposition der Fürsten gegen Heinrich IV. ein; 1077 wurde er zum (Gegen-)König gewählt. In der Schlacht an der Elster am 15. Oktober 1080 konnte sein Heer zwar einen Sieg über König Heinrich IV. davontragen, jedoch verlor Rudolf in der Schlacht die rechte Hand und starb noch am selben Tag im nahe gelegenen Merseburg. Im Chor des dortigen Domes wurde er begraben, und man errichtete ihm ein Grabmal von höchstem künstlerischem Rang; eine gegossene Bronzeplatte zeigt eine Darstellung des Verstorbenen (es handelt sich um das erste erhaltene figürliche Grabbild überhaupt), und eine umlaufende Inschrift verkündet:

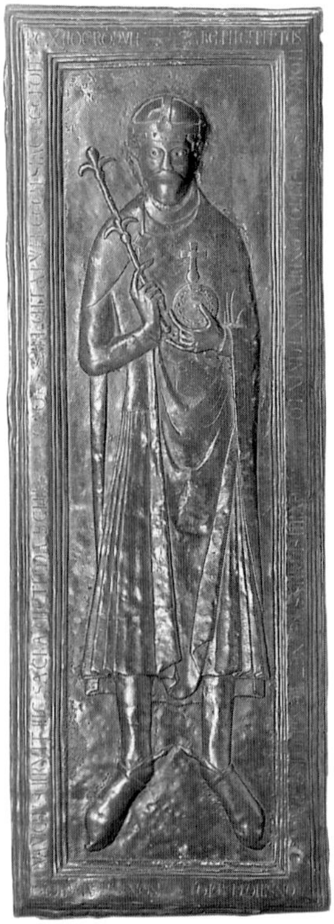

Grabplatte des Gegenkönigs Rudolf von Rheinfelden

Abbildung 5

*Rex hoc Rodulf*__*us*__ *patrum pro lege perempt*__*us*__
*plorandus merit*__*o*__ *conditur in tumul*__*o*__*.*
*Rex illi simil*__*is*__ *– si regnet tempore pac*__*is*__ *–*
*consilio, gladi*__*o*__ *non fuit a Karol*__*o*__*.*
*Qua vicere su*__*i*__*, ruit hic sacra victima bell*__*i*__*;*
*mors sibi vita fu*__*it*__*, ecclesiae cecid*__*it*__*.*

(»**K**önig Rudolf, der für das Recht der Väter getötet wurde und zu Recht beweint werden soll, ist in diesem Grabe bestattet. Einen König, ihm gleich an Rat und Kriegstat – wenn er nur in einer Zeit des Friedens regiert hätte [?] –, gab es nicht seit Karl [gemeint ist Karl der Große, gest. 814]. Dort, wo seine Leute siegten, stürzte er als ein heiliges Schlachtopfer des Krieges in den Untergang. Der Tod ist für ihn das Leben gewesen; er fiel für die Kirche.«)

Die Inschrift ist versifiziert. Sie besteht aus drei leoninisch gereimten Distichen (die reimenden Silben sind hervorgehoben), und wie man es für diese Zeit erwarten darf, umfaßt

der Reim jeweils nur eine Silbe. (Weitere lateinische Inschriften in Versform finden sich unter den Inschriftenbeispielen der folgenden Kapitel.)
Bisweilen birgt eine Inschrift eine gleichsam gedankliche »Verzierung«, indem ihr Verfasser sie mit gelehrten Anspielungen ausstattete, die wohl auch damals nicht jedem Leser sofort auffielen. Ein Beispiel dafür bietet eine der beiden größeren Inschriften auf dem sogenannten Barbarossa-Leuchter im Aachener Dom (Farbtafel XVII); der Radleuchter wurde zwischen 1156 und 1184 durch Kaiser Friedrich I. Barbarossa und seine Gemahlin Beatrix gestiftet. Der Leuchter ist eine symbolische Bilddarstellung des Himmels in Gestalt einer Stadt, die von Gold und Edelsteinen erstrahlt (Himmlisches Jerusalem). Dieses Bild vom Himmel geht auf eine Vision des Apokalyptikers Johannes zurück, wie sie in der Heiligen Schrift beschrieben wird (Apokalypse 21); diese Bildvorstellung war weit verbreitet und sicher jedem Gebildeten vertraut. Hinzu kommt aber noch etwas anderes: Der Verfasser der Inschrift hat den beiden hebräischen Namen »Jerusalem« und »Johannes« jeweils deren lateinische Übersetzungen beigegeben und diese kunstreich in den Text eingeflochten. Die Kenntnis dieser Übersetzungen dürfte letztlich auf ein Werk des Kirchenvaters Hieronymus (gest. 420) zurückgehen, das den Titel »Buch der Übersetzung hebräischer Namen« trägt. (Im folgenden Text der Inschrift sind die Interpretationen der beiden Eigennamen besonders hervorgehoben.)

Celica Iherusalem signatur imagine tali,
***Visio pacis**: certa quietis spes ibi nobis.*
*Ille Iohannes, **Gracia Cristi**, preco salutis,*
. . .
urbem siderea labentem vidit ab aetthra,
auro ridentem mundo gemmisque nitentem
. . .

(»**D**as Himmlische Jerusalem wird durch dieses Bild bezeichnet, die **Erscheinung des Friedens:** Dort ist sichere Hoffnung auf Ruhe für uns. Jener Johannes, **Christi Wohlgefallen,** der Herold des Heils, sah die Stadt, strahlend vor lauterem Gold und von Edelsteinen gleißend, vom gestirnten Himmel herabschweben ...«; vgl. DI 31: Aachen/Dom, Nr. 28.)

Dem Leser, dem das Lateinische nicht ganz fremd ist, werden vielleicht einige Besonderheiten auffallen, die für mittellateinische Texte charakteristisch sind: Die (lautlichen) Unterschiede zwischen **ae, oe** und **e** sind aufgehoben; für alle drei (im Schullatein sorgfältig unterschiedenen) Laute kann **e** stehen – wie umgekehrt für **e** oder **oe** auch **ae** stehen kann usw. (**celica** statt **caelica**, **preco** statt **praeco**). Auch der lautliche Unterschied zwischen **ci** und **ti** entfällt, wenn ein weiterer Vokal folgt (**Gracia** statt **Gratia**). Zudem gibt es in der Schreibweise Abweichungen von dem Latein der antiken Autoren (**Cristi** statt **Christi**, **aetthra** statt **aethra**). Weitere Beispiele für Besonderheiten im Mittellatein finden sich im Kapitel über die Metallinschriften (S. 32 f.). Manchmal hat man bei Inschriften in Versform den Eindruck, deren Verfasser sei überfordert gewesen. Es ist ja auch nicht jedermanns Sache, vorgegebene Inhalte in Verse zu bringen und dabei neben den grammatischen Regeln der lateinischen Sprache auch die Gesetze der Metrik oder Rhythmik sowie die Erfordernisse der Reimtechnik so zu beachten, daß sich ein eleganter und verständlicher Vers ergibt.
Die gesamte im deutschen Sprachraum entstandene schriftliche Überlieferung bietet aus der ersten Hälfte des Mittelalters nur sehr wenige deutsche Texte; beinahe alles ist in Latein abgefaßt. Zwar mehren sich deutschsprachige Texte seit dem 11. Jahrhundert, aber das Lateinische bleibt in fast allen Bereichen noch für lange Zeit dominierend, vor allem in der Kirche und in den Universitäten. Diese allgemeine Beobachtung gilt auch für die Überlieferung von Inschriften: Deutschsprachige Inschriften treten erst im letzten Drittel jenes Zeitabschnittes auf, den die Wissenschaft dem Mittellatein zuweist, d. h. erst seit dem 13. Jahrhundert – und zunächst auch dann nur sehr vereinzelt (siehe S. 24–27).

Neulatein

Seit dem 14. Jahrhundert begegneten Autoren wie Petrarca, Salutati oder andere Humanisten den Eigentümlichkeiten des Mittellateins immer mehr mit Ablehnung, die an Deutlichkeit zunahm. Sie schulten ihren lateinischen Stil an Autoren der klassischen Latinität, vor allem an Cicero. Trotz aller puristischer Bestrebungen um das literarische Latein blieb aber selbst in diesem Bereich eine Reihe mittelalterlicher Spracheigenarten bestehen; besonders klar zeigt sich die Kontinuität des Mittellateins im

Wortschatz der Fachsprachen (Theologie, Philosophie, Rechtswissenschaften, Medizin). Vor allem unter den Gelehrten erhielt sich das Neulatein als internationales Verständigungsmittel bis ins 18. und 19. Jahrhundert; im 20. Jahrhundert hat es diese Bedeutung fast völlig verloren, obwohl auch heute noch die aktive Beherrschung des Lateinischen in manchen Kreisen besonders gepflegt wird.

Universitätsleben

Im Bereich der Universitäten spielt das Latein noch eine gewisse Rolle als identifikationsstiftende Traditionssprache. Dies wird unter anderem etwa daran deutlich, daß im akademischen Bereich bis in die Gegenwart das Lateinische bei Inschriften Verwendung finden kann – sicher häufiger als anderswo (mit Ausnahme der Kirche). So wurde erst vor kurzem im Innenhof des Hauptgebäudes der Bonner Universität eine Bronzetafel angebracht, die folgende Inschrift trägt:

»Die Residenz einstmals des Kurfürsten, nun der Universität, durch den Krieg erschüttert, beschädigt und verletzt, erstrahlt in altem Glanze neu, nachdem sie während langem Voranschreiten der Zeit mit Eifer und Kraft wiederhergestellt, restauriert und renoviert worden ist.«

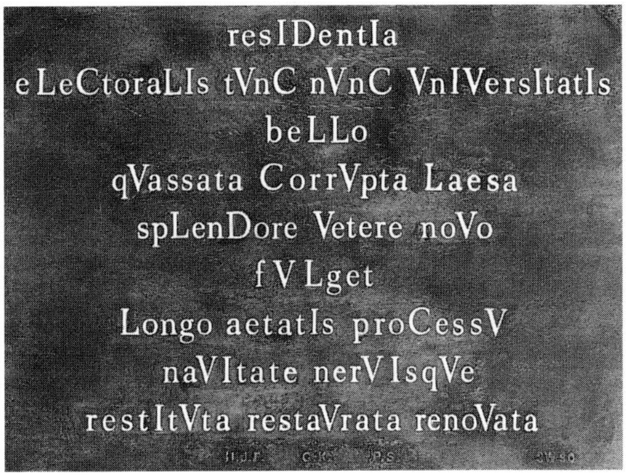

Als Chronogramm gestaltete Inschrift auf einer Bronzetafel in der Universität Bonn

Abbildung 6

Die erhabenen Buchstaben sind mitgegossen und an ihrer Oberfläche beschliffen. Das Hauptgebäude der Bonner Universität ist das ehemalige Residenzschloß der Erzbischöfe und Kurfürsten von Köln; im 2. Weltkrieg erlitt es starke Zerstörungen.

Die Inschrift ist als Chronogramm gestaltet, das heißt, neben den Inhalten ihres Textes teilt sie in einer besonderen Form noch den Zeitpunkt ihrer Anbringung mit; wenn man die Zahlwerte der auch als römische Zahlen lesbaren Buchstaben – auf der Tafel als Majuskeln (Großbuchstaben) hervorgehoben – addiert, ergibt sich folgende Rechnung:

I+D+I (=502) / L+C+L+I+V+C+V+C+V+I+V+I+I (=424) / L+L (=100) / V+C+V+L (=160) / L+D+V+V (=560) / V+L (=55) / L+I+C+V (=156) / V+I+V+I+V (=17) / I+V+V+V (=16); Gesamtsumme **1990**.

Die Tafel wurde also im Jahr 1990 angebracht.

Kirche

Von besonderer Wichtigkeit ist das Lateinische jedoch für die (katholische) Kirche, die weiterhin Latein als ihre offizielle Sprache benutzt. So überrascht es nicht, wenn gerade im Bereich der Kirche bis heute lateinische Inschriften angebracht werden. Besonders auf liturgischen Geräten finden sich Inschriften in Latein. So muß z. B. schon der kleine Meßdiener zu unterscheiden wissen, was die Inschriften *aqua* (»Wasser«) und *vinum* (»Wein«) auf den Meßkännchen bedeuten, zumal die beiden Kännchen selbst oft zum Verwechseln ähnlich gestaltet sind; meistens finden sich übrigens nur die Abkürzungen *A* und *V* inschriftlich ausgeführt.

Das Münster in Mönchengladbach (Niederrhein) erhielt 1992 einen neuen Ambo, dessen Schmuckelemente in Bronze gegossen sind (Künstler: Elmar Hillebrand, Wesseling bei Köln). Auf der Vorder- wie auf der Rückseite dieses Lesepultes steht jeweils die Inschrift: *Per ducatum evangelii* (»Unter Führung des Evangeliums«). Diese Inschrift(en) wenden sich sowohl an den Vortragenden, also etwa den Lektor oder den Prediger, als auch an die Zuhörer. Bei dem kurzen Text handelt es sich um ein Zitat aus dem Prolog der Benediktregel (6. Jahrhundert), und der Verweis gerade auf die Benediktregel hat einen historischen Sinn: So wird die Erinnerung daran wachgehalten, daß bis zur Säkularisation (1802) das Gladbacher Münster die Kirche einer **Benediktiner**-Abtei war.

Abbildung 7

Ambo im Münster in Mönchengladbach

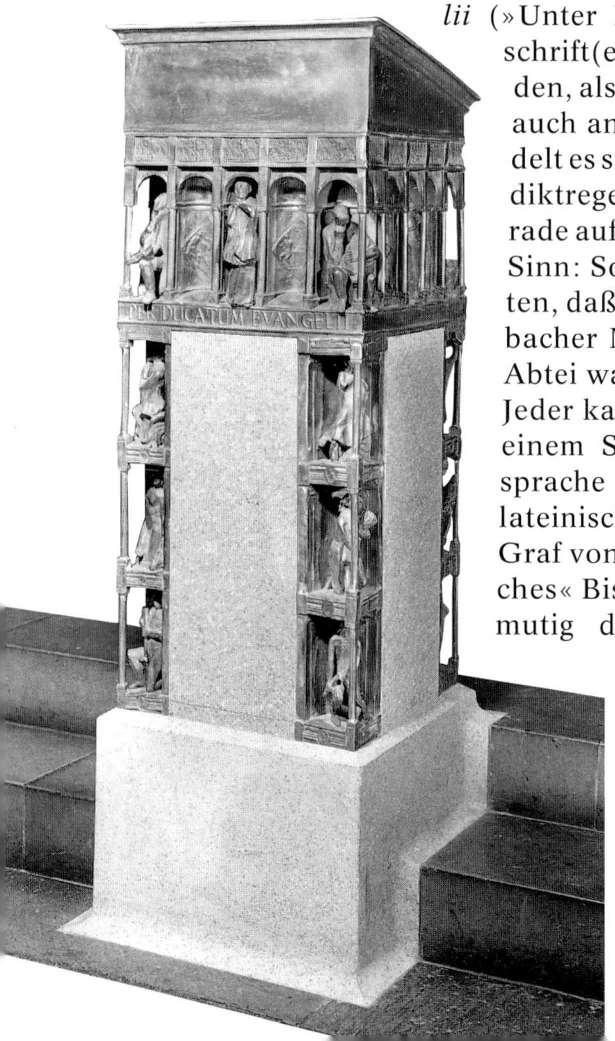

Jeder katholische Bischof führt ein Wappen. Auf einem Spruchband (wie die heraldische Fachsprache sich ausdrückt) ist diesem Wappen eine lateinische Devise beigegeben. Clemens August Graf von Galen, der in der Zeit des »Dritten Reiches« Bischof von Münster war (1933–1946) und mutig dem Nationalsozialismus entgegentrat, hatte als Devise gewählt: *Nec laudibus, nec timore* (»Weder durch Lobsprüche noch durch Furcht«).

Häufig werden die Grablegen von Bischöfen und anderen Geistlichen mit lateinisch abgefaßten Inschriften bezeichnet. Im Aachener Dom stehen über dem Eingang zur Allerheiligen-Kapelle, in der sich seit 1954/1955 der Zugang zur Bischofsgruft befindet, die schlichten Worte: *Episcopi Aquenses in pace.* (»Die Aachener Bischöfe in Frieden.«) Aufwendiger ist im Dom zu Limburg die Inschrift, die auf der in Bronze gegossenen Deckplatte der Bischofsgruft von 1977 (Künstler: Toni Schneider-Manzell, Salzburg) dem Leser nicht ohne gläubige Hoffnung mitteilt: *Heic in terra episcoporum Limburgensium domus secunda; prima super terram – tertia in coelis.* (»Hier in der Erde ist die zweite Wohnstatt der Limburger Bischöfe; die erste war auf der Erde – die dritte ist im Himmel.«)

Religiöses Leben und Brauchtum

Darstellungen des gekreuzigten Herrn zeigen sehr häufig eine Tafel mit der Inschrift *INRI*. Diese Buchstaben stehen als Abkürzung für *Iesus Nazarenus, rex Iudaeorum* (»Jesus von Nazareth, König der Juden«). Im Johannesevangelium wird nämlich im Zusammenhang mit der Kreuzigung Jesu erzählt: »Pilatus aber schrieb auch eine Aufschrift und setzte sie über das Kreuz. Es war aber geschrieben: ›Jesus von Nazareth, König der Juden‹.« (Johannes 19,19)

In manchen Gegenden ziehen in den Tagen um das Fest der Heiligen Drei Könige (6. Januar) die sogenannten »Sternsinger« von Haus zu Haus. Sie schreiben (meist mit Kreide) *19 + C + M + B + 95* an den Eingang der Wohnungen, die sie besuchen. Die rahmend aufgeteilten Ziffern geben das Jahr an (hier also 1995), die drei Buchstaben stehen in Abkürzung für den lateinischen Segenswunsch: *Christus mansionem benedicat* (»Christus segne diese Wohnung«). Es gibt übrigens eine volkstümliche Umdeutung, die den eigentlichen Inhalt ganz außer acht läßt und die drei Buchstaben als die Initialen der Namen der Heiligen Drei Könige auffaßt: *Caspar, Melchior, Balthasar.* Derartige Inschriften (wenn man überhaupt Beschriftungen mit Kreide als Inschrift auffassen will) sind selbstverständlich sehr vergänglich, und für die epigraphische Forschung sind sie (bislang jedenfalls) ohne Bedeutung.

Lateinische Inschriften im Alltag

Inschriften finden sich fast überall, gerade auch auf einem der wichtigsten Erzeugnisse der technisierten Industriegesellschaft, nämlich auf dem (bzw. im) Auto. Aber in lateinischer Sprache? Zuweilen ja: Da gibt es z. B. die Markenbezeichnungen *Audi* und *Mercedes*. Der Firmengründer von **Audi** hieß »Horch«, und dieser Name

läßt sich, wenn man ihn (etymologisch unzutreffend) als Imperativ von »horchen« auffaßt, wörtlich mit »audi« ins Lateinische übersetzen. »Mercedes« hingegen war der Vorname der Tochter von Carl Friedrich Benz (weiblicher Vorname nach dem Marienfest *Maria de* ***mercede*** (»Maria vom **Loskauf** [der Gefangenen]«, 24. September).
Es gibt weitere lateinische Inschriften auf Automobilen: Während für Wagen deutscher Besitzer als internationales Kfz-Kennzeichen schlicht der Anfangsbuchstabe des volkssprachigen Landesnamens, also D für Deutschland, benutzt wird, schmücken sich österreichische Automobile mit einem lateinischen *A* für *Austria* (»Österreich«) und Schweizer Fahrzeuge gar mit *CH* für *Confoederatio Helvetica* (»Schweizerische Eidgenossenschaft«).
Auch moderne Staaten führen bisweilen zu ihren Wappen lateinische Wappensprüche. Dem kanadischen Wappen ist, mit Blick auf die geographische Lage des Staatsterritoriums, der Wappenspruch *A mari usque ad marem* (»Von Meer zur Meer«) beigegeben; unter dem Wappen der USA steht der Spruch *E pluribus unum* (»Aus mehreren eines«).

Deutsch

Im 13. Jahrhundert gesellen sich zu den lateinischen Inschriften erstmals vereinzelt Inschriften in Deutsch. Dieses Deutsch unterscheidet sich allerdings deutlich von unserem modernen Hochdeutsch, das in Nord- wie in Süddeutschland, im Ruhrgebiet wie in Sachsen, in Österreich oder im deutschsprachigen Teil der Schweiz gleichermaßen verstanden wird. Die Grundlage für unser vereinheitlichtes Deutsch mit festen grammatischen und Rechtschreibregeln schuf erst die Rechts- und Verwaltungssprache des ausgehenden Mittelalters. Für ihre Verbreitung sorgte vor allem Luther mit seiner deutschen Bibelübersetzung. Von ihm bis zu Konrad Duden war es aber immer noch ein weiter Weg.
Im 13. Jahrhundert aber, als nach Urkunden, erzählenden Quellen oder literarischen Texten zum erstenmal auch Inschriften in deutscher Sprache abgefaßt wurden, spiegelte diese nicht nur die Zeit, sondern auch die regionalen sprachlichen Eigenheiten und Entwicklungen wider, deren Ursprünge weit älter sind. Aus der Sprache der Sachsen nämlich hatte sich im frühen Mittelalter das Niederdeutsch des nordostdeutschen Raumes entwickelt, das bestimmte

Lautentwicklungen des Hochdeutschen nicht mitgemacht hatte, wie es von den übrigen im (ost)fränkischen Reich zusammengefaßten Stämmen gesprochen wurde. Auch die hochdeutsche Sprache aber war nicht einheitlich, sondern zerfiel in das Oberdeutsch des süddeutsch-schweizerischen Raumes und das Mitteldeutsch der nördlich davon liegenden Gebiete. Hoch- und Niederdeutsch machten im Laufe der Zeit jeweils wiederum Veränderungen durch, die so schwerwiegend sind, daß die Germanisten für die Sprache verschiedener Epochen unterschiedliche Begriffe geprägt haben. So unterscheiden sie einerseits das Althochdeutsche (6. bis Mitte des 11. Jahrhunderts) vom Mittelhochdeutschen (1050 bis 1350) und vom Frühneuhochdeutschen (1350 bis 1650), andererseits das Altsächsische (ab etwa 800) vom Mittelniederdeutschen (1250 bis 1650).

Die regionalen Sprachunterschiede führten dazu, daß deutsche Texte durchaus nicht überall verstanden wurden, wo man Deutsch sprach. Auch für heutige Leser erweisen sich gerade die nieder- und oberdeutschen Inschriften häufig als schwierig zu meisternde Klippe. Nur mit Mühe erkennt man in dem folgenden Text, der 1515 in Osnabrück abgefaßt wurde, eine Umschreibung des Gebetes, mit dem Jesus am Ölberg seinen Vater darum bat, den Kelch an ihm vorübergehen zu lassen: *In angestlyken lyden rop ick vader tho dy, desse pyne tho vormyden mach et syn so vorhore my!* Es ist leicht vorstellbar, daß ein süddeutscher Besucher der Stadt schon im 16. Jahrhundert Verständnisschwierigkeiten gehabt haben dürfte. In der großen Bandbreite der Wortformen und grammatischen Strukturen liegt ein entscheidender Unterschied zum Lateinischen. Wer Latein gelernt hatte, konnte es überall in Deutschland und in anderen Ländern verstehen und wurde verstanden. Wer das Deutsch seiner Heimat sprach, konnte schon wenige hundert Kilometer entfernt Verständigungsprobleme bekommen.

Gerade wegen der regional bedingten unterschiedlichen Sprachentwicklung bieten die deutschen Inschriften der modernen germanistischen Forschung wichtige Erkenntnismöglichkeiten für sprachgeschichtliche Studien. So lassen sich an den Inschriften die Entstehung grammatischer und syntaktischer Formen, das Aufkommen neuer Begriffe oder die Verbreitung regionaler Sprachvarianten ablesen. Man kann ja davon ausgehen, daß der Künstler oder Handwerker, der eine Inschrift ausführte, bzw. der Auftraggeber, der sie bestellte, den Text in der ihm geläufigen Mundart formulierte. Ist nun der Herstellungsort eines Objektes mit einer deutschen Inschrift nicht durch andere Informationen bekannt, kann unter Umständen der Sprachhistoriker Aufschluß über die Geschichte des Stückes geben. Eine bestimmte Gruppe kunstgewerblicher Textilien, die gewebten sogenannten Rücklaken (siehe S. 44), sind häufig nicht anhand ihrer Muster, der verwendeten Materialien oder einer Künstlermarke einem Weber und somit einem Herkunftsort zuzuweisen. Viele von den Rücklaken aber tragen Inschriften in alamannischer Mundart und sind dadurch als Werke des schweizerischen Produktionszentrums erkennbar. Die Erkenntnisse der Germanistik kommen also ihrerseits wieder der Inschriftenforschung zugute.

Bei den seit dem 13. Jahrhundert bezeugten deutschsprachigen Inschriften handelt es sich lediglich um Einzelfälle. In größerer Zahl finden wir Inschriften in deutscher Sprache erst seit dem 15. Jahrhundert. Das hängt damit zusammen, daß die Mehrzahl der älteren Inschriften dem kirchlichen Bereich zuzurechnen ist – ob es sich nun um Altargemälde, kirchliches Gerät oder Klerikergrabplatten handelt. Die Sprache der Kirche aber war (und bleibt) natürlich das Lateinische. Erst als in zunehmendem Maße Laien, und zwar besonders der niedere Adel und der städtische »Mittelstand«, als Auftraggeber von Inschriften auftraten, begann sich die Volkssprache immer mehr durchzusetzen. Die Kaufleute und Handwerker der aufblühenden Städte sprachen nicht nur selbstverständlich Deutsch, sondern benutzten es seit etwa 1300 auch für die schriftlich abgewickelten Verwaltungs- und Handelsangelegenheiten, so daß Deutsch als Schriftsprache immer geläufiger wurde.

Zuerst waren es vor allem Künstler- und Stifterinschriften, die in deutscher Sprache abgefaßt wurden. Bald aber kamen Glocken-, Grab- oder Rechtsinschriften und anderes hinzu – kurz: Die ganze Palette inschriftlicher Texte wurde nun auch immer häufiger in deutscher Sprache abgefaßt. Die Wahl der Sprache blieb aber abhängig von der sozialen Herkunft des Auftraggebers. Nicht nur der Klerus zog weiterhin das Lateinische vor; im 16. und 17. Jahrhundert bevorzugte auch das vom humanistischen Bildungsideal geprägte gehobene Bürgertum der Universitätsstädte die Sprache

Vergils und Ovids. Die zahlreichen kleinen Händler und Handwerker oder gar die bäuerliche Landbevölkerung hingegen bedienten sich – soweit sie überhaupt Inschriften in Auftrag gaben – dafür von Beginn an der Volkssprache.
Die überwiegende Zahl der deutschen Inschriften (wie der Inschriften überhaupt) befindet sich auf Grabplatten, -steinen oder -kreuzen und auf Glocken. Sowohl für die Glokken- als auch für die Grabinschriften bildete sich bald ein Formular aus, das gewisse Sprachgewohnheiten widerspiegelt. Bestimmte Formulierungen tauchen also immer wieder auf, bei Grabinschriften etwa die Fürbitten *dem Gott gnade, Gott tröst' die liebe Seele* oder *dem Gott eine fröhliche Auferstehung schenke.* Überregional verbreitet war der Glokkenspruch *Durchs Feuer bin ich geflossen, Meister N.N. hat mich gegossen.* Während die Liturgie, die ja im Bereich der katholischen Kirche bis ins 20. Jahrhundert lateinisch blieb, kaum Einfluß auf inschriftliche Texte in deutscher Sprache gewinnen konnte, wurde die Bibel auch für deutsche Inschriften zur wichtigsten Quelle. Besondere Bedeutung erlangte dafür die Bibelübersetzung Martin Luthers, doch wurden auch andere Übersetzungen herangezogen. Die Feststellung, welche deutschen Bibelübersetzungen oder anderen reformatorisch geprägten Texte in welchen Gegenden für Inschriften benutzt und demzufolge verbreitet waren, ist aufschlußreich für die Geschichte der Reformation und des Protestantismus.
Die Sprache und das Sprachniveau der Inschriften sind also keineswegs ein Faktor von untergeordneter Bedeutung. Sie sind vielmehr Ausdruck sozialer Gegebenheiten und können sogar zu Zeugen geistesgeschichtlicher Entwicklungen werden.

Hebräisch

Nachdem die jüdische Kultur in Mitteleuropa durch den Nationalsozialismus weitestgehend vernichtet worden ist, legen heute vor allem die übriggebliebenen steinernen Dokumente Zeugnis von ihrer früheren Bedeutung ab. Dazu zählen nicht nur die vereinzelt erhaltenen Judenbäder und Synagogen, sondern vor allem die jüdischen Friedhöfe mit ihren Grabinschriften, soweit sie der Zerstörung entgangen sind. Das Gebot, jüdische Gräber stets unberührt zu belassen und die Grabsteine nicht abzuräumen, hat die Judenfriedhöfe

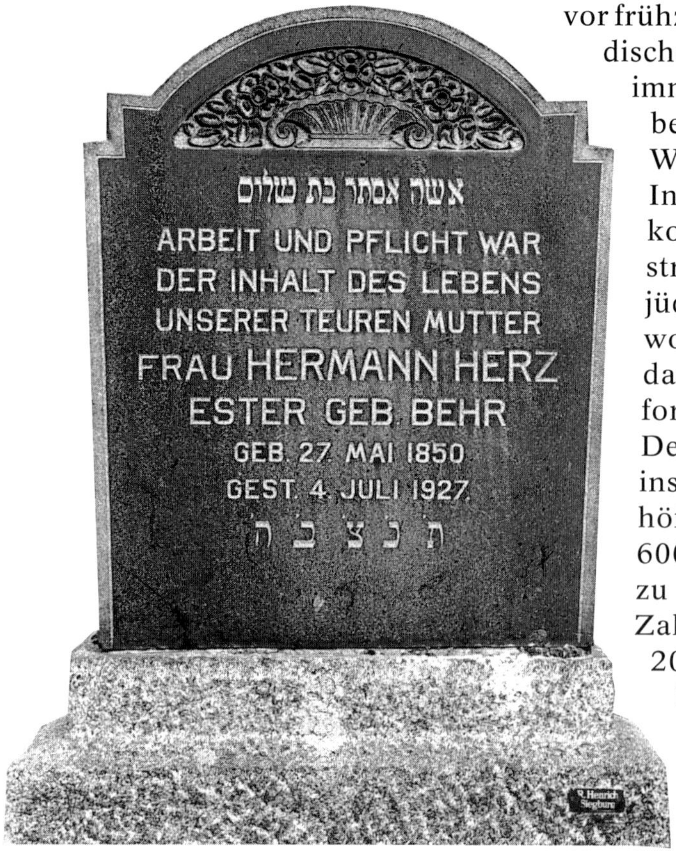

Grabstein auf dem jüdischen Friedhof in Bonn-Beuel

Abbildung 8

vor frühzeitigen Eingriffen zumindest von jüdischer Seite bewahrt – wenn auch nicht immer vor christlichen Grabsteinräubern, die beispielsweise 1519 den Wormser Friedhof heimsuchten.

In den vergangenen Jahren sind auf kommunaler Ebene zahlreiche Anstrengungen zur Dokumentation der jüdischen Friedhöfe unternommen worden. Unabhängig davon hat es sich das Heidelberger Zentralarchiv zur Erforschung der Geschichte der Juden in Deutschland zur Aufgabe gemacht, die insgesamt etwa 2 000 jüdischen Friedhöfe in Deutschland mit ihren etwa 600 000 Grabsteinen zu erfassen und zu dokumentieren. Die überwiegende Zahl der Steine stammt aus dem 19. und 20. Jahrhundert und trägt Inschriften in hebräischer und/oder deutscher Sprache. Ältere Inschriften sind gelegentlich in Aramäisch abgefaßt.

Neben zahlreichen kleineren jüdischen Friedhöfen gibt es einige, die aufgrund ihrer Größe und ihres Alters besonders bemerkenswert sind. Dazu zählt der bis ins 16. Jahrhundert zurückreichende Wiener Judenfriedhof in der Seegasse. Zu den größten, ältesten und damit historisch bedeutendsten jüdischen Friedhöfen Deutschlands gehören die Friedhöfe in Worms und Speyer. In Worms sind etwa 2 000 Grabsteine erhalten, die Hälfte davon aus der Zeit bis zur Zerstörung der Stadt 1689. Die ältesten Steine stammen aus dem 11. Jahrhundert.

Den meisten Besuchern eines jüdischen Friedhofs wird es wegen der Sprachprobleme nur mit Hilfe eines zuverlässigen Führers möglich sein, die hebräischen Grabinschriften zu erschließen. Die Mühe aber lohnt sich – eröffnen sich dadurch doch Einblicke in einen Bereich der Kulturgeschichte, der aus dem Leben der Bundesrepublik fast gänzlich verschwunden ist.

Inschriftenmaterial und Technik der Herstellung

Steininschriften

Die meisten Inschriften der Antike, des Mittelalters und auch der Neuzeit sind in Stein gearbeitet. Denken wir nur an die schier unüberschaubare Menge der Grabsteine, an die zahllosen Inschriften an Hauswänden oder auf Tür- und Fensterstürzen! Die Gründe für die Beliebtheit des Materials Stein liegen auf der Hand: Seine Härte und scheinbare Unverwüstlichkeit versprach eine besonders lange Haltbarkeit auch der Inschriften – wer konnte im 10., 15. oder 18. Jahrhundert ahnen, daß in unseren Tagen der rapide Steinzerfall aufgrund der Umweltverschmutzung zu einem Problem werden würde? Zudem war Stein leichter und preiswerter zu beschaffen als etwa das ebenfalls sehr dauerhafte Metall.

Über die mittelalterlichen Techniken der Steinbearbeitung sind wir durch die damalige technische Literatur und durch bildliche Darstellungen informiert. Die wohl bekannteste schriftliche Quelle ist das Bauhüttenbuch des Franzosen Villard de Honnecourt, das um 1225 entstanden ist und genaue Anweisungen für die Planung und Durchführung umfangreicher Bauvorhaben enthält. Zu den Bildzeugnissen zählen Buchmalerei, Glasfenster und mit Figuren geschmückte Bauteile in den Kirchen. Das Silvesterfenster der Kathedrale von Chartres (um 1220–1230) beispielsweise zeigt, wie der Steinmetz mit Spitzeisen und Holzklöpfel eine Skulptur bearbeitet. Diese Methode der Steinbearbeitung ist sehr anschaulich auch an einem Kapitell im Westbau der Kirche St. Servatius in Maastricht wiedergegeben. Sie eignete sich für feinere Arbeiten, also für Bildhauerei ebenso wie für die Ausführung von Inschriften.

Inschriften werden entweder in den Stein gehauen oder erhaben herausgearbeitet, indem die sie umgebende Fläche eingetieft wird. Bei den eingehauenen Inschriften wird das Eisen meist von zwei Seiten schräg angesetzt, so daß die

Vertiefung spitz zuläuft. Durch eine Veränderung des Winkels und durch eine schmalere oder breitere Gestaltung der Buchstaben erzeugt der Steinmetz Plastizität und Flächigkeit der Schrift. Gelegentlich wurde die Schrift nicht keilförmig, sondern rechtwinklig eingegraben, vor allem wenn die so entstandene rinnenartige Vertiefung mit Metall oder einem anderen Material ausgefüllt werden sollte.
Die Bearbeitung stellte an den Steinmetz je nach Härte und Konsistenz des Steines unterschiedliche Anforderungen. Die Entscheidung für ein Material hing häufig davon ab, welche Gesteine in der Nähe des Verarbeitungsortes gebrochen wurden und somit leicht verfügbar waren. Als Werkstein wurden vor allem die verschiedenen weit verbreiteten Kalk- und Sandsteinarten verwendet. Während im Süden und in der Mitte Deutschlands sowohl Kalk- als auch Sandstein gebrochen wurde, herrscht im norddeutschen Bereich der Buntsandstein vor. Über ganz Deutschland verteilt finden sich zudem vulkanische Gesteine, also Basalte, Trachyte, Basaltlava oder Tuffe. Im Bayerischen und im Oberpfälzer Wald, im Schwarzwald, Fichtelgebirge, Odenwald und Spessart wurden Hartgesteine gebrochen, insbesondere Granite, vereinzelt auch Marmor.
Letztere sind sehr verwitterungsbeständig, so daß Gebäude, Grabdenkmäler oder Skulpturen aus Granit oder Marmor auch nach Jahrhunderten meist gut erhalten sind. **Marmor**, der in den verschiedensten Tönungen vorkommt, trägt seinen Namen zu Recht: Das Wort »Marmor« stammt aus dem Griechischen und bedeutet »schimmernd« bzw. »schimmernder Felsblock«. Von seiner typischen Oberflächenzeichnung leitet sich der Begriff »marmoriert« her.
Der mittel- bis grobkörnige **Granit** findet sich in unterschiedlichen Grautönen, kann aber auch blaßrot sein. Er zählt zu den magmatischen Gesteinen, zu denen neben anderen auch Trachyt und Tuff gehören. Der hellgraue oder hellbraune Tuff und grauweiße, hellblaue oder -braune, zuweilen auch blaßgelbe Trachyte sind aber wegen ihrer porösen Struktur anfälliger gegen Witterungseinflüsse.
Zu den beliebtesten Werksteinen gehören die zahlreichen **Kalksteinarten**. Die Palette ihrer Farben und Zeichnungen ist außerordentlich vielfältig. Durch eine Politur erhalten Kalksteine ein marmorähnliches Aussehen, weshalb sie häufig ebenfalls als »Marmor« bezeichnet werden. Kalk-

steine widerstehen den Witterungseinflüssen im allgemeinen gut bis sehr gut. Aufgrund ihrer Härte stellen sie – ebenso wie der Granit – an den Steinmetz größere Anforderungen als weichere Gesteine.
Zu den Letztgenannten zählen vor allem die verschiedenen Sandsteinarten. **Sandstein**, der nach dem Abbau zunächst noch recht weich ist und erst durch das Austrocknen härter wird, war bis ins 19. Jahrhundert der vorherrschende Werkstein in Mitteleuropa. Typisches Merkmal ist die fein- bis grobsandige Struktur, die sich auf der Steinoberfläche leicht mit dem Finger ertasten läßt. Sandstein kommt in vielen Farben vor, von Weiß über Gelb und Braun bis hin zu Rot. Seine Widerstandsfähigkeit hängt von der jeweiligen chemischen Zusammensetzung ab. Insgesamt muß man an Sandsteingebäuden und -denkmälern häufiger Schäden in Form von Abbröckeln, Absanden oder Abblättern feststellen als an Objekten aus Hartgestein.
Diese und andere Schäden am Gestein betreffen besonders auch Inschriftenträger, die sich im Freien befinden. Zahlreiche Grabdenkmäler, die zu Beginn des Jahrhunderts noch gut erhalten waren und vollständig oder zumindest weitgehend lesbare Inschriften trugen, sind heute bis zur Unkenntlichkeit zerstört. Diese Entwicklung hat verschiedene Ursachen. Zum einen kann unsachgemäße Behandlung des Steines bei oder unmittelbar nach seiner Bearbeitung (etwa falsche Aufstellung) oder bei einer späteren Reinigung die Schäden herbeiführen. Auch Bewuchs (Moos, Algen, Efeu) oder Wind und Regen setzen dem Stein zu. Mit dem Regenwasser dringt zudem Schwefelsäure, die von Heiz- und Industrieanlagen abgegeben wird, in den Stein ein und verwandelt den bindenden Kalk in Gips, Tonerde oder Bittersalz. Die bei diesem chemischen Prozeß neu entstandenen Stoffe dehnen sich aus und sprengen die Oberfläche des Steines auf. Da sie zudem wasserlöslich sind, werden sie mit dem

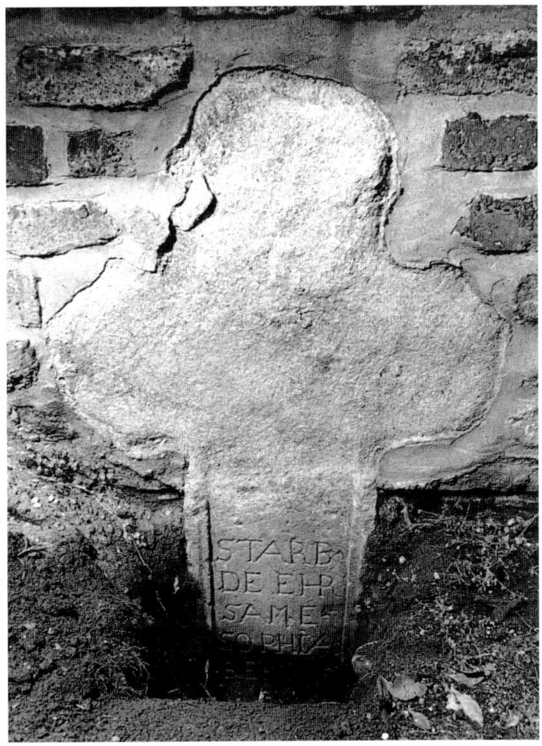

Beispiel für Witterungseinflüsse. Der zeitweise von Erde bedeckte untere Teil dieses Grabsteins in Bonn-Vilich ist gut erhalten

Abbildung 9

Regen abgewaschen, so daß das Bindemittel im Stein verlorengeht und er brüchig wird. Dieser Vorgang hat innerhalb kürzester Zeit jahrhundertealte Denkmäler zerstört.
Um der Zerstörung der Denkmäler entgegenzuwirken, ist man dazu übergegangen, sie nach Möglichkeit in Innenräume zu bringen oder durch Schutzdächer vor Regen zu schützen. Darüber hinaus hat man schon im Mittelalter versucht, den Stein zu festigen und wasserabweisend zu machen, indem man ihn mit Leinöl und Kalksinterwasser behandelt hat. Seit etwa 25 Jahren verwendet man dazu Kieselsäureester und Silikon, ohne daß die dauerhafte Wirksamkeit dieser Methode schon gesichert wäre. Diese aufwendigen Verfahren zur Erhaltung der steinernen Kulturdenkmäler können nur auf die als kunst- oder kulturhistorisch bedeutsam erachteten Objekte angewandt werden. Gerade die »Massenware«, etwa Grabsteine und -kreuze, bleiben im wahrsten Sinne des Wortes im Regen stehen und gehen der Nachwelt über kurz oder lang verloren. Angesichts dieser scheinbar unaufhaltsamen Entwicklung ist es um so wichtiger, die Objekte wenigstens fotografisch zu sichern und ihre Inschriften zu dokumentieren.

Metallinschriften

Mit Blick auf die verwendeten Materialien lassen sich bei Metallinschriften zwei größere Gruppen unterscheiden: Inschriften, die ausschließlich unter Verwendung von Metall ausgeführt werden, und Inschriften, die zwar auf einem metallenen Werkstück und unter Verwendung von Metall hergestellt werden, zu deren Ausführung man aber weitere Materialien wie z. B. Glasmasse (Emailarbeiten) benötigt.

Metallinschriften (ohne weitere Materialien)

Zur Herstellung von Inschriften, die ausschließlich unter Verwendung von Metall ausgeführt werden, gibt es verschiedene Techniken, und zwar vor allem die Gravur, die Treibarbeit sowie den Guß. All diese Techniken sind schon lange verbreitet und auch heute noch geläufig.

Gravur

Mit dem Grabstichel und der Graviernadel werden die Buchstaben in das Metall eingeschnitten (»eingegraben«); das Metall wird bei diesem Arbeitsvorgang nicht bloß verformt, sondern Teile des Materials werden in Spänen abgehoben.

Graviert sind z. B. die Inschriften auf der Parierstange des Reichsschwertes (Wien, Schatzkammer; Stahl, Parierstange und Knauf schwach vergoldet; 1198–1218; Farbtafel IV). Die Inschrift lautet auf der einen Seite (bei aufwärts gerichteter Klinge): *Cristus vincit, Cristus reignat, Cristus inperat* (»Christus siegt, Christus herrscht als König, Christus herrscht als Kaiser«) und auf der anderen Seite (bei abwärts gerichteter Klinge): + *Cristus vincit, Cristus reinat* (»Christus siegt, Christus herrscht als König«).
Die beiden Inschriften sind Zitate aus den am Ende des 8. Jahrhunderts in Rom entstandenen »Laudes«, die in Form feierlicher litaneiartiger Akklamationen Christus und bestimmte Heilige um Hilfe und Schutz für den Papst und den fränkischen Herrscher anrufen.

Treibarbeit

Das Blech (zumeist Silber) wird durch Hämmern in die gewünschte Grundform gebracht. Von der Rückseite her werden dann mit dem Treibhammer und unter Verwendung von Punzen (mit dem Hammer anzuschlagende Stahlstifte) die Formen der Figuren, Ornamente oder Buchstaben herausgetrieben; dafür bedient man sich einer festen, jedoch nicht starren Unterlage, die dem dehnbaren Blech nachgibt (Mischung aus Pech und Ziegelmehl). Während des Arbeitsvorganges wird das Metall in Abständen erhitzt, um seine Dehnfähigkeit zu erhalten.
Ein Beispiel ist das Gisela-Kreuz (Christus-Seite; München, Schatzkammer der Residenz; 1006). Gisela, die Gemahlin König Stephans I. von Ungarn, stiftete das Kreuz für ihr Seelenheil und für das ihrer 1006 gestorbenen Mutter Gisela, der Gemahlin Heinrichs des Zänkers. Auf der Vorderseite des Kreuzes steht die Inschrift:

Abbildung 10

Gisela-Kreuz. Die Vorderseite des Kreuzes ist aus Metall getrieben

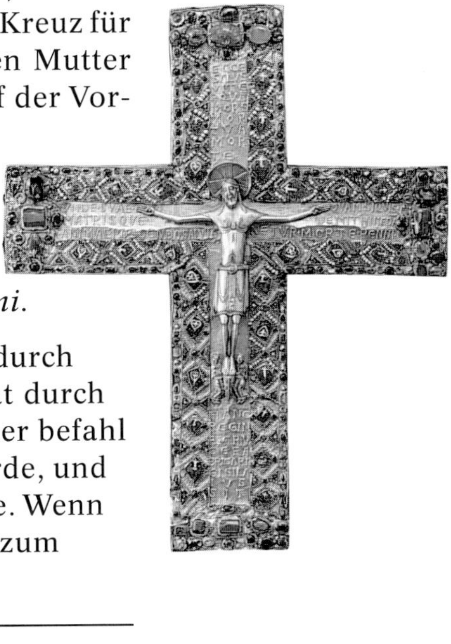

***E**cce salus vite, per quam mors mortua morte;*
unde suae matrisque animae poscendo salutem
hanc regina crucem fabricari Gisila iussit.
Quam si quis demit hinc, damnetur morte perenni.

(»**S**iehe das Heil des Lebens, durch das der Tod durch den Tod den Tod gefunden hat [d. h.: Christus hat durch seinen Tod am Kreuz den Tod überwunden]; daher befahl Königin Gisela, daß dieses Kreuz angefertigt werde, und sie erbat so das Heil ihrer und ihrer Mutter Seele. Wenn jemand dieses Kreuz von hier wegnimmt, soll er zum ewigen Tode verurteilt werden.«)

Guß

Unter den gegossenen Inschriftenträgern sind am häufigsten solche aus Messing (sogenannter Gelbguß: Kupfer-Zink-Legierung) oder aus Bronze (sogenannter Rotguß: Kupfer-Zinn-Legierung). Bis zum 19. Jahrhundert wurde für den Guß dünnwandiger Objekte zumeist das seit Jahrtausenden geübte Wachsausschmelzverfahren angewendet (auch Guß mit verlorener Form genannt): Auf einem Kern aus Ton wird das gewünschte Objekt in Wachs modelliert; die Dicke der Wachsschicht bestimmt die Stärke der späteren Metallwandung. Das Wachs wird mit einem Formmantel aus Lehm umgeben, in den die notwendigen Einguß- und Luftröhren eingesetzt sind. Die Form wird erhitzt, so daß das Wachs ausfließt; in den auf diese Weise entstandenen Hohlraum wird die flüssige Metall-Legierung eingegossen. Nach dem Abkühlen wird der Mantel zerschlagen, der Kern und die Röhren werden entfernt. Dann wird der Rohguß gereinigt und durch Feilen, Ziselieren und ähnliche Techniken bearbeitet. Anschließend wird das Objekt meistens vergoldet. Für die Bewertung des paläographischen Befundes einer Inschrift auf einem gegossenen Gegenstand ist es von Bedeutung, ob die Inschrift wirklich zu-

Abbildung 11

Türzieher in der Domschatzkammer in Trier. Die erhabenen Buchstaben sind mitgegossen

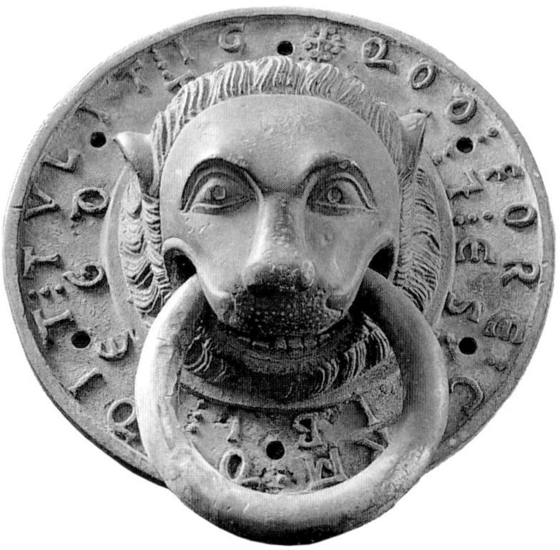

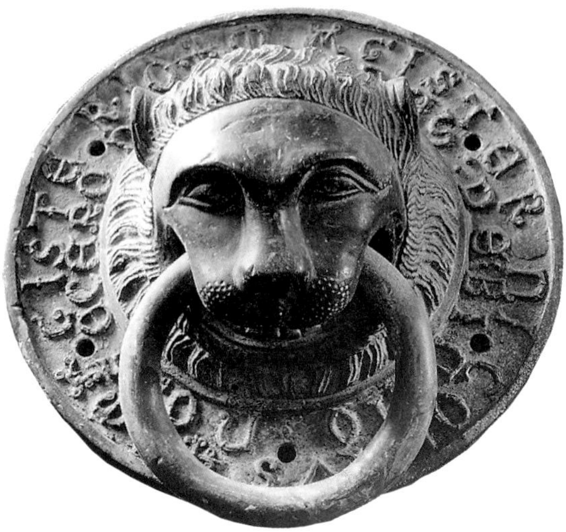

*+ **Q**uod fore cera dedit, tulit ignis et es tibi regdit.*

(»**W**as das Wachs als Zukünftiges vorgab, hat das Feuer genommen und die Bronze dir wiedergegeben.«)

*+ **M**agister Nicolaus + et magister Johannes de Bincio nos feceront.*

(»**M**eister Nikolaus und Meister Johannes aus Bincium haben uns gemacht.«)

sammen mit dem Objekt gegossen wurde oder ob sie erst im Anschluß an den Guß durch Gravur aufgebracht worden ist. Da der Guß stets nachbearbeitet wurde und da man überdies zumeist eine Vergoldung aufbrachte, ist diese Unterscheidung jedoch in manchen Fällen nicht ganz einfach.
Dieses Wachsausschmelzverfahren wurde gegen 1100 von Theophilus Presbyter in dem technischen Traktat »*De diversis artibus*« (»Über die verschiedenen Künste«) beschrieben, und zwar anhand der Gußverfahren für ein Weihrauchfaß und für eine Glocke. Theophilus gibt in diesem Zusammenhang auch ausführliche Hinweise zur ikonographischen Gestaltung des Rauchfasses und erwähnt dabei mehrfach ausdrücklich das Anbringen passender Inschriften.
Die Türzieher in Trier (ehemals am südlichen Portal der Westseite des Domes, heute in der Domschatzkammer) datieren aus der zweiten Hälfte des 13. Jahrhunderts. Die erhabenen Buchstaben sind, ähnlich wie beim Glockenguß (siehe S. 70–81), gleichsam plastisch aufgelegt und zusammen mit dem jeweiligen Türzieher gegossen. Die Technik, die dabei angewendet wurde, also das oben beschriebene Wachsausschmelzverfahren, wird in der ersten Inschrift selbst thematisiert, indem die wichtigsten Arbeitsschritte in aller Kürze dargestellt werden.
Die zweite Inschrift nennt die Namen der beiden Gießer; die Bestimmung des Herkunftsortes *Bincium* (Bingen am Rhein oder Binche in der Nähe von Maubeuge, Belgien?) ist umstritten.

Metallinschriften (mit weiteren Materialien)

Ferner gibt es häufig Metallinschriften, zu deren Herstellung verschiedene zusätzliche Materialien gebraucht werden wie zum Beispiel Leinöl oder Glasmasse in verschiedenen Farben. Weiter verbreitet sind vor allem Inschriften in Braunfirnis, Niello und Email.

Braunfirnis

Das im gewünschten Format zurechtgeschnittene Kupferblech wird mit einem Firnis aus Leinöl überstrichen. Das Werkstück wird getrocknet und so lange über dem Feuer erhitzt, bis sich auf dem Blech ein fester, unterschiedlich transparenter Überzug aus »Braunfirnis« gebildet hat. In diese Deckschicht werden mit einem Stichel oder mit einem Schabeisen Ornamente, Buchstaben und – weniger häufig – auch figürliche Darstellungen eingeritzt bzw. herausgeschabt. Die auf diese Weise freigelegten Metallflächen werden feuervergoldet, so daß die jeweilige Inschrift bzw. das Ornament entweder in Gold auf braunem Grund steht oder umgekehrt in Braun auf goldenem Grund. Da Braunfirnis vergleichsweise geringe Kosten verursacht und darüber hinaus einfach auszuführen ist, wurde diese Technik häufig zur Gestaltung minder wichtiger Flächen von Goldschmiedewerken eingesetzt, also vor allem an Unterseiten oder vom Betrachter abgewandten Flächen eines Objektes.

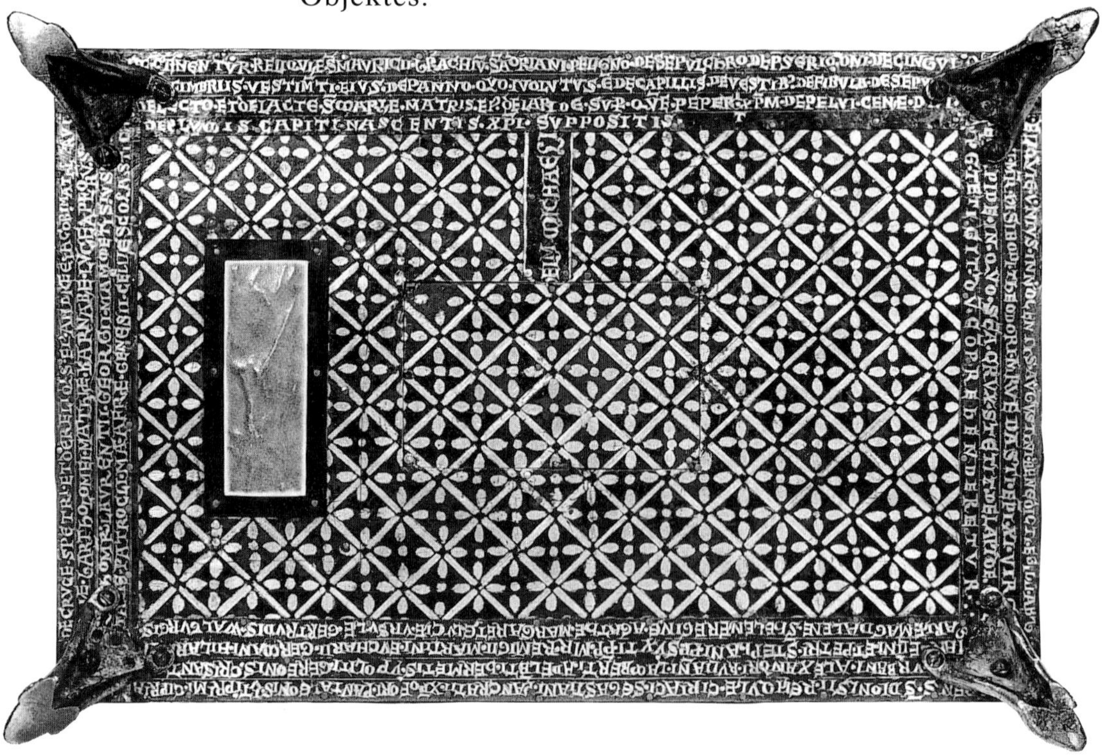

Unterseite des Mauritius-Tragaltars in der Schatzkammer von St. Servatius, Siegburg

Abbildung 12

Ein Beispiel ist die Unterseite des Mauritius-Tragaltars (Siegburg, St. Servatius, Schatzkammer; vor 1181–Anfang 13. Jahrhundert). Dieser Tragaltar gehört seiner Form nach zu den Kasten-Tragaltären; in seinem Inneren werden zahlreiche Reliquien aufbewahrt. Ein Katalog dieser Reliquien (mit 86 Positionen!) ist in Form einer außerordentlich umfangreichen Inschrift von unten auf der Bodenplatte des Tragaltares befestigt. Die Inschrift beginnt (auf der Abbildung links oben in der ersten Zeile) mit den Worten: *Hic continentur reliquiae s. Mauricii, brachium s. Adriani ...* (»Hier sind enthalten Reliquien des Hl. Mauritius, ein Arm des Hl. Hadrian ...«).

Niello

In eine Metallplatte (zumeist aus Silber) wird eine Inschrift, ein Ornament oder eine figürliche Darstellung graviert; anschließend wird in die ausgehobenen Linien und kleinen Flächen die Niellomasse möglichst gleichmäßig eingeschmolzen. Diese Niellomasse besteht aus Silber, Blei, Kupfer, Schwefel und Salmiak. Schließlich poliert man das Werkstück, so daß sich auf silberglänzender Fläche die schwarze Zeichnung klar abhebt.
In manchen Fällen ist das Niello anscheinend nicht in gravierte Gruben eingebracht worden, sondern auf durch Ätzung vorbereitete Linien bzw. Flächen. Ein Beispiel für diese Technik findet sich am Dom-Tragaltar in Paderborn (Paderborn, Diözesanmuseum; 12. Jahrhundert, mit späteren Ergänzungen). Die seitlich unten und oben umlaufenden Schriftbänder sind in der üblichen Technik nielliert (Niello in ausgehobenen Gruben). Wie erst kürzlich bekannt wurde, sind hingegen die niellierten Inschriften, Ornamente und figürlichen Darstellungen der Deckplatte auf den durch Ätzung vorbereiteten Untergrund aufgebracht. (Hinweis von Herrn H. Westphal, Westfälisches Museum für Archäologie, Paderborn).
Die Inschrift auf dem umlaufenden oberen Schriftband nennt die Namen der jeweils gleich darunter an den Wandungen dargestellten Apostel. Auf der Deckplatte zeigt die hintere Nielloplatte den Paderborner Bischof Meinwerk bei der Feier der Messe. Links bezeichnet ihn eine Inschrift mit Namen: *Meinwercus episcopus* (»Bischof Meinwerk«). Rechts gibt eine Inschrift ein der Meßliturgie entnommenes Gebet wieder: *Calicem salutaris accipiam et nomen Domini invocabo* (»Den Kelch des Heiles werde ich nehmen und anrufen den Namen des Herrn«; siehe auch Psalm 115,13).

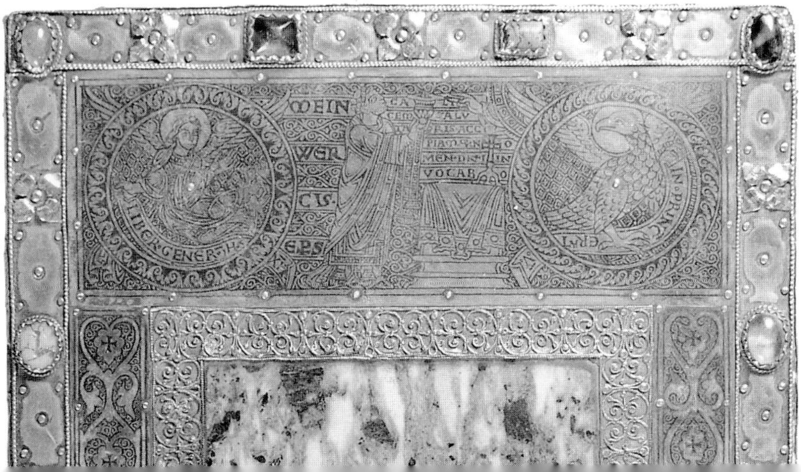

Abbildung 13

Dom-Tragaltar in Paderborn, hintere Nielloplatte der Oberseite

Email, Zellenschmelz

Auf einer dünnen Metallplatte (zumeist aus Gold) werden feine Metallstege befestigt, welche die Umrißzeichnung des Ornamentes oder der Darstellung bilden bzw. bei Inschriften die Buchstaben darstellen. In die auf diese Weise entstandenen »Zellen« wird eine Glasmasse eingefüllt, die nach dem Brand glattgeschliffen und poliert wird; die Oberfläche des Emails und die Oberkante der Stege liegen dann auf einer Ebene. Bei dieser Technik wird zumeist transluzides (durchscheinendes) Email verwendet, so daß der Metallgrund unter dem Email das einfallende Licht in bestimmtem Umfang reflektiert.

In dieser Technik ist eine Emailplatte ausgeführt, die zur Ausstattung des Otto-Kreuzes (auch älteres Mathilden-Kreuz genannt) in der Essener Domschatzkammer gehört (zwischen 973 und 982; Farbtafel V). Die Zellenschmelzplatte ist unten auf dem Längsbalken angebracht und zeigt den Akt der Stiftung: Mathilde, Äbtissin des Kanonissenstiftes in Essen (973–1011), nimmt von ihrem Bruder, Herzog Otto von Schwaben und Bayern (973–982), das kostbare Vortragekreuz in Empfang; zwei Inschriften bezeichnen die beiden Personen mit Namen und Amt: *Mahthild abbatissa / Otto dux* (»Äbtissin Mathilde / Herzog Otto«).

Email, Grubenschmelz

Aus der Metallplatte (meist aus Kupfer oder Bronze) werden flache Gruben bzw. schmalere Furchen ausgehoben, in welche dann die Glasflüsse eingeschmolzen werden. Die Oberfläche des Werkstückes wird

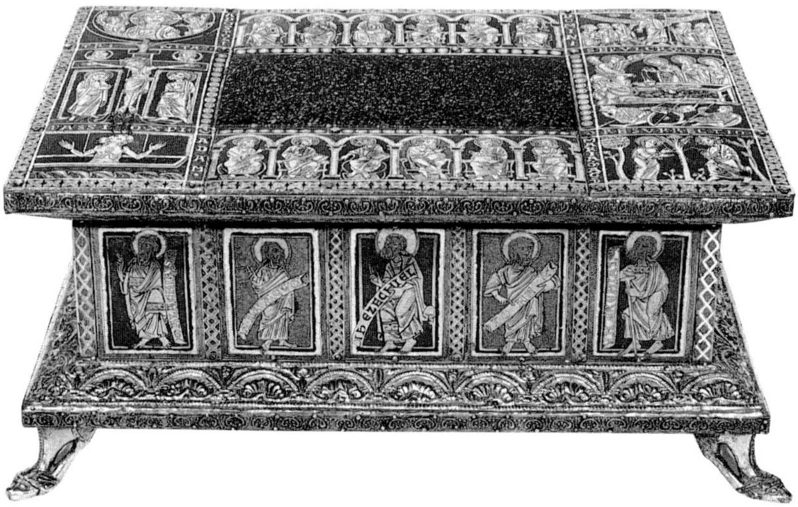

Abbildung 14

Vordere Wandung des Mauritius-Tragaltars in der Schatzkammer von St. Servatius, Siegburg

anschließend glattgeschliffen, so daß die stehengebliebenen Metallteile (Flächen oder Stege) und das Email in einer einheitlichen Ebene liegen. Entweder bilden die emaillierten Teile die Inschrift (bzw. das Ornament oder die Darstellung) oder die stehengebliebenen Metallteile; in letzterem Fall bietet die Emailfüllung die farbige Folie z. B. für die Inschriften. Bei Kupfer- oder Bronzeplatten verwendet man zumeist opake (undurchsichtige) Glasflüsse, und gewöhnlich vergoldet man abschließend die stehengebliebenen Metallteile.
Beispiele für diese Technik finden sich auf der Deckplatte des bereits erwähnten Mauritius-Tragaltars (siehe S. 36). Die vergoldeten Inschriften sind aus stehengebliebenen Metallteilen gebildet: *Trinitas / Passio Christi / ...* (»Dreifaltigkeit / Leiden des Herrn ...«).
Hingegen sind auf den Wandungen des Tragaltars die Buchstabenkörper der Inschriften (bis auf zwei) aus der Metallplatte herausgeschnitten und mit Glasmasse gefüllt, so daß hier die farbig emaillierten Buchstaben (die Namen der Propheten) auf vergoldetem Metallgrund stehen.
Konturierte Buchstaben zeigt der Eilbertus-Tragaltar (siehe S. 82) auf den seitlich umlaufenden Inschriftstreifen oben und unten (Berlin, Kunstgewerbemuseum; vor 1160). Die Buchstabenkörper sind weiß emailliert, der umgebende Grund tiefblau. Der Kontur wird jeweils aus stehengebliebenem, vergoldetem Metall gebildet – eine recht aufwendige Art, eine Inschrift in Grubenschmelz auszuführen.

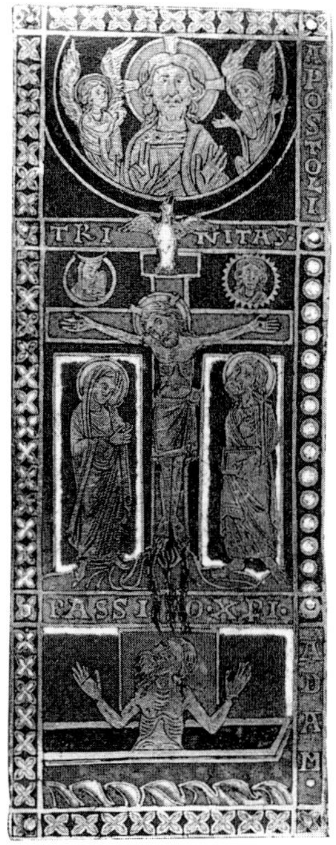

Abbildung 15

Linker Teil der Deckplatte des Mauritius-Tragaltars der Schatzkammer von St. Servatius, Siegburg

Glas

Zu den schönsten Zeugnissen mittelalterlicher Kunstfertigkeit zählen die häufig vielfarbigen Glasfenster in den romanischen und gotischen Kirchen. Sie zeigen Einzelfiguren – Propheten oder Apostel, Heilige oder Bischöfe –, aber auch umfassende Szenen aus der Bibel und aus Heiligenlegenden. In vielen Fällen sind die Darstellungen mit Inschriften versehen, die der Beschreibung und Interpretation dienen. Die Inschriften werden am Ende des recht komplizierten Verfahrens, mit dem solche Fenster angefertigt wurden, angebracht.
Die Herstellung farbiger Glasfenster ist (für die nachrömische Zeit) durch schriftliche Quellen bereits aus dem frühen Mittelalter belegt. Aus dieser frühen Zeit existieren aller-

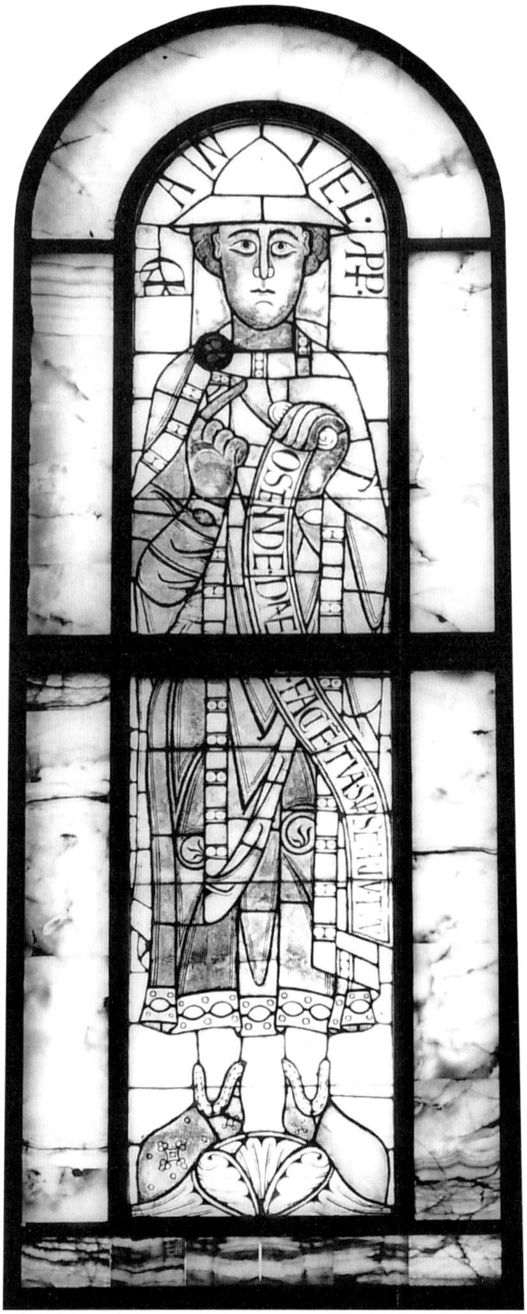

Abbildung 16

Prophetenfenster im Langhaus des Augsburger Doms

dings keine Fenster mehr; das älteste erhaltene Zeugnis, das Prophetenfenster im Augsburger Dom, ist um 1100 entstanden. Berühmt sind die Glasmalereien in Chartres und im Straßburger Münster (Ende des 12. Jahrhunderts) sowie die weitgehend erhaltenen Farbverglasungen von St. Kunibert in Köln (um 1225–1230) und der Elisabethkirche in Marburg an der Lahn (um 1240). Da sich beim Blasen des Glases zunächst immer ein dreidimensionaler Hohlkörper ergibt, erforderte die Anfertigung flacher Scheiben eine besondere Technik. Das Herstellungsverfahren solcher Glasscheiben überliefert der bereits erwähnte, im 12. Jahrhundert lebende Theophilus Presbyter. Im zweiten Buch seines Werkes »De diversis artibus« (»Über die verschiedenen Künste«) beschreibt er die Glasherstellung im sogenannten Zylinderblasverfahren: Die zähflüssige Glasmasse, die aus einer Mischung von zwei Drittel Pottasche und einem Drittel Sand gewonnen und bei 900° Celsius geschmolzen wurde, wird möglichst weit aufgeblasen, aufgeschnitten, ausgerollt und geglättet. Eine andere, vorwiegend in Frankreich angewandte Methode ist das Mondglasverfahren: Eine mundgeblasene Glaskugel wird an der der Blasöffnung gegenüberliegenden Seite mit einem Hefteisen verbunden und so lange gedreht, bis sie durch die Rotation zu einer Rundscheibe geworden ist. Diese Methode eignet sich allerdings nur zur Herstellung von Glasscheiben bis zu eineinhalb Metern Durchmesser. Eine Färbung des Glases wurde durch die Beimischung von Metallen zur Glasmasse erreicht, die beim Schmelzvorgang oxydierten. Eisenoxyd ergab, je nach Dauer des Schmelzprozesses, purpurfarbenes, gelbes oder grünes Glas. Eine Blaufärbung konnte durch Kobalt, Mangan oder Chrom erreicht werden, und durch die Beigabe von Blei entstand grünes Glas. Die größten Probleme bereitete die Rotfärbung durch Kupferoxyd, das sehr dunkel färbte und daher leicht in Schwarz umschlug. Um das zu verhindern, tauchte man die Glasblase mehrfach abwechselnd in farblose und mit Kupferoxyd gefärbte Glasschmelze, so daß sich mehrere Glasschichten übereinander ergaben. Diese sogenannten Überfanggläser wurden im Spätmittelalter auch in anderen Farben hergestellt.

Die so hergestellten verschiedenfarbigen Glastafeln wurden mosaikartig zu großen Scheiben zusammengesetzt. Auch das dabei angewandte Verfahren wird schon von Theophilus beschrieben: Auf einer Holztafel zeichnete man die geplante Darstellung in Originalgröße zunächst mit Blei oder Zinn, dann mit roter oder schwarzer Farbe vor und übertrug diesen Entwurf auf farbige Gläser, die auf die Vorzeichnung aufgelegt werden. Die Umrisse der verschiedenen Teile wurden mit einem glühenden Eisen angerissen und die Schnittfläche durch Anfeuchten zum Springen gebracht. Nachdem die Glasstücke mosaikartig zusammengefügt worden waren, erfolgte das Bemalen des Glases. Im Hochmittelalter, also auch zur Zeit des Theophilus, geschah das ausschließlich durch Schwarzlot, ein Gemisch aus Eisen- und Kupferoxyd sowie Bleiglas, das gepulvert und mit einem flüssigen Bindemittel (Wein oder Urin) zu einer Paste vermischt wurde. Erst um 1300 kamen mit Silbergelb, im 15. Jahrhundert mit Kupfergrün und Eisenrot weitere Farben hinzu, und ab dem 16. Jahrhundert wurde die Auswahl an Schmelzfarben noch größer. Gesichter, Gewänder und ähnliches wurden mit Pinsel, Federkiel, Griffel oder Nadel auf das Glas aufgetragen. Theophilus rät, die Konturen in einem gut deckenden Schwarz zu zeichnen, auf die Flächen hingegen eine dünnere Malschicht, eine Lasur, aufzutragen und für bestimmte Details, wie die Gesichtszüge, ein Schwarz mittlerer Intensität zu wählen. Auch Inschriften konnten natürlich mit dem Pinsel auf den Glasuntergrund aufgetragen werden. Zu ihrer Ausführung empfiehlt Theophilus aber noch eine andere Technik: »Wenn du Buchstaben aus dem Glas malen willst, bedecke die betreffenden Stellen ganz

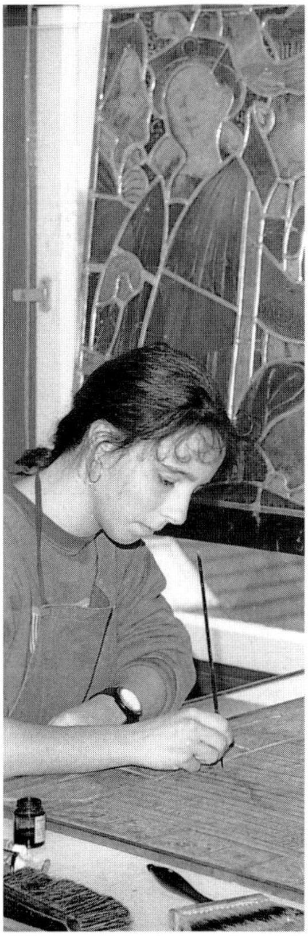

Restaurierungsarbeiten in der ältesten Werkstätte für Glasmalerei in Deutschland

Abbildung 17

mit Farbe und schreibe sie mit dem Pinselstiel hinein.« Die Lasurschicht wurde an den entsprechenden Stellen also wieder entfernt, geradezu »ausradiert«, und die Schrift erhält den Ton des darunterliegenden Glases. So wurden die Inschriften des Geburt-Christi-Fensters in der Stephanuskapelle des Kölner Domes (um 1280) ausgeführt. Ein Meister dieser Technik war der Glasmaler Gerlachus, der in der Mitte des 12. Jahrhunderts die Glasfenster der Abtei Arnstein an der Lahn bemalte. Auf einer dieser Scheiben stellt er sich selbst dar mit dem Farbtopf in der linken und dem Pinsel in der rechten Hand, mit der er offenbar gerade die beigefügte Inschrift vollendet: *Rex regum clare Gerlacho propitiare* (»Ruhmreicher König der Könige, sei Gerlachus gnädig!«; Farbtafel VI).

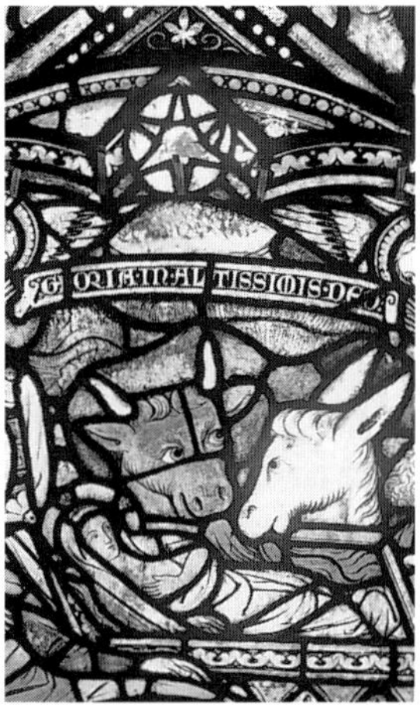

Detail aus dem Fenster in der Stephanuskapelle des Kölner Domes mit der Darstellung der Geburt Christi

Abbildung 18

Das mit Darstellungen und Inschriften bemalte Glas wurde schließlich bei 600 ° Celsius im Ofen gebrannt und die Farbe dadurch in das Glas eingeschmolzen. Die fertigen Glasstücke wurden dann durch Bleiruten miteinander verbunden. Bei größeren Fenstern sorgten Quereisen für mehr Stabilität. Die in der Fensteröffnung befestigten Scheiben wurden auf der Außenseite durch vertikale Windeisen gegen Ausbauchen bei Sturm oder starker Sonneneinstrahlung gesichert.

Die Herstellung von Glasfenstern erforderte also hohen Arbeitsaufwand und große Kunstfertigkeit gerade durch die Zusammensetzung verschiedenfarbiger Glasstücke. Seit dem 16. Jahrhundert, als die Farbgestaltung nicht mehr durch gefärbtes Glas erfolgen mußte, sondern eine Vielzahl von Schmelzfarben zur Bemalung zur Verfügung stand, wurde die mosaikartige Arbeitstechnik zunehmend durch reine Malerei ähnlich der Tafelmalerei abgelöst. Diese sogenannte Kabinettmalerei wurde seit dem 15. Jahrhundert auch bei der Gestaltung profaner, ja sogar privater Bauwerke herangezogen, zumal sie weitaus kostengünstiger war als das traditionelle Verfahren zur Herstellung farbiger Glasfenster. Da eines der Produktionszentren die Schweiz war, werden die kleineren, für das Betrachten aus der Nähe gedachten Kabinettscheiben auch Schweizer Scheiben genannt.

Leider ist der Zustand der alten Glasfenster heute häufig genug beklagenswert. Die Fenster sind durch Wetterstein angegriffen, die Bemalung ist ausgeblichen oder gar abgefal-

len. Der Grund dafür liegt teilweise in der falschen Behandlung bei Restaurierungen, teilweise aber bereits im Herstellungsprozeß, wenn nämlich die Farbschicht unzureichend gebrannt worden ist.
Mit Hilfe moderner Restaurierungsmethoden wird nun versucht, die Fehler der Vergangenheit zu korrigieren und diese prächtigen Zeugen des Mittelalters auch den kommenden Generationen zu erhalten.

Textilien, Keramik, Holz, Wand- und Tafelmalerei

Die bisher genannten Techniken der Inschriftenherstellung sind am weitesten verbreitet, doch werden Inschriften auch in einer Vielzahl anderer Materialien und mit dementsprechend vielfältigen Methoden angefertigt.
Ebenfalls recht zahlreich sind die Inschriften auf textilen Materialien, die meist gestickt oder gewebt sind. Bis heute werden liturgische Gewänder und Altarantependien in der katholischen Kirche mit Darstellungen Heiliger oder biblischer Szenen versehen, die – ähnlich wie bildliche Darstellungen in anderem Zusammenhang auch – durch Beischriften erläutert werden. Aber auch profane Gewänder, Wandbehänge, Kissen und Decken wurden dergestalt verziert.

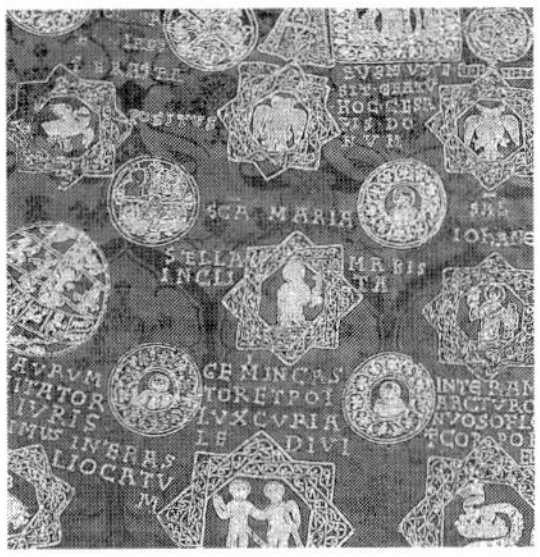

Ausschnitt aus dem Sternenmantel Heinrichs II. (Bamberger Domschatz)

Abbildung 19

Gestickt wurden die Motive und Inschriften zumeist in Ketten-, Platt- oder Kreuzstich, Techniken also, die noch heute gängig sind. Ein berühmtes Beispiel gestickter Inschriften aus dem weltlichen Bereich ist der Sternenmantel Kaiser Heinrichs II. im Bamberger Domschatz, der mit Darstellungen der Sternbilder und dazugehörigen Inschriften übersät ist (Farbtafel IX). Bei der Anfertigung seiner Inschriften wurde die seltener angewandte sogenannte Anlegetechnik eingesetzt, d. h., die Fäden (in diesem Falle aus Gold) wurden auf den Stoff aufgelegt und durch querlaufende kleine Stiche mit feinen Seidenfäden am Stoff befestigt.
Die bekanntesten gestickten Inschriften trägt der Teppich von Bayeux, der Ende des 11. Jahrhunderts in Südengland entstanden ist. Er dokumentiert auf einer Länge von etwa 70 Metern (!) die Eroberung Englands durch Wilhelm den Eroberer im Jahre 1066. Erst nachdem die bildlichen Darstellungen der Schlacht von Hastings und ihrer Vorgeschichte auf dem Leinenstoff ausgeführt waren, wurden sie durch die mit Wollfäden gestickten Inschriften ergänzt. Das

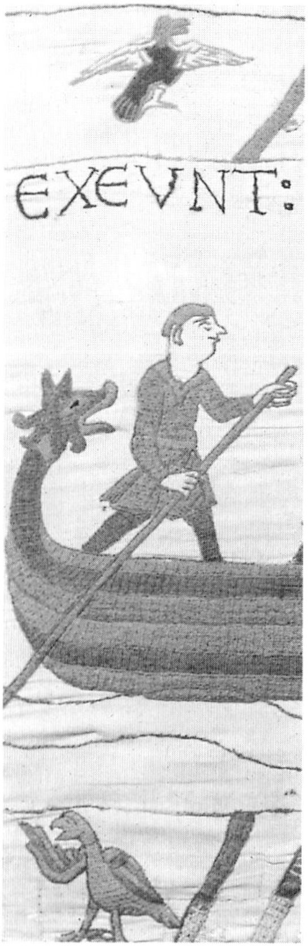

Ausschnitt aus dem Teppich von Bayeux

Abbildung 20

ist daran zu erkennen, daß die Buchstaben an einigen Stellen der Darstellung »ausweichen«: Wo bildliche Darstellung ist, wird der Text unterbrochen (Farbtafel VIII).
Im späten Mittelalter und in der frühen Neuzeit erlangte auch die **Bildwirkerei** große Bedeutung. Bereits in karolingischer Zeit wurden Wandbehänge für Kirchen gewebt, das älteste erhaltene Stück – ein zehn Meter langer und ein Meter hoher Wandbehang aus dem Halberstädter Dom – stammt aus dem 12. Jahrhundert. Doch erst in der zweiten Hälfte des 14. Jahrhunderts begann die eigentliche Blütezeit der Bildwirkerei, deren europäische Zentren in Paris und im burgundischen Arras lagen. Im Bereich des deutschen Königreiches wurde vom Ende des 14. Jahrhunderts an vor allem in Nürnberg, in der Schweiz und im Elsaß, aber auch in Norddeutschland Bildwirkerei betrieben. Der größere Teil der Produktion bestand in sogenannten Rücklaken, langen Streifen, die in Kirchen, öffentlichen Gebäuden und Bürgerhäusern hinter den Sitzbänken an der Wand aufgehängt wurden und wärmeisolierend wirkten.
Dabei wandte man die Technik der »Heidnischwirkerei« an – so benannt, weil ihr Ursprung in heidnischer Zeit vermutet wurde. Das Besondere daran ist, daß der querlaufende farbige Schußfaden nicht über die ganze Breite der senkrecht gespannten Kettfäden mitgeführt wird, sondern daß die Fäden der verschiedenen Farbflächen voneinander getrennt eingestopft werden.
Auf den Wandbehängen wurden häufig weltliche Themen und Motive umgesetzt, insbesondere Minneszenen und – in der Schweiz sehr beliebt – sogenannte Wildleute, d. h. wilde, zum Teil fabelhafte Waldwesen. Die in den Minneszenen dargestellten Personen befinden sich oft miteinander in einem Gespräch, das der Betrachter durch eingewebte Inschriften auf Spruchbändern nachvollziehen kann. Im späten Mittelalter wurden Motive gern auf einem blumigen Untergrund präsentiert. Aus diesen Tausendblumenteppichen (französisch: »millefleurs«) entwickelten die Bildwirker der Renaissance die Verdüren (französisch: »verdure« = »Rasen«), die auf grünem Untergrund Pflanzen- und Tierdarstellungen zeigen.
Einen Sonderzweig der Textilbearbeitung bildete die **Bortenherstellung**. Borten wurden, besonders für den kirchlichen Gebrauch, entweder bestickt oder aber gewebt. Vom

14. Jahrhundert an blühte in Italien und auch in Deutschland die Seiden-, Samt- und Brokatweberei auf. Die Kölner Weber, die Erfinder der Figurenborten, waren führend in der deutschen Bortenherstellung. Die schmalen Borten konnten auch ohne Webstuhl angefertigt werden, indem man nämlich jeweils einen Faden durch ein etwa sechs Zentimeter großes Täfelchen zog und diese Täfelchen entsprechend drehte. Diese Technik der Brettchenweberei ist bereits seit der späten Bronzezeit belegt, das älteste erhaltene Produkt stammt aus dem 9. Jahrhundert.
Im Gegensatz zu gestickten und gewebten Textilien ist sehr wenig alte **Knüpfware** erhalten geblieben. Aus dem Mittelalter kennen wir nur einen Knüpfteppich, der Ende des 12. Jahrhunderts in Quedlinburg angefertigt wurde und die Hochzeit des Merkur mit der Philosophie zeigt. Bei dieser Technik, die weiche Farbübergänge und Schattierungen ermöglicht, wurden Inschriften gleich mit eingearbeitet, so auch bei dem um 1330 entstandenen gestickten Tristan-Teppich II im Kloster Wienhausen (Farbtafel VIII).
Ob gestickt, gewebt oder geknüpft – all diesen Techniken ist gemeinsam, daß sie dem Künstler alle Möglichkeiten für eine feine Differenzierung der Schriftform offenlassen. Während runde oder sehr feinstrichige Buchstaben etwa an den Steinmetzen bei der Bearbeitung seines harten Materials hohe Anforderungen stellen, sind den Stickern und Webern mit ihren Techniken vom Material her kaum Grenzen gesetzt.
Das gilt in noch stärkerem Maße für die Inschriften auf **Gemälden** und **Tafelbildern**, die, ebenso wie das Bild selbst, in Öl- oder Temperafarbe auf Holz oder Leinwand ausgeführt sind. Der Pinsel kommt ja in der Handhabung einem gewöhnlichen Schreibwerkzeug sehr nahe. Es ist daher nicht verwunderlich, daß Gemäldeinschriften häufig die größte Verwandtschaft zur Handschrift zeigen. Dem Besucher von Museen und Gemäldegalerien wird die Vielzahl der Porträts gerade des 16. und 17. Jahrhunderts nicht entgehen, die mit Angaben zur dargestellten Person – meist dem Namen und dem Alter – versehen sind. In die älteren Tafelbilder mit biblischen Darstellungen sind häufig Bibelzitate auf Spruchbändern eingefügt. Altartafeln, die von einzelnen Personen gestiftet wurden, zeigen meist im unteren Bildteil die knienden Stifter ins Gebet vertieft, dessen Wortlaut auf

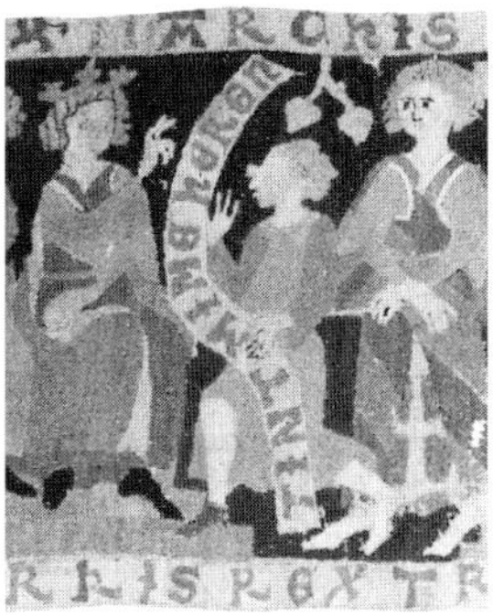

Ausschnitt aus dem Tristan-Teppich II im Kloster Wienhausen

Abbildung 21

einem Spruchband festgehalten ist. Auch sind die Künstlersignaturen den Gemäldeinschriften zuzurechnen. Es kann sich um den vollständigen Namen oder lediglich um die Initialen handeln. Berühmt ist die Signatur Albrecht Dürers, der das D als Anfangsbuchstabe des Familiennamens unter den Querstrich des A setzte (siehe S. 87; Farbtafel X).
Kirchen und Profanbauten wurden nicht nur mit Gemälden und Tafelbildern ausgestattet, sondern häufig wurden ihre Wände selbst ausgemalt. Wie anderen bildlichen Darstellungen, so fügte man auch den Wandmalereien Inschriften hinzu, die auf die Darstellung Bezug nahmen. Die Malerei kann auf den trockenen Wandputz aufgetragen werden; in diesem Falle spricht man von **Seccomalerei** (italienisch »secco« = »trocken«). Sie kann aber auch auf dem Putz angebracht werden, solange er noch feucht ist. Diese sogenannte **Freskenmalerei** (italienisch »fresco« = »frisch«) hat den Vorteil, daß sich die Farbe fest mit dem Putz verbindet und dadurch haltbarer wird, während die Seccomalerei leichter abblättert. Überwiegend in Seccotechnik wurden die wegen ihres selten dargestellten Themas (die Visionen des Propheten Ezechiel) berühmten Wandmalereien der Doppelkirche in Bonn-Schwarzrheindorf (Mitte 12. Jahrhundert) ausgeführt (Farbtafel XI). Sie wurden im 17. Jahrhundert weiß übertüncht und dabei wegen ihrer schlechten Haltbarkeit stark beschädigt. Von den zahlreichen gemalten Inschriften sind heute an vielen Stellen nur noch einzelne Buchstaben erkennbar, so daß der Text kaum noch rekonstruiert werden kann. In einem solchen Fall bleibt dem Restaurator keine andere Möglichkeit, als die Malerei zu reinigen und durch einen festigenden Überzug (etwa ein Gemisch aus Wachs, Benzol und Terpentin) den weiteren Zerfall aufzuhalten. Auch in unserer Zeit sehr verbreitet ist die Freskenmalerei als Fassadenschmuck in Gebieten mit vorherrschender Lehm- oder Ziegelbauweise, also vor allem in Süddeutschland und Österreich.

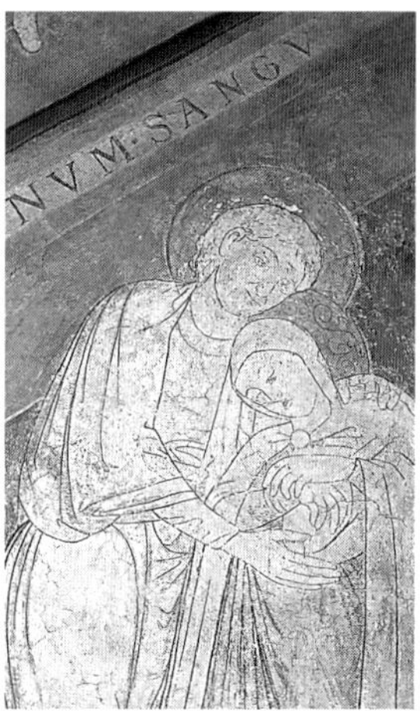

In Seccotechnik ausgeführte Wandmalerei in der Doppelkirche Bonn-Schwarzrheindorf (Ausschnitt)

Abbildung 22

Die kunstvolle Bearbeitung von **Elfenbein, Walroß-** oder **Mammutzahn** begann im Abendland im angelsächsischen Raum, nahm aber von karolingischer Zeit an auch auf dem Festland ihren Aufschwung. Das Material eignet sich gut zur Herstellung von figuren- und detailreich gestalteten Altärchen, Kreuzen oder Behältnissen, Prunkhörnern, Kämmen und Dolchgriffen, deren Reliefs oft von eingeschnittenen

Inschriften begleitet sind. Ein Sonderbereich war die Schnitzerei von Spielfiguren für Schach oder Trictrac, die in Deutschland vor allem in Köln betrieben wurde. War die Form der Schachfiguren zwar einem allmählichen Wandel unterlegen, im großen und ganzen aber vorgegeben, so boten die flachen Trictracsteine dem Schnitzer mehr Gestaltungsmöglichkeiten. Recht beliebt waren Steine mit biblischen Darstellungen, insbesondere mit dem Bild Samsons, der mit dem Löwen kämpft. Ein solcher Stein befindet sich heute im Kestner-Museum in Hannover (Farbtafel XII). Er trägt die Inschrift: *Sanson hunc fortem fortis viceratque leonem* (»Der starke Samson besiegt diesen starken Löwen«). Auch im Barock wurde (im Unterschied zur Renaissance) die Elfenbeinschnitzerei gepflegt, im späten 18. Jahrhundert jedoch durch die -drechselei verdrängt.

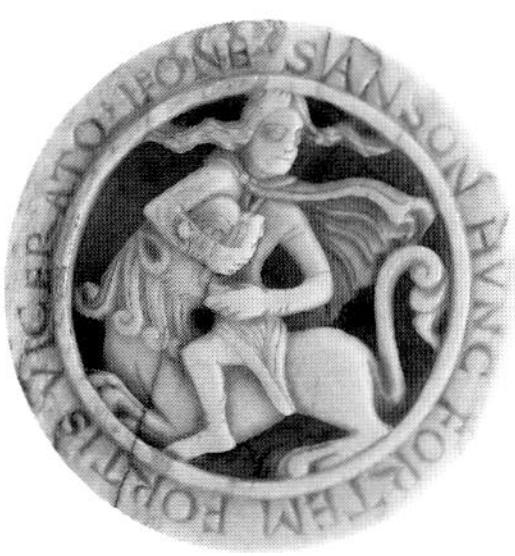

Brettstein mit Darstellung Samsons (Kestner-Museum, Hannover)

Abbildung 23

Wesentlich härter als Elfenbein sind die **Edel-** und **Halbedelsteine**, die ebenfalls kunsthandwerklich bearbeitet wurden. Durch ein spezielles Schleifverfahren stellten die Meister der Steinschneidekunst (Glyptik) Gemmen mit vertieft eingravierter (Intaglio) oder erhabener (Kamee) Darstellung her. Intaglien fanden meist als Siegel Verwendung, also als Negativform, so daß die (im allgemeinen am Rand umlaufenden) Inschriften spiegelverkehrt eingeschnitten werden mußten.

Im Mittelalter wurden kaum Gemmen hergestellt, sondern antike Steine wiederverwendet. Zu den schönsten Beispielen für solche wiederverwendeten Stücke zählt der sogenannte Onyx von Schaffhausen (Farbtafel XII). Der Kameo aus augusteischer Zeit zeigt eine stehende Frau mit Füllhorn und dem Götterstab des Merkur in den Händen. Vermutlich handelt es sich um eine Angehörige des Kaiserhauses in Gestalt einer Göttin, vielleicht um Livia, die Gattin des Kaisers Augustus, oder um deren Enkelin Livilla. Im 13. Jahrhundert wurde dieser Stein mit einer goldenen, mit Edelsteinen und Perlen geschmückten Fassung versehen, die auf der Rückseite eine gravierte Inschrift trägt. *Comitis Lvdiwici de Vroburc* (»Des Grafen Ludwig von Vroburg«) lautete ursprünglich der heute verstümmelte Text, der den Auftraggeber des kostbaren Rahmens nennt. Die Renaissance belebte entsprechend ihrer Orientierung an der klassischen Antike auch die Glyptik neu und bevorzugte dabei neben den mythologischen auch christliche Motive.

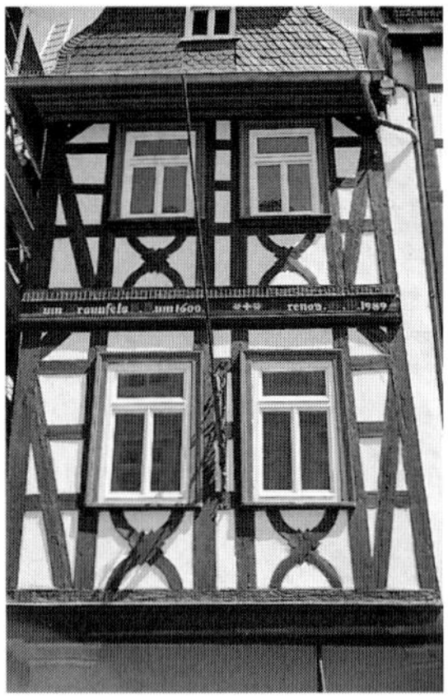

Fachwerkhaus mit eingeschnitzter und farbig gefaßter Inschrift in Idstein

Abbildung 24

Inschriften finden sich aber auch auf weniger edlen Materialien, etwa **Holz** oder Keramik. Wer kennt nicht die Holzbalken in süddeutschen oder österreichischen Bauernstuben, in die Sprüche oder Bibelzitate eingeschnitzt sind, oder die geschnitzten und teilweise farbig gefaßten Inschriften an den Schwellbalken der norddeutschen Fachwerkhäuser (siehe auch S. 125)? Inschriften zieren auch viele Truhen und Schränke, die seit dem Aufblühen der bürgerlichen Kultur im 15. Jahrhundert kunstvoller gearbeitet wurden.
Die wachsende Bedeutung und Wohlhabenheit des Bürgertums führte auch zu einem Aufschwung der **Keramikproduktion**. Die schlichte, kaum verzierte Ware des Hochmittelalters wurde seit dem Ende des 14. Jahrhunderts durch glasiertes Steinzeug abgelöst. Beim Brennen des stark kieselsäurehaltigen Tons bei 1200 bis 1350° Celsius wurde Kochsalz in den Ofen geschüttet. Das Natrium ging eine Verbindung mit der Kieselsäure ein und ergab die Glasur. Die Produktionszentren unterschieden sich sowohl durch das Material als auch durch ihren Stil. Während die Kölner und Frechener Töpfer durch die Verwendung von Tonschlamm aus grauem Ton dunkel- oder goldbraune Ware herstellten, waren die Siegburger Töpfe hellgrau. In Raeren stellte man seit dem Ende des 16. Jahrhunderts hellgraues Steinzeug mit einer kobaltblauen Glasur her. Die hellgraue Färbung wurde durch eine Drosselung der Sauerstoffzufuhr während des Brennens erreicht, eine Technik, die später von den Westerwälder Töpfern übernommen wurde. Ebenfalls seit dem 16. Jahrhundert setzte sich in einigen Produktionszentren die Verzierung der Krüge und Becher mit Inschriften durch, die häufig auf eine Darstellung Bezug nehmen oder aber den Auftraggeber und Besitzer des Stücks benennen. Die Inschriften wurden im allgemeinen vor dem Brennen auf das Objekt aufgelegt und sind dann erhaben (Farbtafel XII). Häufiger benötigte Texte und Bilder wurden mit Hilfe von Modeln auf das Gefäß aufgetragen.
Mit diesen Beispielen ist keineswegs die ganze Bandbreite der Materialien und Techniken der Inschriftenherstellung abgedeckt. Wie groß die Spannweite ist, verdeutlichen vor allem ausgefallene Beispiele: etwa die in die Baumrinde eingeritzte Liebeserklärung als »wachsende Inschrift« oder die phantasievollen Namen, die die Sommerurlauber am Strand mit Muscheln in ihre Sandburgen eindrücken.

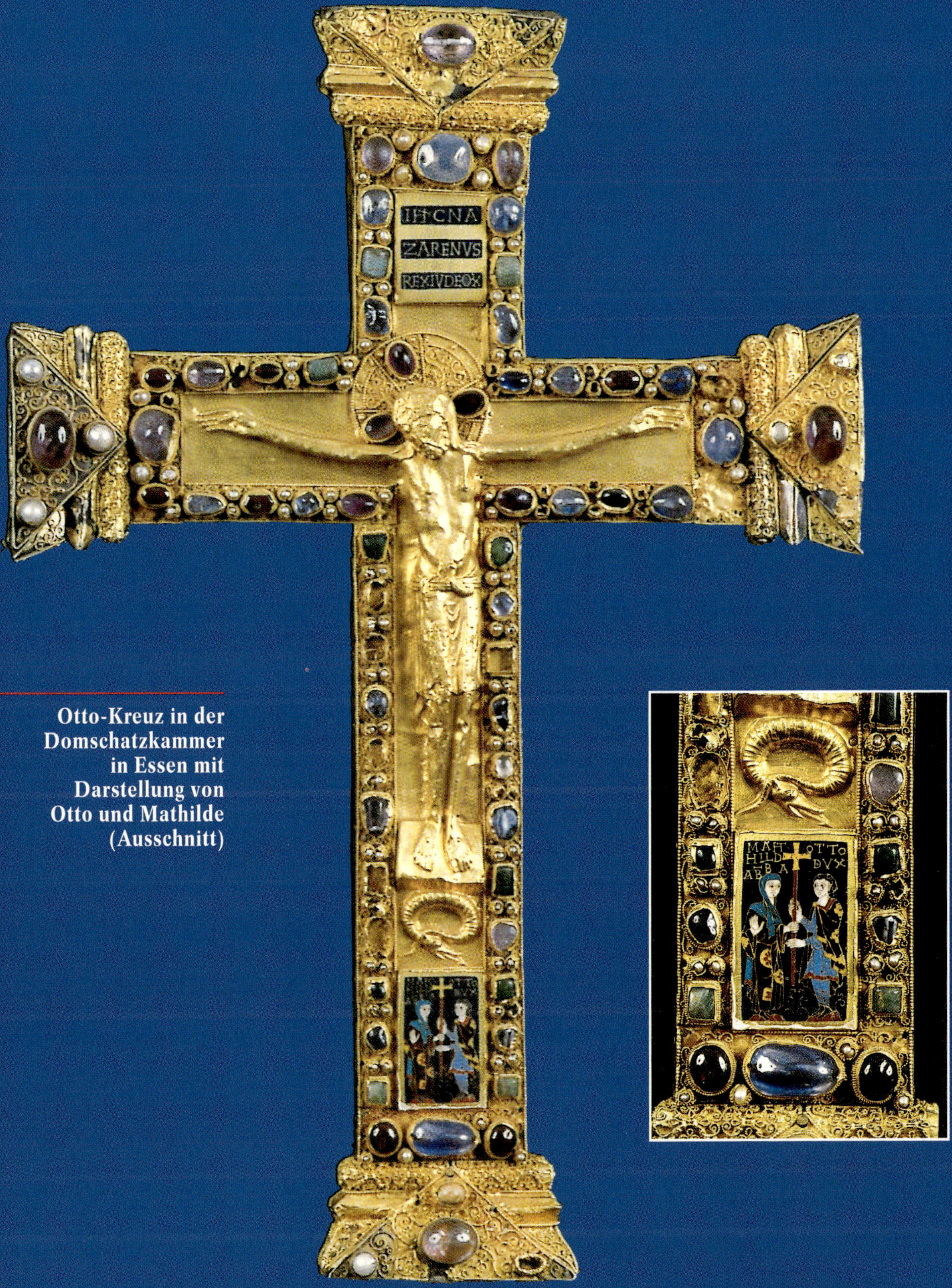

Otto-Kreuz in der Domschatzkammer in Essen mit Darstellung von Otto und Mathilde (Ausschnitt)

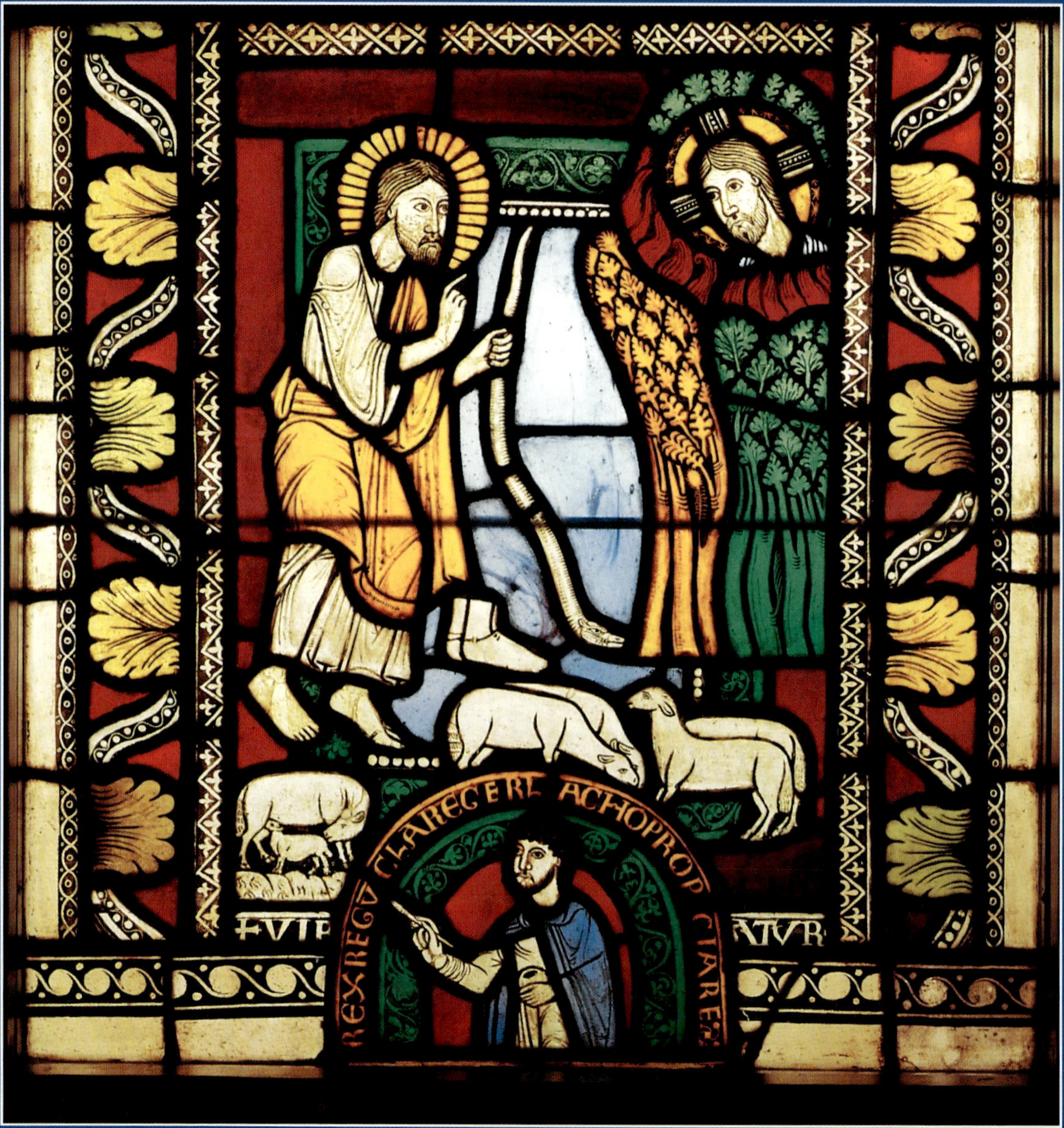

Fenster aus der Abtei Arnstein mit Selbstdarstellung des Malers Gerlachus

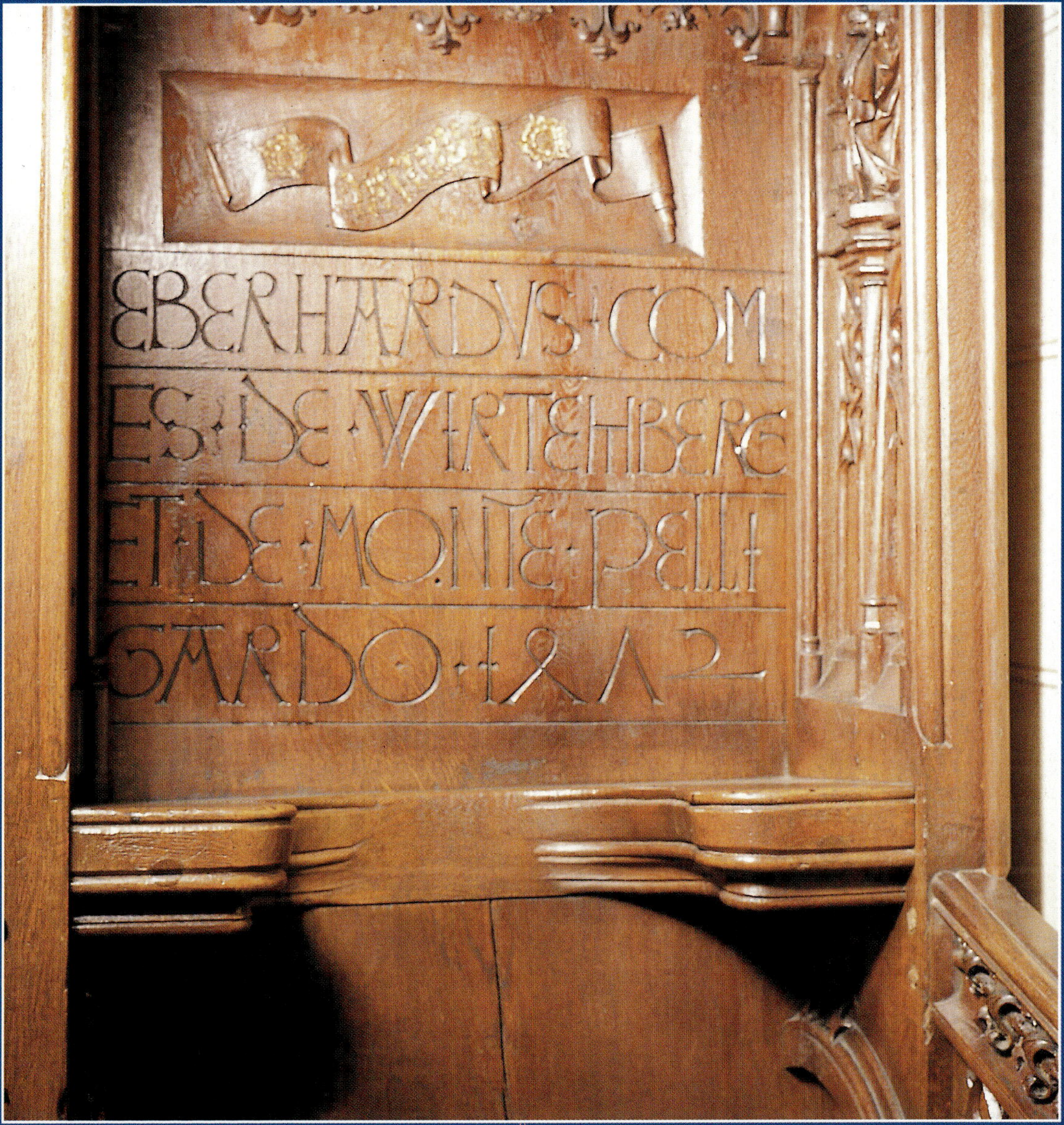

Blick in den Betstuhl des Grafen Eberhard im Bart in der Amanduskirche in Urach (Beispiel für die Frühhumanistische Kapitalis)

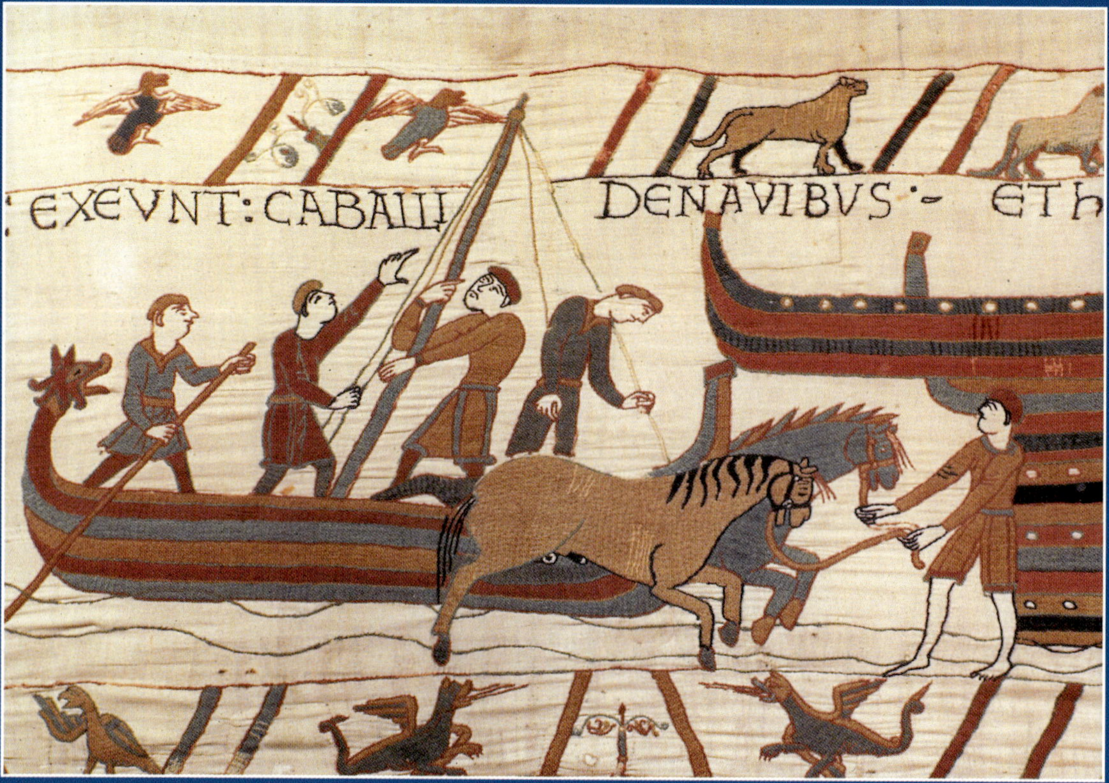

Teppich von Bayeux (Ausschnitt)

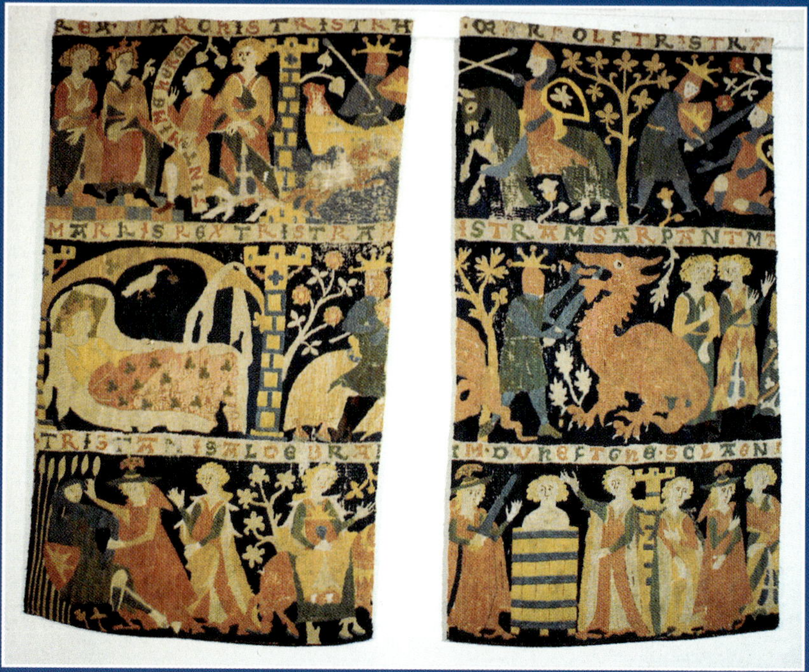

Fragmente aus dem Tristan-Teppich II im Kloster Wienhausen

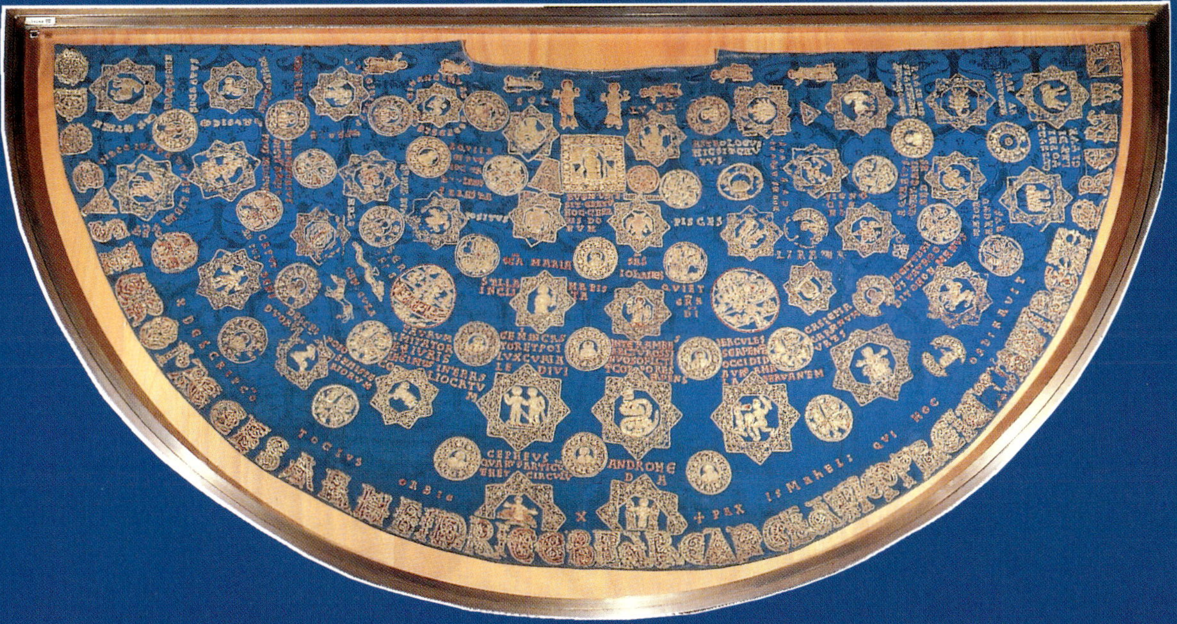

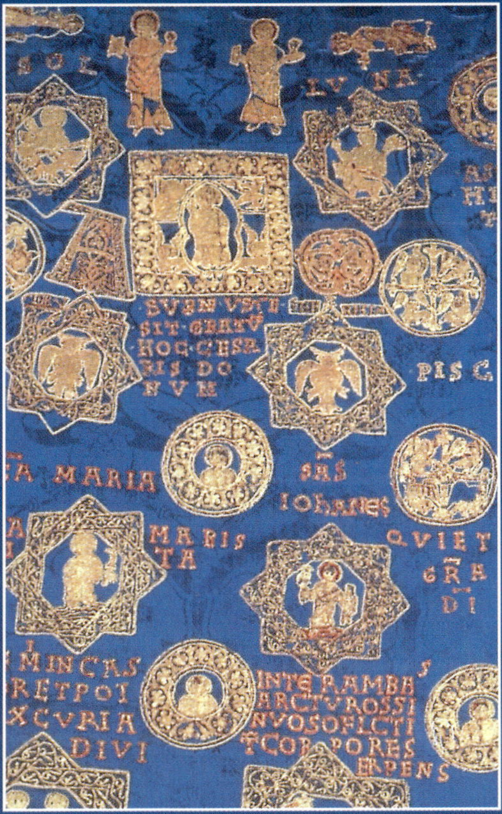

Sternenmantel Heinrichs II. und ein Ausschnitt

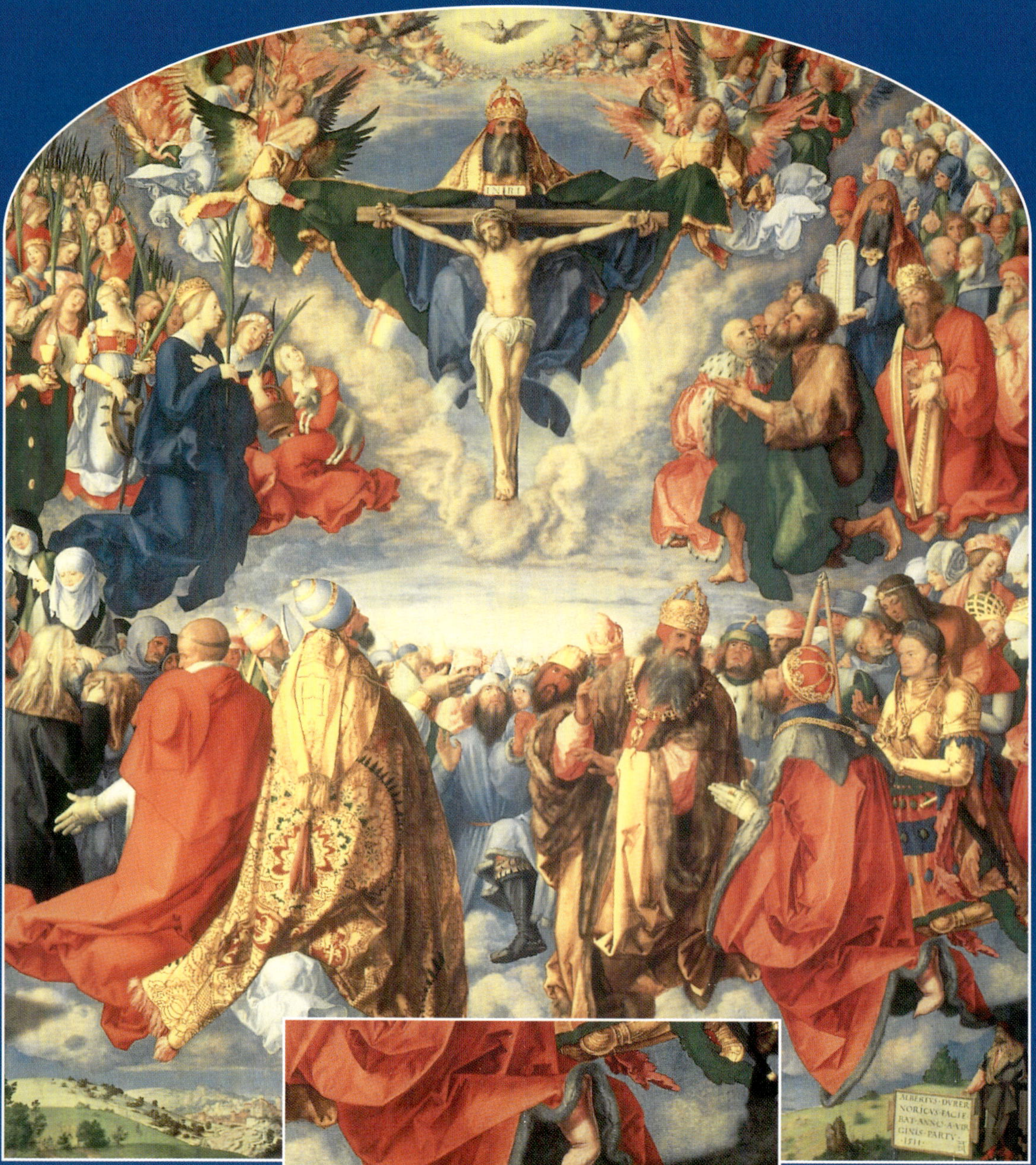

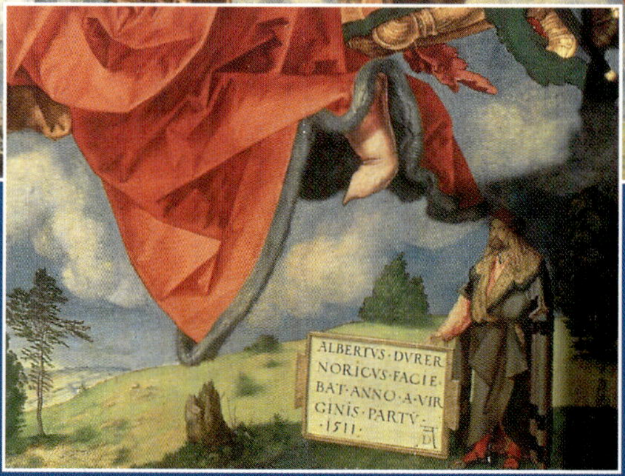

Albrecht Dürer: Allerheiligenbild mit Künstlersignatur (Ausschnitt)

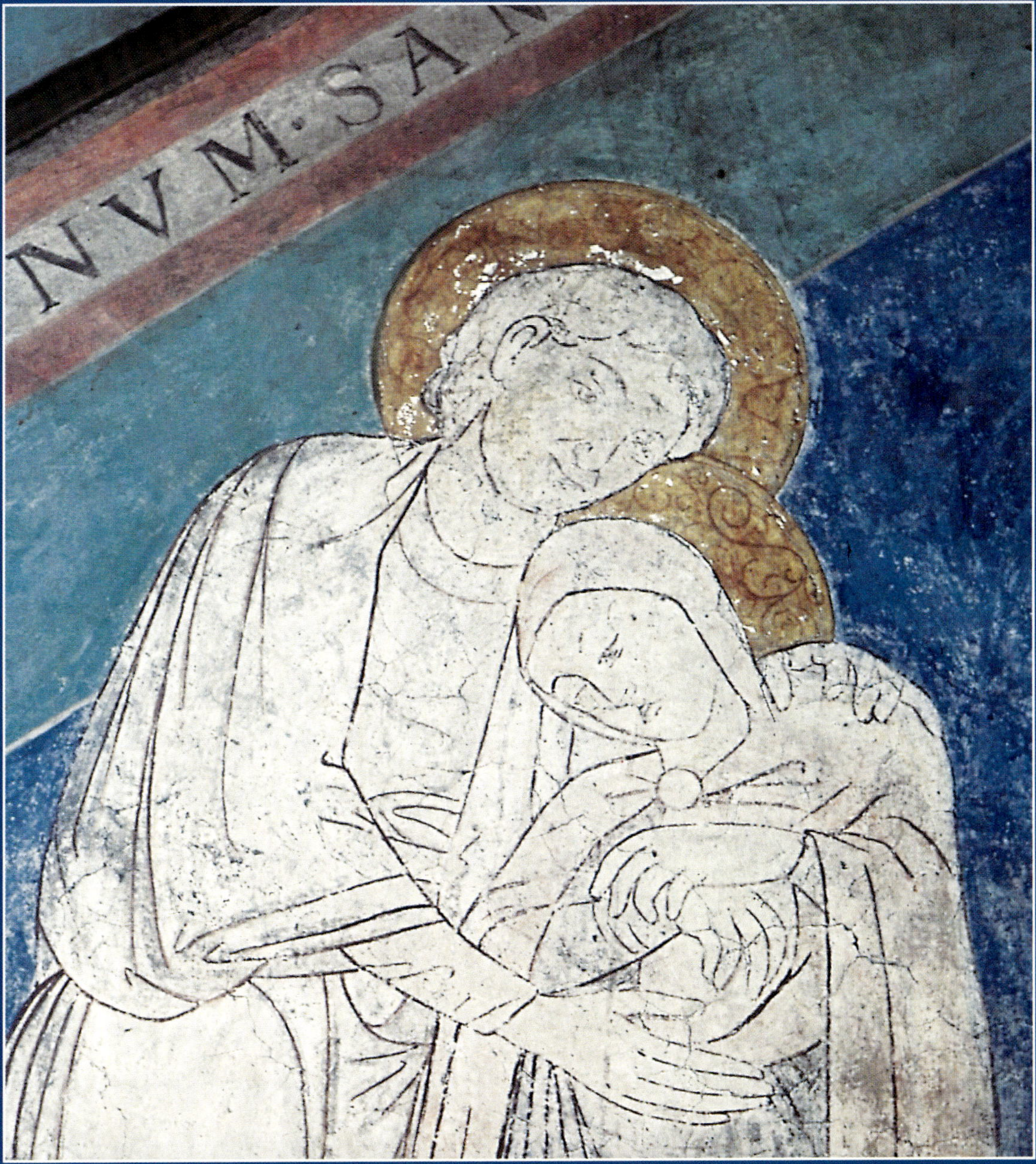

Maria und Johannes, in Seccotechnik ausgeführte Wandmalerei in der Doppelkirche in Bonn-Schwarzrheindorf

Farbtafel XI

Onyx von Schaffhausen mit Kameo aus der Antike (erst im 13. Jahrhundert gefaßt)

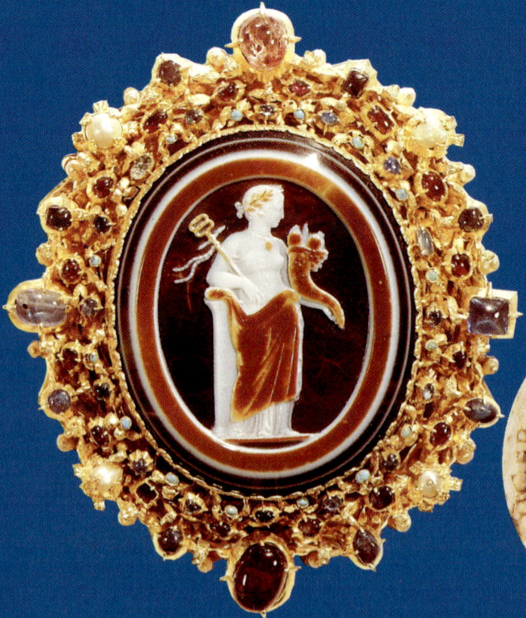

Brettstein mit Darstellung Samsons

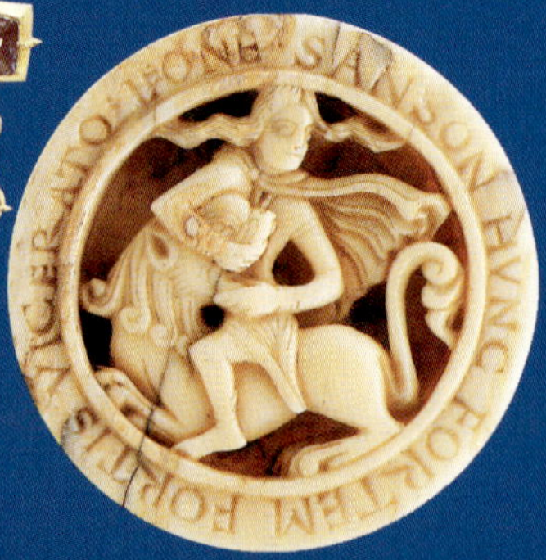

Keramikkrug, sogenannte Pilgerflasche

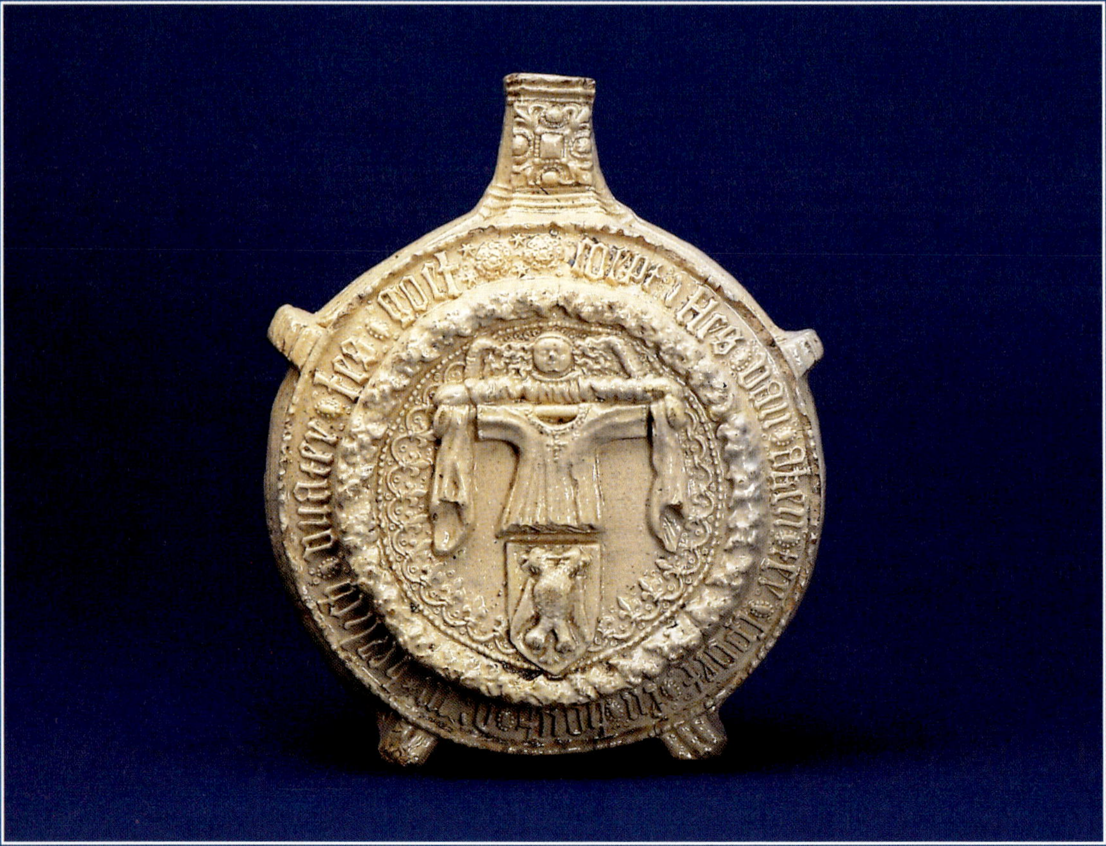

Schriftgeschichte

Wer schon einmal versucht hat, alte handgeschriebene Schriftstücke zu lesen, etwa einen Brief der Groß- oder Urgroßeltern, wird festgestellt haben, daß sich die Schrift seither stark verändert hat, so daß das Entziffern heute schwerfällt. Die Schrift, die in alten Familiendokumenten der Jahrhundertwende benutzt wurde, unterscheidet sich ihrerseits deutlich von der, die wir in Akten etwa des 17. Jahrhunderts oder in mittelalterlichen Urkunden und Handschriften finden. Eine solche stetige Veränderung der Schriftgewohnheiten ist aber auch bei den Inschriften feststellbar. So ist eine Inschrift des 12. Jahrhunderts recht verschieden von einer aus dem 15. Jahrhundert, und diese hat wiederum kaum etwas gemein mit einer Inschrift des 17. Jahrhunderts. Die Verwendung völlig unterschiedlicher Buchstabenformen erschwert zwar einerseits das Lesen der Inschrift, bietet aber in anderer Hinsicht eine wichtige Hilfe: Sie ermöglicht es nicht selten, die Entstehungszeit einer Inschrift ungefähr zu bestimmen.

Grundsätzlich unterscheidet man zwischen Schriften, die nur aus Großbuchstaben bestehen (**Majuskelschriften**), und solchen, die sich vorwiegend aus kleinen Buchstaben zusammensetzen und Großbuchstaben – wenn überhaupt – nur für Wortanfänge benutzen (**Minuskelschriften**). Unsere heutige Schreib- und Druckschrift ist also eine Minuskel. Bis zum Beginn des 14. Jahrhunderts wurden für Inschriften im Unterschied zur Schreibschrift nur Majuskelschriften verwendet.

Die Römer, die eine Vielzahl inschriftlicher Denkmäler hinterlassen haben, benutzten für sie eine Schrift, die große Ähnlichkeit mit unseren großen Druckbuchstaben hat, die sogenannte **antike Kapitalis** (Capitalis quadrata). Die richtige Proportion der Buchstaben wurde wichtig genommen: Im Idealfall standen Höhe und Breite eines Buchstaben im Verhältnis 1:1 zueinander. O, Q und C waren also kreisrund. Um das zu erreichen, zeichneten die römischen Steinmetze die Konturen häufig mit dem Zirkel vor. E, M, N und andere Buchstaben waren ebenfalls so hoch wie breit, weshalb man diese Schriftform auch als Capitalis quadrata (quadratische Kapitalis) bezeichnet.

Abbildung 25

Tafel aus dem Westwerk der Klosterkirche in Corvey (karolingische Kapitalis)

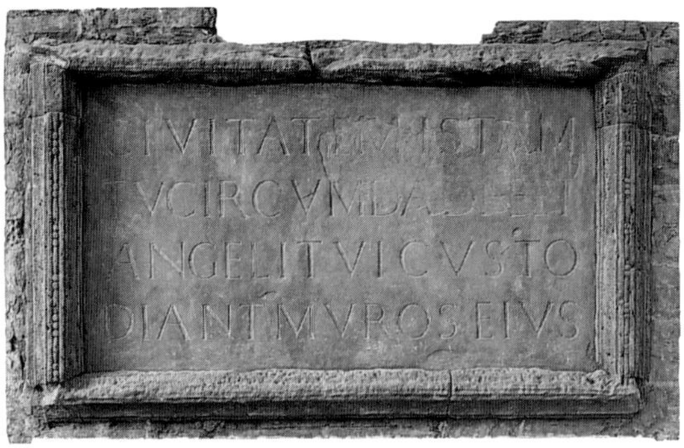

Abbildung 26

Romanische Majuskel am Barbarossa-Leuchter im Aachener Dom (Nachzeichnung)

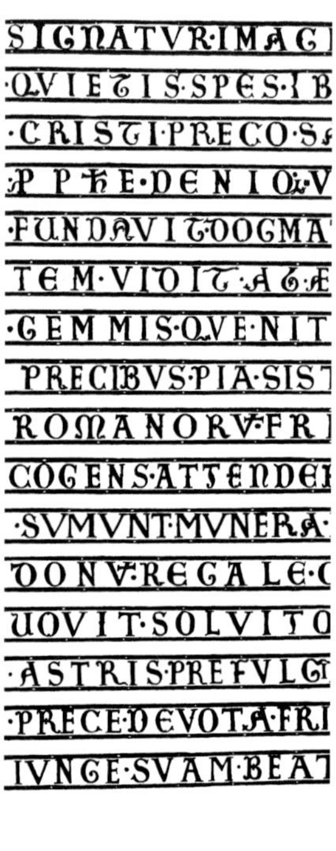

Während Inschriften in frühchristlicher und merowingischer Zeit oft ungleichmäßig und wenig sorgfältig gestaltet wurden, bemühte man sich zur Zeit Karls des Großen (gest. 814), dem römischen Vorbild wieder nahezukommen. Die **karolingische Kapitalis** zeichnete sich denn auch durch ein besonderes Ebenmaß der Schrift aus, wie es etwa an einer wenige Jahrzehnte nach Karls Tod entstandenen Tafel aus dem Westwerk der Klosterkirche in Corvey zu beobachten ist. Nicht alle Inschriften der karolingischen Epoche sind gleichermaßen sorgfältig ausgeführt. Die Qualität der Schrift hing in allen Epochen von den Fähigkeiten des Künstlers ab.

Der Zeitgeschmack veränderte sich jedoch weiterhin. So finden wir im 11. Jahrhundert Inschriften, deren Buchstaben nicht nur eng beeinander stehen, sondern ineinander verschachtelt wurden (Enklaven) oder so eng miteinander verbunden sind, daß sie zu verschmelzen scheinen (Ligaturen). Das wohl bekannteste Beispiel einer solchen Schriftform ist bis heute am Mainzer Dom zu bewundern (siehe S. 122): Die Urkunde, in der Erzbischof Adalbert im Jahre 1135 den Bürgern der Stadt wichtige Rechte und Freiheiten zugestand, wurde in die bronzene sogenannte Willigistür am Marktportal eingegraben. Neben den zahlreichen Enklaven und Ligaturen fällt bei der Schrift besonders auf, daß derselbe Buchstabe in verschiedener Ausführung auftaucht. Während die klare, strenge Schrift der karolingischen Epoche im allgemeinen für jeden Buchstaben nur eine Form verwendete, nahm die Lust an der Variation im 11. und 12. Jahrhundert immer mehr zu. Zu den eckigen Formen des A, E, H, M, N und T kamen runde Formen hinzu, die der ganzen Schrift einen gefälligen, schmückenden Charakter verleihen. Es handelt sich weiterhin um eine Majuskelschrift, die sich aber von der karolingischen Kapitalis schon deutlich unterscheidet. Man bezeichnet sie als **romanische Majuskel**. Auch jeder einzelne Buchstabe wird nun etwas anders gestaltet als bei der karolingischen Kapitalis in ihrer reinen Ausprägung. Die geraden Striche der Buchstaben (die sogenannten Hasten) und die Bögen verbreitern sich zum Ende

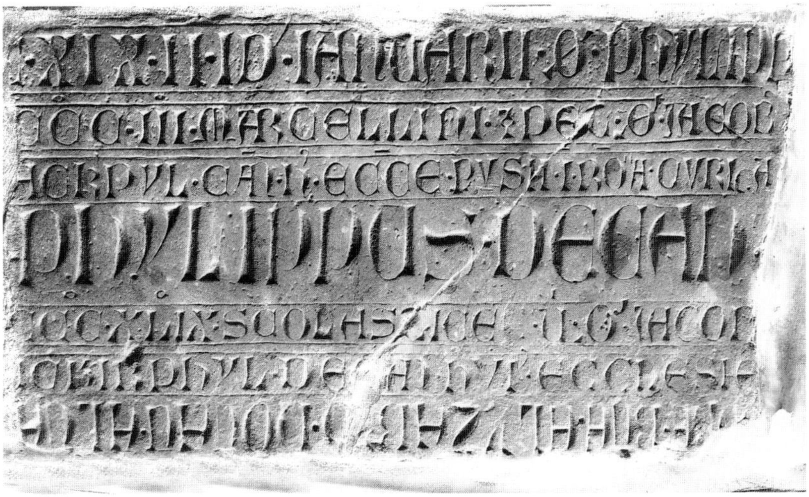

Grabplatte Philipp Wackerphyl (Worms, Andreasstift): gotische Majuskel

Abbildung 27

hin etwas und werden durch kleine Striche abgeschlossen, die man Sporen nennt.
Im 13. und 14. Jahrhundert setzt sich diese Entwicklung fort. Neue Buchstabenvarianten kommen hinzu. Die Buchstaben werden an einigen Stellen breiter, an anderen dünner ausgeführt, und vor allem werden sie an der Seite, zu der hin sie offen sind (beim C etwa also an der rechten Seite), durch einen Strich abgeschlossen (**gotische Majuskel**). Das erleichtert zwar nicht gerade die Lesbarkeit der Schrift, verleiht ihr aber einen sehr ornamentalen Charakter.
Etwa ab der Mitte des 14. Jahrhunderts setzte sich eine völlig neue Schriftform durch, die lange Zeit beherrschend blieb: die **gotische Minuskel**. Sie ist die erste Kleinbuchstabenschrift, die für Inschriften verwendet wurde. Ihr charakteristischstes Merkmal ist die Brechung aller Rundungen: Auch bei a, e, g, m, n oder s gibt es keinerlei Bögen, die Buchstaben setzen sich ausschließlich aus größeren und kleineren Strichen zusammen. Die Hasten sind am oberen und unteren Ende häufig leicht schräg abgeknickt. Die gotische Minuskel erhält durch diese Technik einen gitterartigen Charakter und ist häufig sehr schwer zu lesen. Erschwerend kommt gerade bei den früheren Minuskelinschriften hinzu, daß die Oberlängen etwa des b, d oder l kaum über den Buchstabenkörper hinausragen. Die gotische Minuskel erscheint deshalb auf den ersten Blick oft wie eine Aneinanderreihung senkrechter Striche mit Häkchen am oberen oder unteren Ende, bei der sich i, l, m und n kaum unterscheiden lassen.

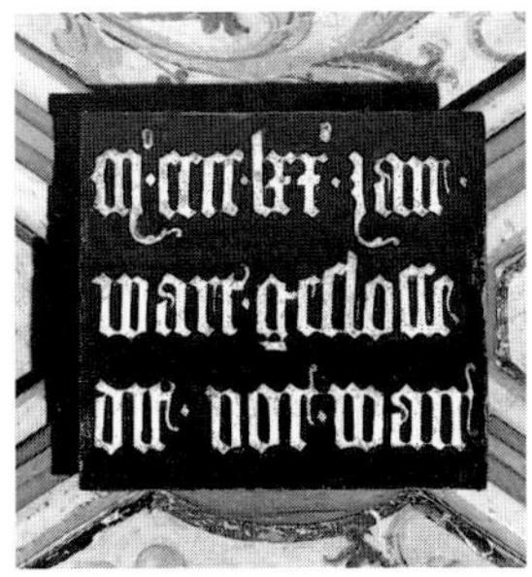

Schlußstein in St. Kornelius, Aachen-Kornelimünster: gotische Minuskel

Abbildung 28

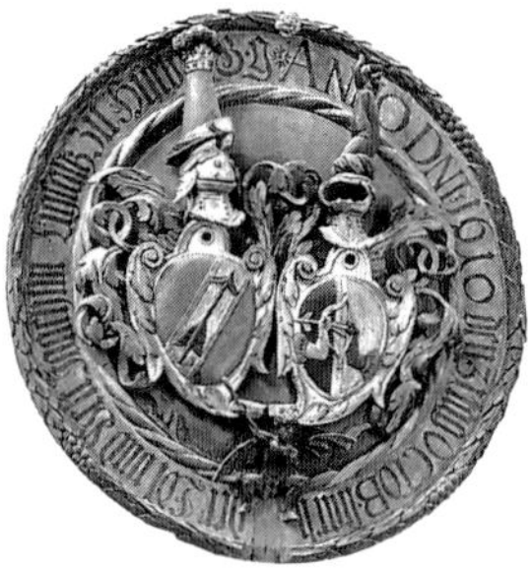

Totenschild des Joachim Ligsaltz zu Hueb (München, Frauenkirche): Mischung aus Fraktur und Kapitalis

Abbildung 29

Ende des 15. Jahrhunderts vollzogen die ersten Künstler in Deutschland unter dem Einfluß des Humanismus die Rückkehr zur Großbuchstabenschrift nach antik-römischem Vorbild. Die gotische Minuskel wurde zwar zunächst noch weiter verwendet, seit dem 16. Jahrhundert aber zunehmend von der **Kapitalis** (Farbtafel VII) verdrängt. Neben der Kapitalis wurden gelegentlich andere Schriften gewählt, etwa im 17. Jahrhundert die **Fraktur,** die Ähnlichkeiten mit der gleichnamigen Druckschrift hat. Die Kapitalis ist aber bis heute die bevorzugte Schrift für Inschriften geblieben. Vom 16. bis ins 20. Jahrhundert lassen sich kaum unterscheidende Merkmale feststellen, anhand derer sich die Kapitalisinschriften annähernd datieren ließen.
Hier läßt uns also die Methode, Inschriften mit Hilfe der Schriftentwicklung zumindest ungefähr zeitlich einzuordnen, erstmals im Stich. Allerdings verliert diese Möglichkeit gleichzeitig dadurch an Bedeutung, daß die meisten der »modernen« Inschriften ohnehin ihr Entstehungsjahr ausdrücklich mitteilen.
Ist die Datierung anhand der Schrift auch ein wertvolles Hilfsmittel, so darf sie doch nicht überschätzt werden. Sie ermöglicht im allgemeinen lediglich eine grobe zeitliche Einschätzung; eine Datierung auf einen Zeitraum von wenigen Jahren, ja manchmal selbst Jahrzehnten, ist hingegen häufig problematisch. Neue Entwicklungen haben sich nämlich auch bei der Schrift in verschiedenen Gegenden unterschiedlich rasch durchgesetzt. In einer Stadt, die an einem der großen Verkehrswege lag, wird man neue Formen früher erwarten dürfen als auf dem flachen Land. Bestimmte Werkstätten konnten für den Stil ihrer Umgebung prägend wirken und Formen entwickeln, die sonst kaum Verbreitung fanden. Auch wenn sich an einem Objekt zwei Schriften unterschiedlichen Charakters befinden, so bedeutet das nicht unbedingt, daß sie zu unterschiedlicher Zeit entstanden sein müssen. Häufig wird es vielmehr so gewesen sein, daß ein jüngerer Steinmetz oder Goldschmied, der eine modernere Schrift beherrschte, einen Teil der Arbeit erledigt hat, während zugleich ein älterer Meister am selben Objekt die Schrift angewendet hat, die ihm seit langer Zeit vertraut war.
Die Schriftform gibt aber nicht nur entscheidende Hinweise auf die Entstehungszeit einer Inschrift (und mit ihr unter

Umständen des ganzen Objektes), sondern hat insbesondere für die Kunstwissenschaft noch eine weiterführende Bedeutung. Gerade die Inschriften an Goldschmiedearbeiten haben nämlich im allgemeinen auch eine schmückende Funktion, die die Wahl der Schriftform entscheidend beeinflussen kann. Die Beurteilung der Schrift ist also Bestandteil der stilistischen Analyse durch die Kunsthistoriker. Außerdem kann ein Vergleich der Schrift an verschiedenen Objekten gelegentlich einen wichtigen Fingerzeig auf die Identität des Künstlers geben, der ja gerade im Mittelalter häufig anonym bleibt und nur durch Indizien zu erschließen ist. Finden sich an mehreren Kunstwerken Inschriften mit sehr ähnlicher Schrift, vor allem mit auffälligen Buchstabenformen, Kürzungen, Ligaturen oder Enklaven, so könnten sie aus der Hand desselben Künstlers stammen. Natürlich kann ein solches Urteil nicht allein aufgrund der Inschriften gefällt werden, sondern die Untersuchung muß das ganze Kunstwerk mit einbeziehen.

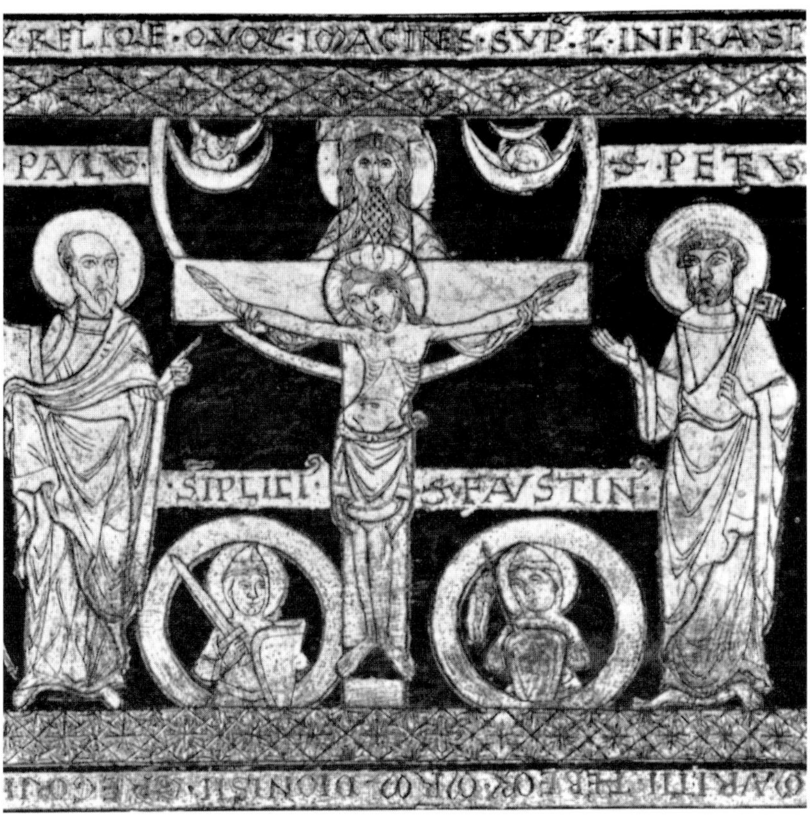

Inschrift mit schmückendem Charakter auf einem Tragaltar im Londoner Victoria and Albert Museum (um 1160–1170)

Abbildung 30

Die wichtigsten Inschriftengruppen

Grabinschriften

Bis heute ist es üblich, die Grabstätte Verstorbener durch einen Stein oder ein Holzkreuz zu kennzeichnen und zumindest mit dem Namen des Toten und seinen Lebensdaten zu versehen. Dieser Brauch blickt auf eine lange Tradition bis in die klassische Antike zurück, so daß uns eine Vielzahl von Grabinschriften aus vergangenen Jahrhunderten erhalten geblieben ist.

Die äußere Gestaltung des Grabmals und die Formulierung seiner Inschrift kann dabei sehr unterschiedlich ausfallen und ist zum Teil regelrechten »Modeströmungen« unterworfen.

Vom 4. bis zum 10. Jahrhundert wurden Grabsteine im allgemeinen mit einer Inschrift versehen, die zeilenweise, zuweilen aber auch kreuzförmig angeordnet war. Frühchristliche Grabsteine dieser Art (etwa aus dem 4. bis 7. Jahrhundert), die offenbar auf den Friedhöfen aufgestellt oder über dem Grab in den Boden eingelassen waren, sind uns aus den romanisierten Gebieten insbesondere an Mittelrhein und Mosel bekannt. Sie wurden bei der Freilegung von Gräberfeldern gefunden oder bei Grabungen oder Renovierungsarbeiten in Kirchen entdeckt, in denen sie in späterer Zeit als Baumaterial verwendet wurden (sogenannte Spolien).

Im allgemeinen sind die spätantiken und fränkischen Grabsteine recht schlicht gestaltet, tragen aber nicht selten neben der Inschrift eine ornamentale oder figürliche Verzierung, die für die zeitliche Einordnung des Steines und für seine Deutung von großem Interesse ist. So lassen Steine mit Kreuzen, Tauben, Alpha und Omega oder einem Christogramm den Schluß zu, daß der Verstorbene dem christlichen Glauben anhing. Das Christogramm ist eine gekürzte Form des Namens Christi, bestehend aus den ineinandergesetzten griechischen Buchstaben Chi = X und Rho = P.

Ein außergewöhnlich schönes Beispiel für einen frühchristlichen Grabstein ist der Stein der Rignedrudis aus Vochem (Stadt Brühl/Erftkreis), der heute im Rheinischen Landes-

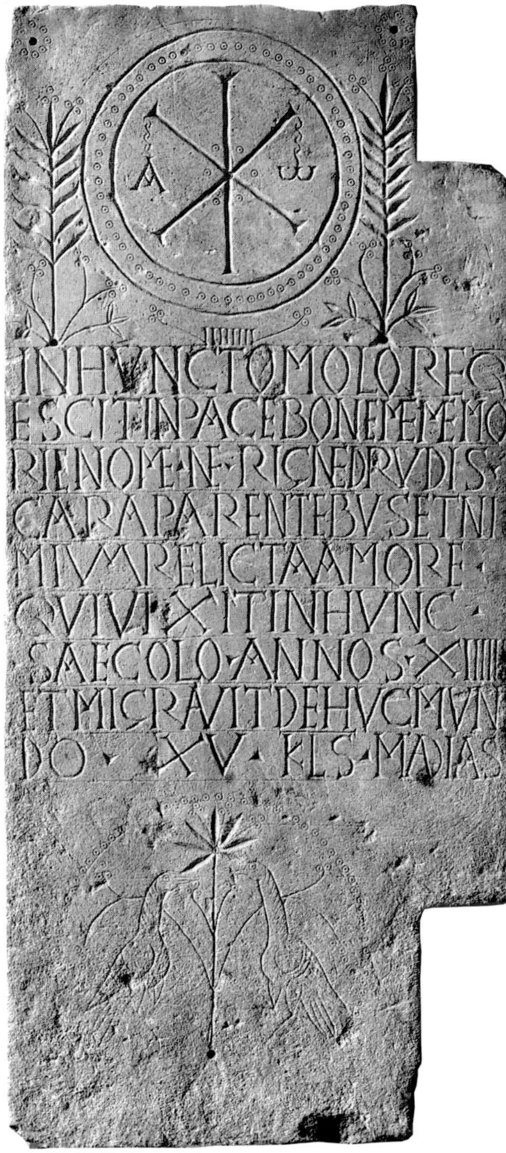

museum in Bonn aufbewahrt wird. Er trägt über der Inschrift das Christogramm (dem hier allerdings der Bogen des Rho fehlt) mit Alpha und Omega sowie zwei Palmzweigen, unter dem Text zwei Vögel.
Im Mittelalter wurden die Toten nicht ausschließlich auf Friedhöfen, sondern auch in den Kirchen beigesetzt. Zwar haben die Kirchenkonzilien seit dem 6. Jahrhundert immer wieder betont, daß eine Bestattung im Kircheninnenraum lediglich in Ausnahmefällen gestattet war, doch blieb ihr Bemühen, die Zahl der Gräber in den Kirchen zu begrenzen, in späteren Jahrhunderten insgesamt erfolglos. Der Grund für den Wunsch, in der Kirche beigesetzt zu werden, liegt in der dadurch gesicherten örtlichen Nähe zu den Reliquien, also den Gebeinen der Heiligen, und zu den liturgischen Handlungen, die dem Seelenheil des Verstorbenen nur förderlich sein konnten. Allerdings waren es im allgemeinen nur höhere Geistliche und einige hochgestellte Laien, die in der Kirche selbst begraben wurden. Kloster- und Stiftsgeistliche fanden ihre letzte Ruhestätte häufig im Kreuzgang oder im Kapitelsaal ihres Stiftes oder Klosters, Laien im allgemeinen auf dem Friedhof.
Die Mehrzahl der bis zum 10. Jahrhundert ausgeführten Grabinschriften befindet sich auf verhältnismäßig kleinen rechteckigen Steinen, während nur wenige rechteckige oder trapezförmige Grabplatten größeren Formats erhalten geblieben sind. Etwa seit dem 11. Jahrhundert wurden zunehmend große, hochrechteckige Grabplatten zur Abdeckung von Gräbern in Kirchen gewählt. Sie tragen im allgemeinen eine Inschrift, die um den Rand der Platte läuft und zumeist von innen zu lesen ist, und können mit einer figürlichen Darstellung des Verstorbenen oder mit

Grabstein der Rignedrudis im Rheinischen Landesmuseum Bonn

Abbildung 31

dessen Wappen versehen sein. Da die Grabplatten auf dem Boden lagen und begangen wurden, hat man derartige Darstellungen im allgemeinen entweder in den Stein eingeritzt (Ritzzeichnungen) oder nur schwach erhaben herausgearbeitet. Noch heute läßt sich gut erkennen, ob eine Grabplatte mitten im Gang gelegen hat und entsprechend abgetreten wurde oder ob sie einen abgelegenen Platz gefunden hatte und deshalb recht gut erhalten ist. Gelegentlich wurden steinerne Grabplatten mit Metallauflagen versehen oder die Platten ganz aus Metall gefertigt. Die Beliebtheit solcher Metallplatten ist regional unterschiedlich ausgeprägt. Grabplatten aus Messing oder Bronze sind in den Niederlanden und in Belgien, besonders aber in England in großer Zahl erhalten, wo das Abrubbeln der Darstellungen mit Kreide, das sogenannte »brass-rubbing«, geradezu zum Volkssport geworden ist. Doch auch auf den drei alten Nürnberger Friedhöfen St. Rochus, St. Johannis und Wöhrd sind allein bis zum Jahr 1580 mehr als 1 400 Grabplatten mit Metallauflage überliefert!

Im Laufe des Mittelalters entwickelte sich bei den adligen und später auch bei bürgerlichen Familien der Wunsch, durch die Gestaltung der Grabstätte der sozialen Stellung des Verstorbenen Ausdruck zu geben. War die Grabplatte mit einem Bildnis des Verstorbenen versehen, so enthielt dieses die Merkmale seines sozialen Standes, der durch Kleidung, eventuell Bewaffnung oder Rüstung und beigegebene Gegenstände gezeigt wurde. Eine schlichte Grabplatte

Abbildung 32

Hochgrab Erzbischof Ruprechts von der Pfalz im Bonner Münster

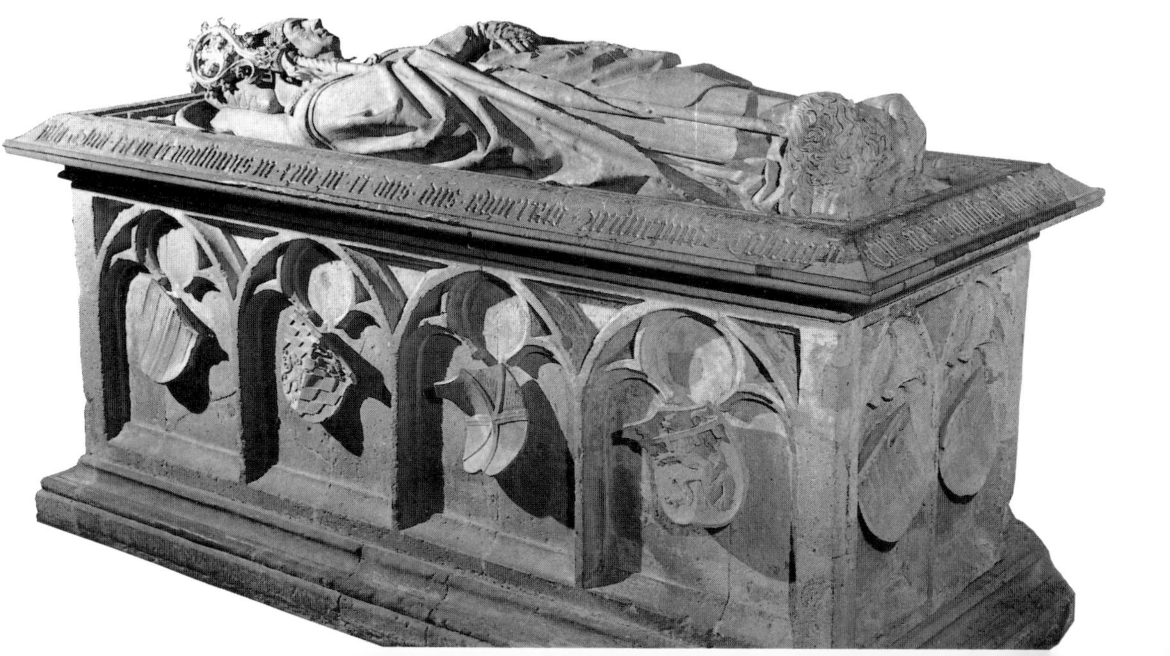

schien für repräsentative Aufgaben aber häufig nicht mehr zu genügen. Besser geeignet waren etwa prachtvolle Hochgräber, deren Seitenwände mehr oder weniger reichhaltig mit Wappen oder Figuren geschmückt waren und deren Deckel eine lebens-, zuweilen sogar überlebensgroße Liegefigur des Verstorbenen trug. Nur wirklich hochgestellte Geistliche und Laien erhielten ein solch prächtiges Grabmal. Auch die Deckel dieser Tumben wurden mit umlaufenden Grabinschriften versehen. In einigen Fällen ist der Tote selbst gar nicht in der Tumba, sondern an einem anderen Ort bestattet. In solchen Fällen spricht man von einem Kenotaph, einem leeren Grab. Verstorbene aus ärmeren Teilen der Bevölkerung erhielten über lange Zeit hinweg überhaupt keine Grabinschrift, ja in den Städten häufig nicht einmal ein eigenes Grab, sondern wurden in Gemeinschaftsgräbern bestattet. Als schließlich Verstorbene einfacherer Bevölkerungsgruppen etwa auf dem Lande ein individuelles Grab bekamen, wurden zu seiner Kennzeichnung zumeist einfache Holzkreuze verwendet, die die Zeiten nicht überdauert haben. Nur die etwas wohlhabenderen unter den einfachen Leuten konnten es sich leisten, für den Verstorbenen ein steinernes Kreuz anfertigen zu lassen. Besonders im Rheinland ist auf den Friedhöfen der ländlicheren Gemeinden eine ganze Anzahl von Steinkreuzen des 16. bis 18. Jahrhunderts erhalten geblieben. Sie tragen kurze Inschriften in deutscher Sprache und häufig eine recht ungelenk wirkende Darstellung, etwa Christus am Kreuz.

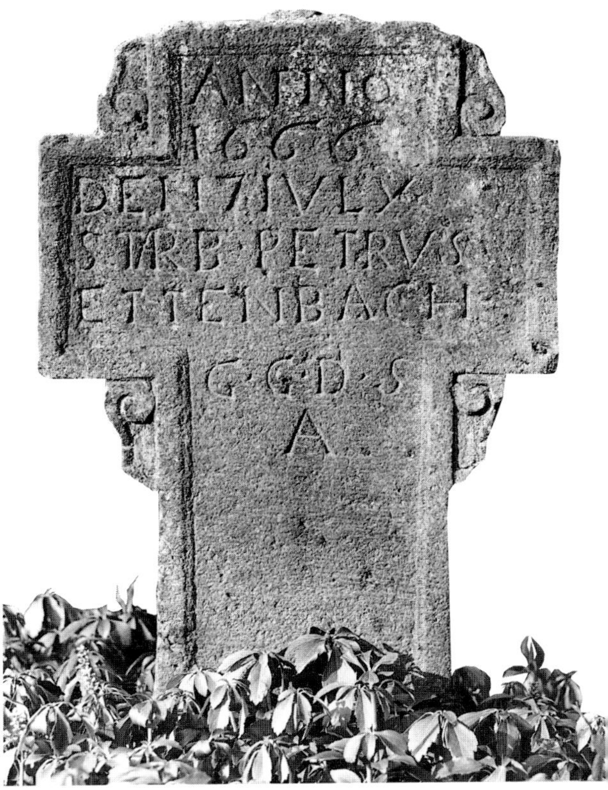

Grabkreuz in Bonn-Küdinghoven

Abbildung 33

Während Grabsteine und -platten das Grab selbst kennzeichnen, gibt es andere Träger von Totengedenkinschriften, die sich nicht am Grab selbst, ja unter Umständen nicht einmal in seiner Nähe befinden. Sie sollen gewährleisten, daß des Verstorbenen im Gebet gedacht wird. Eine besonders verbreitete Form solcher Denkmale sind die Epitaphien, die aufrecht an der Wand angebracht sind, aus unterschiedlichem Material bestehen (meist Stein, Metall oder Holz) und in beliebiger Größe und Form angefertigt sein können. Die Epitaphien des Adels, aber auch des Bürgertums werden seit dem 16. Jahrhundert zunehmend größer und prächtiger. Mehrstöckige Grabmäler von fünf oder sechs Metern Höhe mit detailreichen Darstellungen in Marmor oder anderen edlen Materialien sind keine Seltenheit. Das Epitaph trägt neben der Inschrift häufig eine bildliche Darstellung, die meist den Verstorbenen allein oder mit seiner Familie betend zeigt. In vielen Fällen sind die Beter in eine Szene aus der Bibel (besonders beliebt ist die Kreuzigung) oder aus einem Heiligenleben eingefügt. Die männlichen Familienmitglieder knien auf der einen, die weiblichen auf der anderen Seite der Szene – Söhne und Töchter jeweils dem Alter nach aufgereiht. Diejenigen, die zum Zeitpunkt der Stiftung bereits verstorben waren, sind durch ein Kreuz über dem Kopf gekennzeichnet. Die Familie ist natürlich in zeitgenössischer Kleidung dargestellt, so daß diese Epitaphien auch für die Erforschung der Kulturgeschichte von Interesse sind.

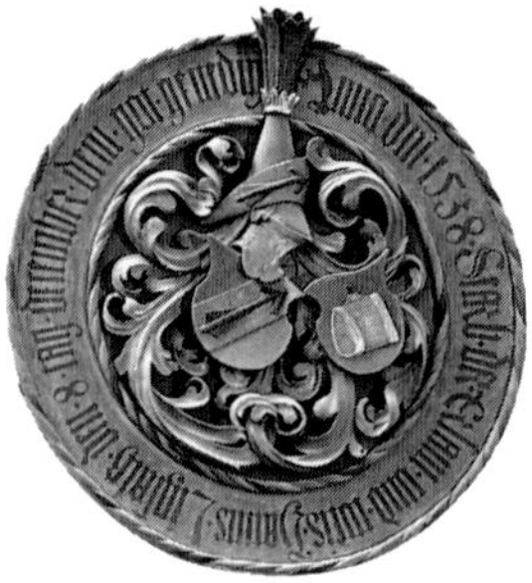

Totenschild des Hans Ligsaltz zu Hueb (München, Frauenkirche)

Abbildung 34

Neben den Epitaphien seien noch die Totenschilde erwähnt, runde, ovale oder rechteckige Holzscheiben, die mit dem Wappen des Verstorbenen und einer Sterbenotiz bemalt sind.

Welchen Inhalt haben nun aber die Inschriften auf den verschiedenen Totengedächtnismalen? Was können sie uns heute noch mitteilen? Den Inschriften auf Grabsteinen, Grabplatten und Grabkreuzen ist gemeinsam, daß sie Antwort geben auf die Fragen: Wer war der Verstorbene? Wann ist er gestorben? Wo liegt er begraben? Eine typische Inschrift dieser Art ist die auf der Grabplatte der Maria Beatrix Flach in Worms-Pfeddersheim: *Alhie ist begraben die ehrn- und tugentsam fraw Maria Beatrix Flaechin, hern Iohan Conrad Weidenkopfs ehliche hausfraw, den 7. septembris anno 1616 gestorben* (DI 29: Worms, Nr. 643). Schon die lateinische Inschrift auf dem erwähnten Grabstein der Rignedrudis aus dem 6. Jahrhundert entspricht diesem Schema. Übersetzt heißt sie: »In diesem Grab ruht in Frieden guten Gedenkens (das Mädchen) Rignedrudis, lieb den Eltern und allzusehr entbehrt in der Liebe. Sie lebte in dieser Welt 16 Jahre und ging von dieser Erde am 15. Tag vor den Kalenden des Mai (= 17. April).«

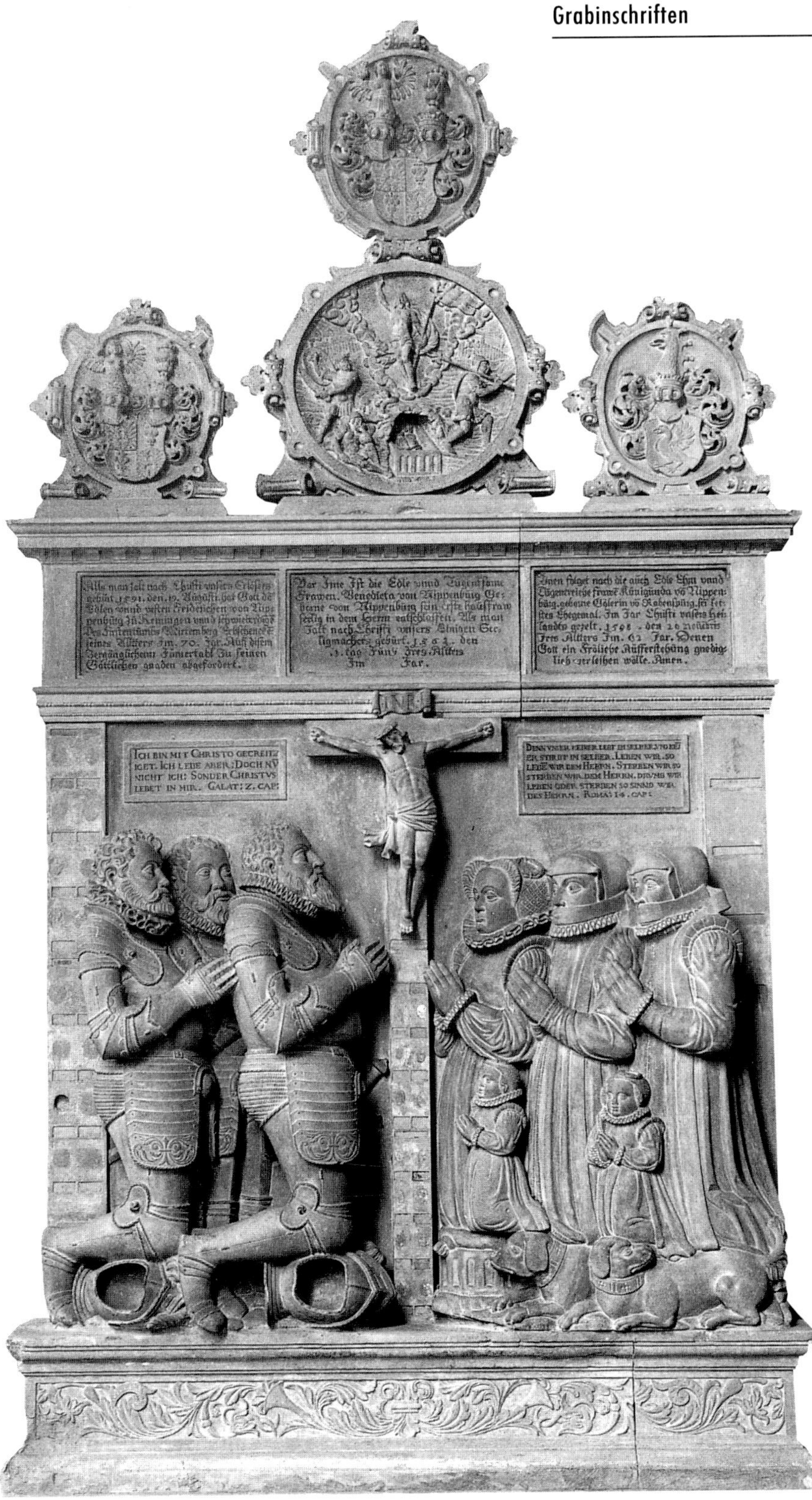

Grabdenkmal der Familie Friedrich von Nippenburg in St. Georg in Schwieberdingen

Abbildung 35

Die Aufgabe der Grabinschrift besteht also darin, das Andenken an den Toten zu bewahren. Das Gedenken soll aber nicht in einer bloßen Erinnerung an ihn bestehen, sondern vor allem auch das Gebet für seine Seele einschließen. Viele Grabinschriften enden deshalb mit einer Aufforderung zum Gebet oder einer Fürbitte. *Orate pro eo*! (»Betet für ihn!«), *cuius anima requiescat in pace* (»dessen Seele in Frieden ruhen möge«), *dem Gott gnädig sein möge* – diese und zahlreiche andere Varianten des Wunsches nach ewiger Ruhe, Aufnahme der Seele in den Himmel und Auferstehung am Jüngsten Tag kehren immer wieder. Besonders wichtig ist die liturgische Feier des Todestages, die Anniversarfeier. Um sicherzustellen, daß sie – häufig über Generationen hinweg – regelmäßig begangen wurde, mußte vor allem das Datum des Sterbetages bewahrt werden. Das Todesjahr hingegen spielte dafür keine Rolle, es wird auf früh- und hochmittelalterlichen Grabsteinen deshalb oft nicht erwähnt: *II idus aprilis obiit Alpeda* (»Am 2. Tag vor den Iden des April [=14. April] starb Alpeda«) heißt es auf einem Stein in der Neusser Kirche St. Quirin. Diese Art der Grabinschrift ähnelt den Eintragungen in den Totenbüchern der Klöster und Stifte, die zu jedem Datum die Namen der Toten verzeichnen, derer im Gebet gedacht werden soll. Auch in den Totenbüchern wird nur selten das Todesjahr vermerkt.

Abbildung 36

Grabinschriften als Geschichtsquellen

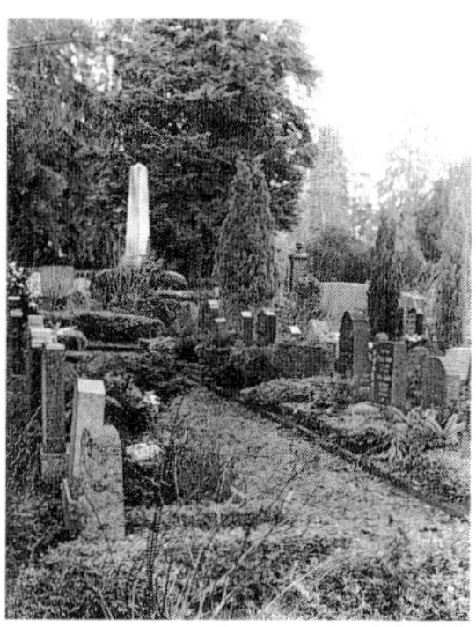

Die Inschriften auf Grabkreuzen, -steinen und -platten überliefern uns selten mehr als die knappsten persönlichen Daten der Verstorbenen. Doch sind auch diese recht spärlichen Angaben in ihrem Wert als Geschichtsquelle nicht zu unterschätzen, stellen sie doch häufig die einzige schriftliche Spur dar, die die Verstorbenen hinterlassen haben. Das gilt insbesondere für die Männer und Frauen aus der einfachen Bevölkerung, die kein öffentliches Amt bekleideten und keine kirchliche Würde trugen und die sich oft auch in den Kirchenbüchern nicht mehr nachweisen lassen.

Über ihren Wert für die Personen- und Familiengeschichte hinaus können selbst die schlichtesten Grabinschriften aber noch weitere Informationen liefern. Auf manchen Friedhöfen befinden sich etwa auffallend viele Grabkreuze aus einem eng begrenzten Zeitraum von wenigen Jahren. Zuweilen sind mehrere Angehörige einer Familie innerhalb kurzer Zeit verstorben. In solch einem Fall liegt der Verdacht nahe, daß eine Seuche den Ort heimgesucht hat, auch

wenn die Inschriften selbst keine Angaben über die Todesursache machen.
Vordringlich der Sicherung des (liturgischen) Totengedenkens dienen auch die Epitaphien, die in den Kirchen – also dem Ort des Gebetes und der Feier der Seelmessen – angebracht waren. Die Epitaphien des späten Mittelalters und der Neuzeit sind, verglichen mit allen anderen Trägern des Totengedenkens, weitaus auskunftsfreudiger, ja seit dem 16. und 17. Jahrhundert zuweilen geradezu geschwätzig. Das hängt auch damit zusammen, daß die teilweise sehr großen Epitaphien mehr Platz für längere Inschriften boten als die kleinen Kreuze oder der Rand einer Grabplatte. Gelegentlich wurden allerdings auch auf Grabplatten lange Inschriften angebracht, die dann nicht am Rand umlaufen, sondern in der Plattenmitte zeilenweise angeordnet sind.
Diese längeren Texte erzählen häufig in mehr oder weniger ausführlicher Form die Lebensgeschichte des Verstorbenen, schildern seine familiären Verhältnisse, preisen seine Tugenden und Verdienste und beklagen die Umstände seines Todes – so etwa das Epitaph des Bartholomäus Meuschen in Osnabrück (DI 26: Osnabrück, Nr. 286):

Schauw,
Leser dis Figur Betracht.
Hern Barthlomei Meuschn gmacht.
Geborn wie es eintusent war
Fünfhundert acht und siebnzich iahr
Von vornehmn Eltern die ihn Fein
Erzogen in der iugent sein.
Mit Kunst und Sitten Hoch gezirt,
Der rechten Doctor promoviert.
Beid Stift und Stadt gedienet hat
Loblich als Syndicus und Raht.
Endtlich ihn Lunburg viel begert
Zum Sindico und Probst erklert.
Margreth Brunings sein Hausfrauw war,
Fünf Sohn zwo Tochter ihm gebar.
Führt stets diesn Trost das wir nicht sein
Gar aus ist Gottes Guet alleinn.
Starb alters ein und Funfzig iahr,
Verfolgt von der Pabstlichen Schar.
Wardt ihm hie versagt sein Ruhstat,
Drumb er sein Grab zu Wersn hat.
Anno MDCXXIX 2 Septembris.

Wir erhalten also recht genaue und umfassende Auskünfte über den verstorbenen Bartholomäus Meuschen, über seinen beruflichen Werdegang als Jurist und über seine familiären Verhältnisse. Schließlich werden wir auf die dramatischen Umstände gegen Ende seines Lebens hingewiesen: 1628 in den protestantischen Stadtrat gewählt, wurde er nach der Rekatholisierung Osnabrücks aus der Stadt verbannt und verstarb wenig später in Wersen. Wie hier, so spiegeln sich in vielen Fällen die Zeitumstände, etwa

Kriege, Seuchen und Auseinandersetzungen in Reformation und Gegenreformation, in den Inschriften wider. Wird in den Grabinschriften auch häufig ein idealisierendes Bild des Verstorbenen gezeichnet, so tritt er uns jedenfalls als individueller Mensch entgegen, dessen persönliches Schicksal uns zuweilen noch heute berührt. Die heute verlorene lateinische Grabinschrift des Georg Riedel in der Kollegienkirche zu Jena berichtete:

Zum Totengedenken an den hochehrwürdigen und hochgelehrten Jüngling, Herrn Georg Riedel, Student der hochheiligen Wissenschaften, der in der rosigen Blüte seiner Jugend und im unbeschwerten Verlauf seiner Studien, die er in der Heimat zu Breslau in Schlesien gut begonnen, zu Schweidnitz, Thorn und Königsberg in Preußen erfolgreich fortgesetzt und zu Frankfurt und hier zu Jena fast abgeschlossen hatte, zunächst von schwerer hypochondrischer Schwermut und später von Schlafsucht befallen wurde und unter wahrer Anrufung Gottes und unseres Retters Jesus Christus am 17. März des Jahres 1610 sanft verschieden ist, nachdem er auf dieser Welt kaum 22 Jahre im Leben verbracht hatte, setzten diesen geweihten Stein der hochehrwürdige und außergewöhnliche Mann, Herr Georg Riedel, Bürger von Breslau, und die musterhafte Frau Anna Wunder, seine Ehefrau, seine tieftraurigen hinterbliebenen Eltern ...
(DI 33: Stadt Jena, Nr. 173)

Die Nennung der Todesursache ist durchaus nicht unüblich, auch wenn sie nicht so ungewöhnlich war wie im Fall des Johann Reineking, der 1582 in Osnabrück von einer Hexe vergiftet worden sein soll: *Der Leib Johann Reinekings ruht hier in der Erde, den eine Hexe durch ein verderbenbringendes Pulver dem Tod überlieferte*, heißt es in der lateinischen Epitaphinschrift (DI 26: Osnabrück, Nr. 142). Neben anderen Erkrankungen und Unfällen wird häufig die Pest als todbringende Krankheit erwähnt, wobei man allerdings berücksichtigen muß, daß auch andere verheerende Seuchen in den zeitgenössischen Quellen häufig als Pest bezeichnet werden. Gelegentlich wird berichtet, daß eine Verstorbene *in Kindsnöthten im Herrn seliglich verschieden* ist (Grabplatte der Judith Margarethe Hufeisen von 1669 in St. Johannisberg, DI 34: Bad Kreuznach, Nr. 576) oder *puerperii laboribus et doloribus una cum foetu superata et extincta* (»von den Mühen und Wehen einer Niederkunft zusammen mit dem Kindlein aufgezehrt wurde und starb«; Grabstein der Maria Major von 1609, DI 33: Jena, Nr. 168).

Die hohe Kindersterblichkeit vergangener Jahrhunderte wird gerade bei den Inschriften auf Epitaphien, die oft auf die ganze Familie Bezug nehmen, erschreckend deutlich. Die Grabinschrift der Familie Andler im Kloster Bebenhausen (links) zählt sechs im Säuglingsalter verstorbene Kinder auf. Das Epitaph der Familie Buwinghausen von Wallmerode in Zavelstein (Landkreis Calw) von 1649 (rechts) dokumentiert, daß diese Familie drei Kinder verloren hat.

Anno 1676 den 9. october starb ein Kindlein in der Geburt. Anno 1679 den 21. october starb Sabina Regina alt 8 tag. Anno 1680 den 30. november starb Maria Magdalena alt 2 tag. Anno 1690 den 30. august starb Sabina Regina alt 16 monat. Anno 1691 den 24. august starb Christian Ludwig alt 6 monat. Anno 1696 den 22. september starb Carolus alt 4 tag...

... 1 Döchterlein so zwar die Tauff, aber kein Namen erlangt ist Geboren Anno 1646 den 23 April abents umb 6 starb wider umb 7 uhr. Albert Frideric ward geboren 1647 den 26 Januari nachts umb 10 starb gleich morgens umb 2 uhr Frideric Leopold ward geboren 1649 den 25 Juni morgens umb 1 starb gleich wider umb 3 uhr. Gott geb ihnen ein Fröliche Ufferstehung Amen. (DI 30: Calw, Nr. 360)

Oberhalb der Inschrift sind die Verstorbenen im wahrsten Sinne des Wortes als Wickelkinder zu sehen – ein Beleg für die im 17. Jahrhundert übliche Art, Säuglinge zu »kleiden«. Ungewöhnlicher als die Angabe der Todesursache ist eine Erklärung, weshalb der Verstorbene ein besonders hohes Alter erreicht hat. In der Inschrift auf dem Grabdenkmal des Würzburger Bischofs Rudolf von Scherenberg, der 1495 im Alter von 95 Jahren verstarb, werden wir darüber aufgeklärt, daß er *dieta et vitae moderatione ad summam aetatem pervenit*, also »durch maßvolles Essen und Mäßigkeit im Leben zu höchstem Alter gelangte« (DI 27: Würzburg, Nr. 346). Neben dem Namen und dem Sterbedatum überliefern selbst die eher kurzen unter den Grabinschriften häufig den Beruf oder das Amt des Verstorbenen. Handelt es sich um eine weltliche Frau (also keine

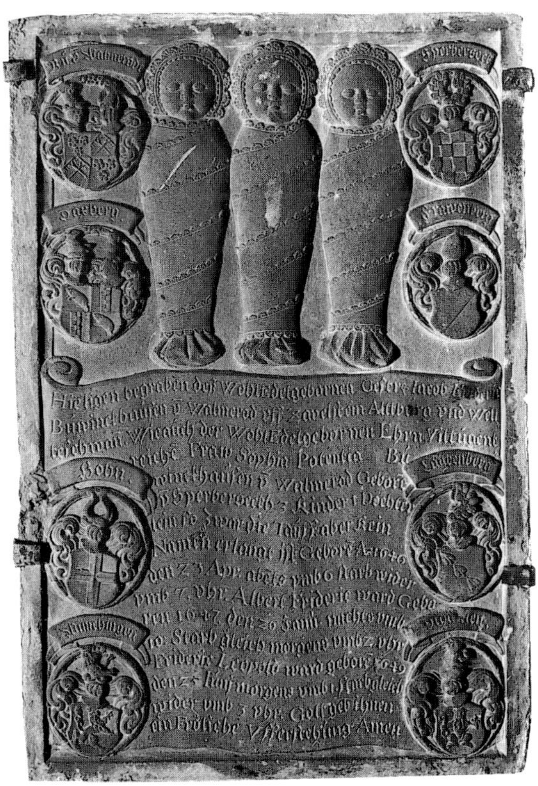

Abbildung 37

Kinderepitaph der Familie Buwinghausen von Wallmerode

Nonne oder Kanonisse), so wird meist ihr nächster männlicher Verwandter erwähnt. Sie gilt als *eheliche Hausfrau des X* oder *Tochter des Y.*
Höchst aufschlußreich ist die Beschreibung der Tugenden und Verdienste des oder der Verstorbenen. Männer werden als *ehrsam und achtbar, doctissimus* (»hochgelehrt«) oder, sofern adlig, als *edel und ehrenfest* bezeichnet, die Frauen als *ehren- und tugendreich* oder *edel und tugendsam*. Die charakterliche Schilderung des Verstorbenen und die Darstellung seiner Fähigkeiten artet nicht selten in Lobeshymnen aus, die uns eher unangemessen erscheinen. Das trifft auch für das Epitaph des 1564 in Jena verstorbenen Johann Stigel zu. Der Sprachstil wirkt sehr blumig, die Vergleiche weit hergeholt und übertrieben. Die zahlreichen Anspielungen auf die antike Mythologie und Literatur belegen jedoch, daß der Verfasser der Inschrift selbst ein gebildeter Mann gewesen sein muß. Die Inschrift, in lateinischen Versen abgefaßt, lautet übersetzt (DI 33: Stadt Jena, Nr. 78):

***W**er du auch immer zu diesem Grab kommst, verweile, Wanderer! Hier haben die Musen ihren Dichter begraben, den Dichter Stigel, über den selbst der Delier* (= Apollo) *erstaunte und seine Lyra aus der Hand legte, wenn dieser süße Lieder anschlug. Denn die Gaben seiner natürlichen Anlagen entwickelte er durch die Kunst weiter, daß er Vergil anschlug und auch dir, Naso, gleichkam. Er war, wenn dies zu äußern erlaubt sei, vielleicht sogar noch größer als beide, stand doch statt Phoebus Christus in seiner Dichtung. Daher verströmte er, indem er den Glanz seiner Dichtung zusammen mit majestätischer Würde tönen ließ, Worte, die mit erhabenem Klang verbunden waren.*
Seinem Genie wurde ein Ruhm zuteil, wie er wenigen ähnlich. Vom Beifall für ihn hallt das gelehrte Publikum wider. Ihm wurde gleichsam als erstem unter den Dichtern der blühende Lorbeer aus deinen Händen, Kaiser Karl V., gegeben. Er war ausgezeichnet – abgesehen vom Nutzen seiner Dichtung – durch den außerordentlichen Ruhm für seine Begabung und für sein kluges öffentliches Wirken. Ernst und gerecht und nicht ohne reine Sitten war er voller Bemühen um das Lob Christi. Mag nun auch sein Leib in einer kleinen Urne verschlossen sein, so fliegt doch sein Ruhm lebendig zu den hohen Sternen. Gegrüßt seist du, du Gott teurer Dichter, zu dessen Ehre du sangest, für den deine Brust voll war von aonischem Strom. Jetzt bist du an der Seite des Lotichius und des gelehrten Sabinus, die beide die strenge Parze in kurzer Zeit geraubt hat und denen der Dichtervater Philippus im Tode voranging; ihm im Himmel der nächste Vertraute zu sein ist jetzt deine Freude.

Gerade in Städten mit aufstrebender bürgerlicher Bevölkerung, vor allem in Universitätsstädten und Zentren humanistischer Bildung, finden wir die schönsten Beispiele für solche ausführlichen Epitaphien, die in lateinischer Sprache abgefaßt und mit zahlreichen Literaturzitaten und Hinweisen auf klassische Autoren gespickt sind, um den hohen Bildungsstand des Verstorbenen (und des Verfassers der Inschrift) zu bezeugen. Sie sind somit auch eine Fundgrube für Fragen der Kultur- und Bildungsgeschichte: Welche klassischen Autoren wurden gelesen? Welche Idealbilder (des Dichters, des Sängers, des Philosophen, des Politikers) wurden übernommen? Welche Vers- und Reimformen wurden für die Gedenkinschriften gewählt?

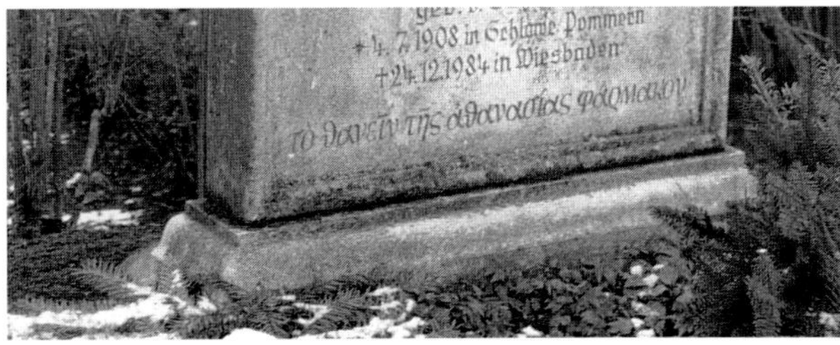

Neuzeitlicher Grabstein mit altgriechischer Inschrift

Abbildung 38

Neben den Passagen, die auf den Verstorbenen und seine Lebens- und Todesumstände Bezug nehmen, beinhalten die Totengedenkinschriften häufig Hinweise darauf, wie die Zeitgenossen dem Phänomen Tod gegenübertraten. Der »gute« Tod, das war der sanfte, erwartete Tod, dem der Sterbende wohlvorbereitet entgegensehen konnte. In Rothenburg ob der Tauber ist im Jahre 1601 der Spitalsschreiber Wolf Nagel *in Christo Seeliglich EinGeschlafen*, und Catharina Kurtz verstarb 1635 in Worms *composita in manum capite dormitura placide* (»mit dem Kopf in die Hand gebettet zum sanften Schlafen«). Die siebzehnjährige Margarethe Wittemake aus Flensburg wurde 1665 *ab instantibus nuptiis ad coelestia per placidam mortem ... perduct[a]* (»durch einen sanften Tod aus den Vorbereitungen für ihre Hochzeit in den Himmel abberufen«). Von dem 1784 verstorbenen Ferdinand Ignaz Bubäus wird auf seinem Epitaph im Kreuzgang des Augsburger Domes berichtet, daß er *moriens laetatus est* (»sterbend fröhlich war«).

Während der Körper nach dem Tode zu Staub zerfällt, geht die unsterbliche Seele in die Ewigkeit ein. *Cadaver terrae, animam vero caelo reddidit* (»Den Leichnam hat er der Erde, die Seele aber dem Himmel zurückgegeben«) heißt es in der Epitaphinschrift der Familie Schmidtner in Augsburg (um 1625). Viele Grabinschriften drücken die Trennung der unsterblichen Seele vom sterblichen Leib in der Bitte für den Verstorbenen aus: *cuius anima cum Christo vivat*

(»dessen Seele mit Christus leben möge«) oder *cuius anima deo vivat* (»dessen Seele in Gott leben möge«). Der Hoffnung auf ein freudenvolles ewiges Leben gibt die lateinische Inschrift auf dem heute verlorenen Epitaph des Osnabrücker Domkanonikers Johannes von Dincklage (gest. 1610) Ausdruck. Übersetzt heißt sie:

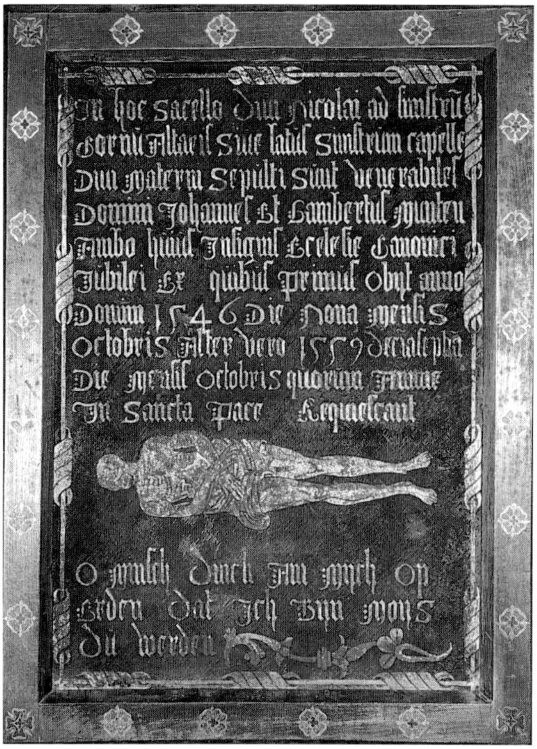

Epitaph der Vettern Munten im Aachener Dom mit Darstellung eines verwesenden Körpers

Abbildung 39

> **G**ott wird nicht die Menschen aus den Gräbern herausführen an die Lüfte und deren Gebeine mit der alten Haut kleiden, damit sie wiederum in die gierigen Fallen des Todes tappen und damit die Leichen wiederum der Friedhofserde übergeben werden, sondern vielmehr damit sie ein ewiges Leben ohne Ende führen, in dem zehn Jahrhunderte wie ein Tag sind, in dem zum Lohn für schwere Sorgen Freuden folgen, Licht zum Lohn für Finsternis, Ruhe zum Lohn für die Mühsal, zum Lohn für Hunger und brennenden Durst die herrlichste Menge an Dingen, die das prächtige Königreich des Himmels besitzt. (DI 26: Osnabrück, Nr. 204)

Besonders beliebt war seit dem ausgehenden Mittelalter die Mahnung an die Lebenden, sich der Endlichkeit ihres Erdendaseins bewußt zu sein. *Memento mori!* (»Bedenke den Tod!«), heißt es, und zur Veranschaulichung dieser Ermahnung wird häufig ein Stundenglas, ein Totenschädel oder gar ein verwesender Leichnam neben dem Text abgebildet. Oftmals ist es der Tote selbst, der den an seinem Grab vorübergehenden Lebenden anspricht: *Hodie mihi, cras tibi!* (»Heute mir, morgen dir!«).

Wie kaum eine andere Quellengruppe spiegeln also die Grab- und Gedächtnisinschriften die Ängste und Hoffnungen der Zeitgenossen und ihre Auseinandersetzung mit den »letzten Dingen« wider.

Wie umfassend und vielfältig die Erkenntnisse sind, die uns die Inschriften des Totengedenkens bei näherem Hinsehen vermitteln, zeigt die Inschrift auf dem Epitaph des Johannes

Pollart, der Kanoniker des Aachener Marienstifts war und im Jahre 1534 verstarb. Die szenische Darstellung im oberen Teil der Metalltafel zeigt Maria mit Johannes dem Täufer und dem heiligen Christophorus. Vor der Muttergottes kniet betend der Verstorbene, der von seinem Namenspatron Johannes für die Aufnahme in den Himmel empfohlen wird. Unterhalb des Bildes folgt ein langer, zweiteiliger lateinischer Text (Übersetzung auf S. 68).
Wie andere Grabinschriften nennt auch dieser Text den Namen und den Todestag des Verstorbenen, gibt die Grabstelle an und ruft zur Fürbitte auf. Deutlich im Mittelpunkt steht aber eine Meßstiftung des Johannes Pollart. Bei näherem Hinsehen ist zu erkennen, daß das Todesdatum nachgetragen wurde: Die Tages- und die Jahreszahl (24 bzw. 34) und der Monatsname sind nämlich in kleine Metallplättchen eingraviert, die nachträglich in die Tafel eingesetzt wurden. Jahr und Tag des Todes sind in arabischen Ziffern ausgeführt, die ja alle etwa gleich viel Platz benötigen. Sie eignen sich deshalb für einen Nachtrag besser als römische Zahlen, die bei lateinischen Texten im allgemeinen bevorzugt wurden. Die nachträgliche Einfügung des Sterbedatums läßt nur einen Schluß zu: Das Epitaph wurde bereits zu Lebzeiten Johannes Pollarts angefertigt, und zwar nachdem er die darin erwähnte Messe gestiftet hatte. Nach schriftlichen Quellen aus dem Archiv des Marienstifts war das 1528 der Fall. Der Text dürfte also zwischen 1528 und 1534 verfaßt worden sein, am ehesten von Pollart selbst, der vermutlich verhindern wollte, daß seine Stiftung in Vergessenheit geriet. Solche Tafeln, deren Text Einzelheiten über eine Stiftung mit dem Todesvermerk des Stifters verbindet, waren gerade im 16. und 17. Jahrhundert weit verbreitet. Wir haben es hier also mit Gedenkinschriften zu tun, die zugleich Rechtsinschriften sind. Sie sollten garantieren, daß die Verpflichtungen, die sich aus der Stiftung für die Kirche ergaben, auch wirklich erfüllt wurden.
Dieser Sicherungsgedanke steht in besonderem Maße hinter dem zweiten Text des Pollart-Epitaphs, der auf einer zweiten Platte ausgeführt ist. Er enthält genaue Angaben zu einer zweiten Stiftung des Verstorbenen und endet ebenfalls mit einem Aufruf zur Fürbitte: *Lebe wohl, rechtschaffener Leser, und bitte mit frommen Händen um die ewige Ruhe* heißt es in lateinischer Sprache. Ein Schriftvergleich zwi-

»Zum Lobe des allmächtigen Gottes, der seligen Maria, der Himmelskönigin, und aller Heiligen sowie für sein und aller Christgläubigen Seelenheil hat der ehrwürdige Herr Johannes Pollart, Jubilarkanoniker dieser hervorragenden Kirche, dessen Körper unter dem nächsten Stein beigesetzt ist, angeordnet, daß fortwährend von zwei Priestern abwechselnd hier am Altar des heiligen Maternus nach Erteilung des Segens im Hochamt eine tägliche Messe gefeiert werden soll. ... Er wurde von den menschlichen Dingen befreit im Jahre des Herrn 1534 am 24. September. Betet für ihn ...« (DI 31: Aachen Dom, Nr. 94)

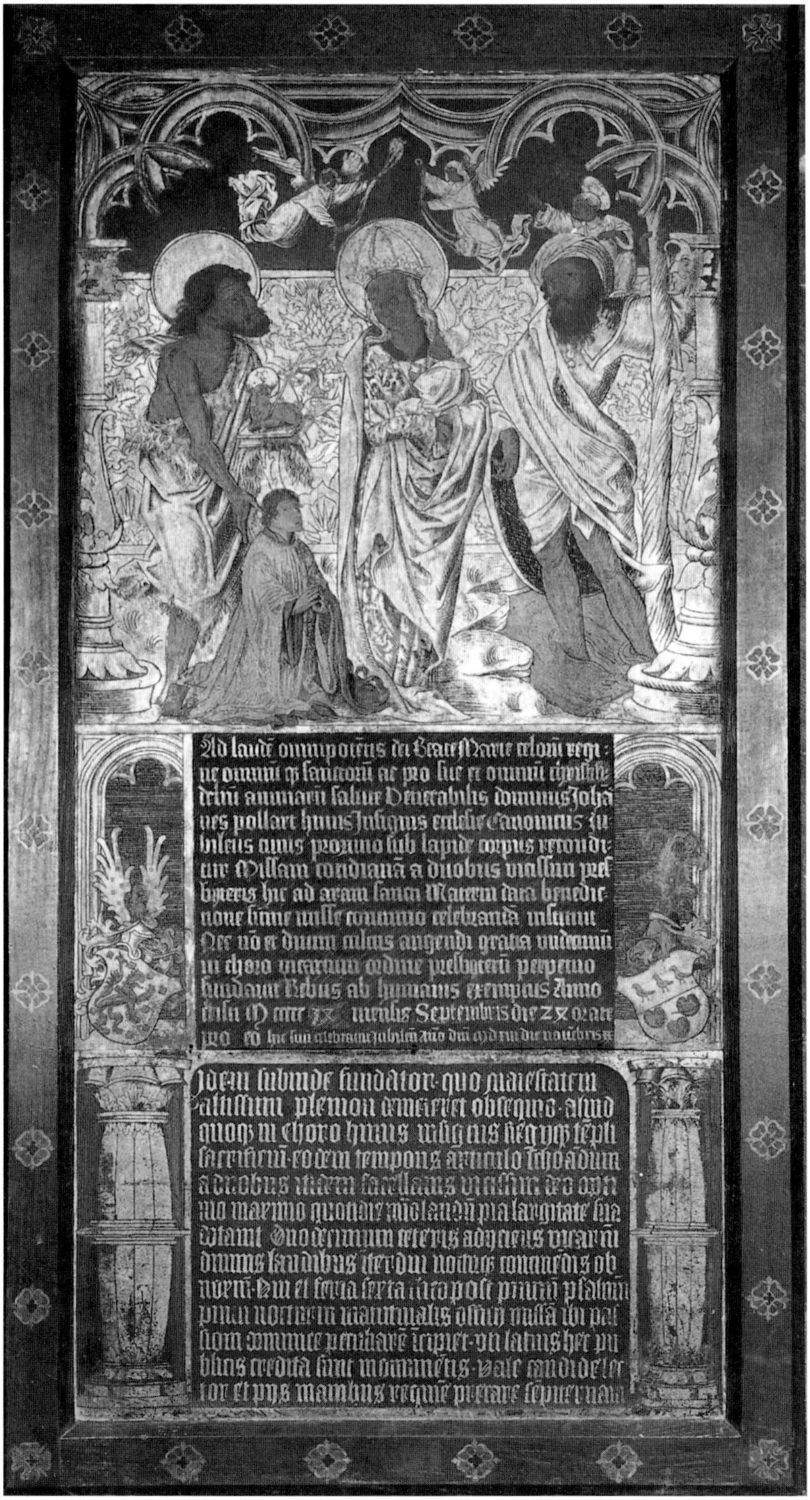

Epitaph des Johannes Pollart, Kanoniker des Aachener Marienstifts

Abbildung 40

schen beiden Tafelteilen zeigt, daß sie getrennt voneinander entstanden sind: Die Buchstaben auf dem unteren Teil des Epitaphs sind gestreckter und tragen andere Verzierungen. Wahrscheinlich ist die untere Platte erst nach dem Tode Pollarts angefertigt worden. Zu Lebzeiten hatte Pollart verfügt, daß man an seinem Grab eine Tafel anbringen sollte, die seine Stiftungen festhält. Wohl um diesem Wunsch nachzukommen, wurden die Angaben über seine Stiftungen auf einer zweiten Tafel ergänzt. Aber nicht nur äußerlich, sondern auch sprachlich unterscheidet sich der zweite vom ersten Text. Ist der erste Teil in den Aussagen über die Person des Stifters äußerst nüchtern gehalten, so wird im zweiten Teil dessen Freigebigkeit besonders hervorgehoben. Der komplizierte Sprachstil verrät die humanistische Bildung des Verfassers und weist ihn als Leser klassischer Autoren aus. In der Aufforderung zur Fürbitte spricht er den Leser direkt an und wählt dabei die Anrede *candide lector*, die mehrfach in den Schriften des Ovid belegt ist. In den Beginn des Textes flicht er sogar ein Zitat des lateinischen Schriftstellers Quintilian ein, der im 16. Jahrhundert eher selten gelesen wurde. Die Kenntnis seiner Schriften ist deshalb bemerkenswerter als etwa die der Werke Ovids oder Vergils. In der Inschrift heißt es: *pleniori demereret obsequio* (»damit er sich durch größere Verehrung verdient mache«). Die gleichen Worte begegnen uns in den »Institutiones« Quintilians. Wer nun könnte einen solchen Text verfaßt haben? Beschäftigt man sich etwas näher mit der Geschichte des Marienstifts und seiner Kanoniker, so stößt man in diesem Zusammenhang auf einen Kanoniker namens Leonard Priccard, der zu einem Kreis Aachener Humanisten zählte und mit Erasmus von Rotterdam im Briefwechsel stand. Ihm darf man eine entsprechende Bildung sicher zutrauen. Für ihn als Verfasser der Inschrift spricht vor allem die Tatsache, daß er einer der Testamentsvollstrecker des Johannes Pollart war.

Die Anfertigung einer Grabplatte, eines Epitaphs oder eines Grabkreuzes noch zu Lebzeiten dessen, für den es bestimmt war, war durchaus kein Einzelfall. Der Betreffende wollte dann sichergehen, daß ein Grabdenkmal, wie es seinen Wünschen entsprach, auch tatsächlich angefertigt wurde. Wir erkennen solche Grabdenkmale heute an gewissen äußeren Merkmalen: an Veränderungen der Schrift oder Spuren nachträglicher Bearbeitung des Materials (wie bei dem Epitaph des Johannes Pollart) oder daran, daß das Todesdatum gerade nicht nachgetragen wurde. Trotz aller Vorsorge erreichte der Auftraggeber also nicht immer sein Ziel, wenn die Nachfahren seinen Wünschen nicht entsprachen. Der Quellenwert der zahllosen Inschriften des Totengedenkens geht in der Fülle und Vielfalt der Informationen weit über die Angaben zu einer einzelnen Person und ihren Lebensverhältnissen hinaus. Sie lassen Rückschlüsse auf soziale Strukturen, auf Rollenbilder und Verhaltensnormen sowie auf Jenseitsvorstellungen zu, also auf Fragen, die heute beispielsweise von der Sozial- oder der Mentalitätsgeschichte untersucht werden. Es lohnt sich daher nicht nur für den Familienforscher, beim Besuch von Kirchen und alten Friedhöfen den Grabinschriften Aufmerksamkeit zu schenken. Vermag der Betrachter zwischen den Zeilen zu lesen, so wird sich ihm die Welt vergangener Jahrhunderte auf eine neue, sehr unmittelbare Weise eröffnen.

Glockeninschriften

Schiller beschreibt im »Lied von der Glocke«, das zu den bekanntesten Gedichten der deutschen Literaturgeschichte gehört, den Guß einer Glocke mit all seinen Schwierigkeiten und Gefahren, die die Glockengießer zu weit über ihre Heimat hinaus bekannten Meistern machten.

Festgemauert in der Erden
steht die Form aus Lehm gebrannt.
Heute muß die Glocke werden!
Frisch, Gesellen, seid zur Hand!

Schon seit dem 6. Jahrhundert erfüllen Glocken im kirchlichen Leben die Aufgabe, zum Gottesdienst zu rufen. Allerdings war ihr Klang noch nicht mit dem der spätmittelalterlichen und neuzeitlichen Glocken zu vergleichen. Besonders die geschmiedeten Glocken, die bis zum 9. Jahrhundert hergestellt wurden, gaben nur dumpfe Geräusche von sich, wenn sie angeschlagen wurden. Sie waren aus Eisen-, Kupfer- oder Bronzeplatten zusammengenietet oder -genagelt und erscheinen uns heute roh und geradezu primitiv. Einen weitaus besseren Klang hatten die aus Zinnbronze gegossenen Glocken, deren Anfertigung aber auch viel komplizierter war. Theophilus Presbyter beschreibt in seiner bereits erwähnten Schrift »De diversis artibus« (»Über die verschiedenen Künste«) die Herstellung einer Glocke: Eine Holz- oder Eisenspindel wurde waagerecht in eine Drehbank eingehängt und mit Lehm bestrichen, der mit Pferdemist vermischt war. Hatte dieser sogenannte Kern die Größe und Form erreicht, die der Hohlraum der fertigen Glocke haben sollte, belegte man ihn mit Talg- oder Wachsplatten in der Dicke der gewünschten Glockenwand. Diese Wachsschicht bildete das Model, das später durch das Metall ersetzt werden sollte. Darauf wurde wiederum eine Schicht Lehm aufgetragen, die man als Mantel bezeichnet. Die Spindel wurde nun aus dem Kern entfernt, die ganze Form aufgerichtet und der obere Abschluß der Glocke, die Glockenhaube, nachmodelliert. Der Mantel wurde mit Hilfe eines eisernen Ringes gefestigt und nochmals mit Lehm verstärkt. Schließlich wurde die Form in einer Ofengrube gebrannt. Beim Erhitzen der Form schmolz das Wachs des Models und floß nach unten ab. Dadurch entstand ein Hohlraum, der mit dem Gußmetall gefüllt wurde. War das Metall erkaltet, entfernte man den Mantel und den Kern aus Lehm.

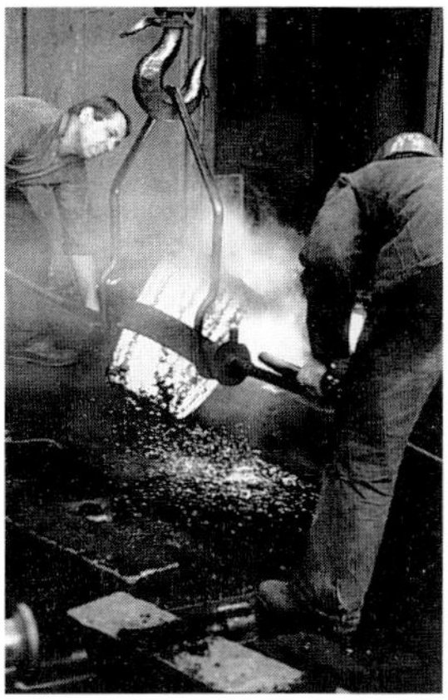

Metallgießen – eines der traditionsreichsten Handwerke

Abbildung 41

Das von Theophilus beschriebene Verfahren wurde bald weiterentwickelt. Hatte man den Kern zunächst freihändig geformt, so wurde dazu schon seit dem 12. Jahrhundert eine Schablone benutzt, die fest in die Drehbank eingefügt war. Die Wachsschicht wurde durch eine weitere Lehmschicht ersetzt, die dünn mit Talg oder Wachs bestrichen wurde. Nach dem Brennen der Form hob man den Glockenmantel vorsichtig ab, zerschlug das Lehmmodel und setzte den Mantel vor dem Guß der Glocke wieder über den Kern. Auch die Form der fertigen Glocke, insbesondere die Stärke und Neigung der Glockenwand (die sogenannte Glockenrippe), wurde immer wieder weiterentwickelt, um eine Verbesserung des Klanges zu erreichen. Im 14. Jahrhundert war die Technik so ausgereift, daß die Glocken allen musikalischen Ansprüchen genügten.

Die Inschriften auf Glocken wurden zunächst meist in das Wachsmodel eingeschnitten und waren daher auch auf der Glocke vertieft. Seit man in der Lage war, den gebrannten Mantel abzuheben, ritzte man die Schrift lieber von innen spiegelverkehrt in den Mantel ein, so daß sie auf der fertigen Glocke erhaben erschien. Bei diesem Verfahren kam es häufig zu Schreibfehlern: Der Reißer, der im Innern des Glokkenmantels saß, vergaß, daß er nicht von links nach rechts, sondern von rechts nach links ritzen mußte, und produzierte auf diese Weise einen linksläufigen Text. Oder er führte den einen oder anderen Buchstaben versehentlich nicht spiegelverkehrt aus. Glocken mit linksläufigen Inschriften oder seitenverkehrten Buchstaben sind also mit großer Wahrscheinlichkeit auf die oben beschriebene Weise beschriftet worden. Es gab auch die Möglichkeit, aus dünnen Wachstafeln ausgeschnittene Buchstaben oder zu Buchstaben geformte Wachsfäden auf das Model aufzulegen.

Allen beschriebenen Methoden ist gemeinsam, daß die Buchstaben individuell für jede Glocke neu gefertigt wurden und die ganz persönliche »Handschrift« des Meisters trugen. Das änderte sich, als man in der zweiten Hälfte des 14. Jahrhunderts dazu überging, die Inschriften mit Hilfe von Alphabetmodeln herzustellen. Sie wurden aus Holz geschnitten und mit Wachs gefüllt. Die vorgeformten Buchstaben wurden dann auf das Glockenmodel aufgelegt. Die Buchstaben waren nun alle vollkommen gleichmäßig. Da solche Model häufig über einen langen Zeitraum verwendet wurden, veränderte sich die Schrift der Glockeninschriften weniger rasch als die auf anderen Objekten. Zugleich ermöglicht diese Beständigkeit aber, Glocken anhand der Inschriften und des sonstigen Zierats einer bestimmten Gießerhütte zuzuweisen, sofern entsprechendes Vergleichsmaterial existiert.

Das äußere Erscheinungsbild der Inschriften auf Glocken spielt eine nicht unwesentliche Rolle, da sie zugleich Bestandteil des Zierats der Glocke sind und somit auch eine ästhetische Funktion haben. Die ausgewogene Gestaltung der Buchstaben und deren gleichmäßige, nicht zu enge und nicht zu weite Verteilung auf die Glocke trugen maßgeblich zur ornamentalen Wirkung der Inschrift bei. Weitgehend von der Länge der Inschrift hing ab, wo sie angebracht wurde: an der Schulter, am unmittelbar darunterliegenden Hals, auf der Flanke oder unten am Schlag der Glocke. Die meisten mittelalterlichen Glocken tragen Inschriften, die an der Schulter umlaufen. War der Text für eine einzeilige Inschrift zu lang, so wurde er auf zwei oder mehr Zeilen verteilt. Neuzeitliche Glockeninschriften wurden häufig auf der Flanke angebracht und können mehrzeilig auf einer

Seite angeordnet sein. Wurde eine Glocke neu- oder umgegossen, etwa weil sie gesprungen war und nicht mehr klang, so wurde der Text der Inschrift häufig auf die neue Glocke übernommen und um einen Zusatz ergänzt. Auf diese Art sind uns zahlreiche Inschriften bereits untergegangener Glocken überliefert.

Weitere Schmuckelemente der Glocke sind Zierfriese, Wappen und kleine Reliefs. Dazu gehören aber auch die Trennzeichen zwischen den Wörtern der Inschrift. Punkte, Rauten, kleine Rosetten, Kleeblätter oder Blüten gehören zu den häufigsten Worttrennern, doch sind der Phantasie in dieser Hinsicht keine Grenzen gesetzt. Nicht nur die Schriftform, sondern auch die Zierelemente sind meist typisch für die jeweilige Gießerhütte, zumal auch sie mit Hilfe von Modeln auf die Glocke gebracht wurden.

Eine Besonderheit der Inschriften auf Glocken besteht darin, daß sie dem Auge des Kirchenbesuchers fast immer verborgen bleiben. Dennoch sind sie häufig weithin bekannt und schon früh Gegenstand von Inschriftensammlungen geworden. Schon die ältesten bekannten Glocken waren beschriftet; da sie vielfach nicht mehr existieren, sind uns ihre Inschriften allerdings häufig nur in Abschriften überliefert. Erhalten ist aber beispielsweise die Theophilus-Glocke aus dem 11. Jahrhundert, deren Inschrift den Gießer angibt: *Wolfgerus me fecit* (»Wolfgerus machte mich«). Diese Inschrift ist in gewisser Hinsicht ganz typisch für Glockeninschriften bis in unsere Zeit, die sehr oft (meist unter anderem) den Namen des Gießers nennen. In den lateinischen Glockeninschriften heißt es dann etwa *magister N.N. fusit me* (»Meister N.N. hat mich gegossen«). In deutschsprachigen Inschriften sind diese Künstlerinschriften häufig in Form eines Zweizeilers abgefaßt: *Durchs Feuer bin ich geflossen, N.N. hat mich gegossen* oder *Durchs Feuer floß ich, N.N. goß mich*. Zuweilen, gerade in jüngeren Inschriften, heißt es schlicht *Goß mich N.N.* Durch die zahlreichen Glocken mit derartigen Meisterinschriften besitzen wir also recht genaue Informationen darüber, welche Gießer bzw. Gießerhütten wann und in welchem Gebiet tätig waren. Die fast regelmäßige Nennung des Gießers in den Glockeninschriften ist zudem ein Zeichen für das hohe Ansehen und das Selbstbewußtsein dieser Meister ihres Fachs. Tatsächlich erforderte ja der Guß einer Glocke eine große

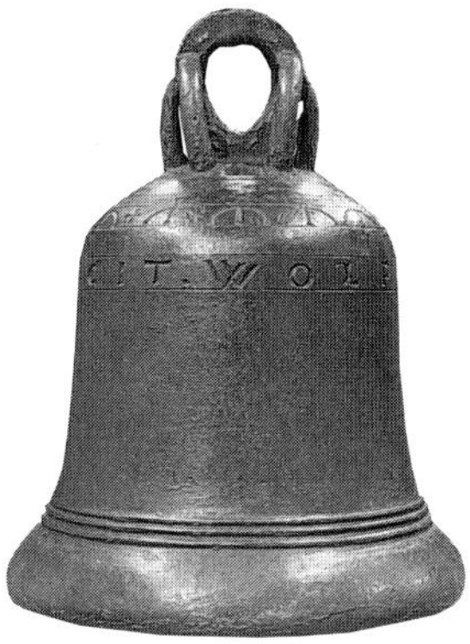

Theophilus-Glocke aus Aschara/Thüringen, heute im Glockenmuseum Apolda

Abbildung 42

Kunstfertigkeit und umfangreiche Spezialkenntnisse, um nicht nur ein formschönes, sondern auch wohltönendes Ergebnis zu erzielen.
Die Nennung des Gießers wird in vielen Fällen mit anderen Informationen verbunden. Besonders beliebt waren seit der frühen Neuzeit Glockeninschriften in Form des sogenannten Glockenspruchs: Die Glocke selbst nennt ihren Namen, ihren Gießer und das Gußjahr, häufig auch ihre Aufgabe, wie beispielsweise die Inschrift einer 1512 gegossenen Glocke in Monzingen (Landkreis Bad Kreuznach):

Maria Glock heis ich,
in sant Martinus und Erasmus eer laud ich,
boes wetter verdreib ich,
meister Hans zu Franckfort gos mich
anno domini MVXII iar.
(DI 34: Bad Kreuznach, Nr. 242)

Aufschlußreich sind dabei vor allem die Angaben zu den kommunikativen und den magischen Funktionen der Glocke. Deren Aufgabe besteht zunächst einmal darin, zu konkreten Anlässen ein akustisches Zeichen zu geben. Die Bedeutung der Glocke in einer Zeit, die ohne unsere modernen Kommunikationsmittel auskommen mußte, kann kaum überschätzt werden, bot sie doch die Möglichkeit, jederzeit eine große Anzahl von Menschen zu alarmieren und zusammenzurufen. Die Glocken riefen daher zum Gottesdienst, dienten aber auch als Toten-, Unwetter-, Gerichts- oder Bannglocke: ... *tzo gottdeinst gebrucht man mich* (Köln, St. Alban, 1507); *festa pulsoque funera mesta* (»ich schlage zu Festen, aber auch als Trauer kündende zu Begräbnissen«; Aachen, St. Jakob, 1401); *laudo deum verum, plebem voco, congrego clerum, defunctos ploro, hostem fugo, festa decoro* (»ich lobe den wahren Gott, rufe das Volk, versammle die Geistlichkeit, beklage die Toten, schlage den Feind in die Flucht, schmücke die Feste«; Göttingen, St. Marienkirche, 1464); *vor uungewider so luit man mich* (Nideggen-Berg, Kreis Düren, 1300); *dat recht rofen ich, de misdaet beklagen ich* (Aachen-Burtscheid, St. Michael, 1504). Besonders im protestantischen Bereich wird des öfteren darauf hingewiesen, daß die Glocke die Gläubigen zur Buße mahnt: *Gott gebe, wenn mein Schall sich durch die Lufft erstreckt, das ieder, der mich hört, zur Busse werd erweckt* lautet die Inschrift auf einer Glocke von 1724 in Großhaslach-Gleizendorf (Kreis Ansbach). Glocken im Rathaus, einem Turm der Stadtmauer oder in anderen profanen Gebäuden dienten den Bürgern und dem Stadt- oder Landesherrn, wie beispielsweise die Osnabrücker Burgglocke aus dem 14. Jahrhundert:

Wann ick sla an einen bord,
is dar upror, brand oder mord.
Wann ick sla an beiden banden,
sind dar nye heren vorhanden.

Die Inschrift weist auf zwei unterschiedliche Arten des Glockenläutens hin: Einmal wird die unbewegte Glocke nur an einer Seite mit dem Klöppel angeschlagen (das sogenannte »Beiern«), ein anderes Mal die Glocke selbst in Schwingung versetzt.

Jahrhundertelang erfreute sich der Spruch *Vivos voco, mortuos plango, fulgura frango* (»Ich rufe die Lebenden, betrauere die Toten, breche die Blitze«) großer Beliebtheit, der seit der zweiten Hälfte des 13. Jahrhunderts in dieser oder leicht abgewandelter Form nachweisbar ist. Er spricht bereits die schützende, unheilabwendende Kraft an, die man der Glocke beimaß. Diese magische Bedeutung der Glocken spiegelt sich häufig in ihren Inschriften wider, vor allem wenn das Unheil genannt wird, das die Glocke abwenden soll – üblicherweise entweder jedwede Art von Unwetter oder gar den Teufel selbst: *das wetter durchs gebet vertreib ich* (Hüffelsheim, Landkreis Bad Kreuznach, evangelische Pfarrkirche, 1683); *blitzen ind donre sturen ich* (Köln, St. Alban, 1507); *den duevel verdriven ich, Donnerwetter wenden ich* (Leverkusen-Lützenkirchen, 1519); *den duvel verjagen ich* (Aachen, St. Jakob, 1502); *daemones infringens, aestus et fulmina pellens* (»die [Macht der] Dämonen breche ich, Unwetter und Blitze schlage ich zurück«; Pulheim-Brauweiler, Erftkreis, Abteikirche, 1630); *alle Qual verdrive ich* (Leichlingen-Witzhelden, Rheinisch-Bergischer Kreis, 1451).

Die Zuweisung solch unheilabwehrender Wirkung kommt nicht von ungefähr. Glocken sind nämlich, ebenso wie Kirchen und Altäre, zur Ehre eines bestimmten Heiligen geweiht. Die heilige Kraft dieses Patrons überträgt sich durch die Weihe auch auf die Glocke. Zuweilen wird daher der

Glocke eine Schutzwirkung gegen die Gefahren zugesprochen, bei denen auch der entsprechende Heilige angerufen wird.
Da der heilige Sebastian vor der Pest schützt, tut dies auch die ihm geweihte, 1504 gegossene Sebastianusglocke in Aachen-Burtscheid: *Sebastianus heischen Ich, voer dye pestelencien beschirme Ich ...*
Der Erzengel Michael, der nach der Apokalypse des Johannes Luzifer bezwang, ist der Patron einer zweiten, gleichzeitig gefertigten Burtscheider Glocke: *Sancta anna, mychiel heischen Ich, die seillen offer Ich, lucefer ersloch Ich ...* (»Heilige Anna, Michael heiße ich, die Seelen bringe ich [Gott] dar, Luzifer erschlage ich ...«). In dieser Inschrift wird also auch auf die Aufgabe des Erzengels als Seelenwäger beim Jüngsten Gericht verwiesen.
Die schützende Wirkung der Glocke reicht, soweit und solange sie klingt. Dies kommt in der Inschrift der 1438 gegossenen Glocke der Kirche des mittlerweile untergegangenen Ortes Laurenzberg im Kreis Aachen (nicht Aachen-Laurensberg) zum Ausdruck:

aso ver as min schal geit
da dat weider geinen schaden en deit.

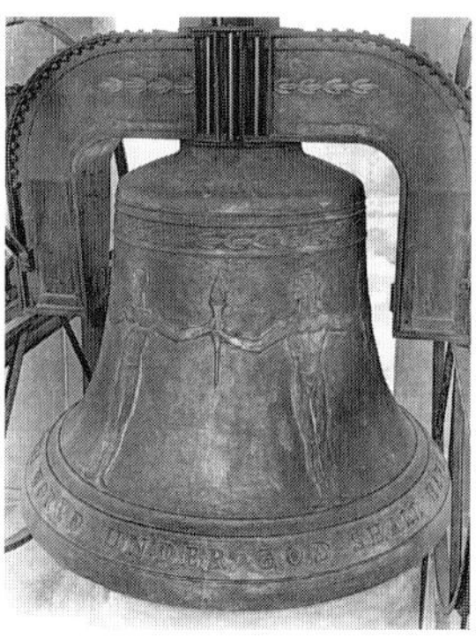

Freiheitsglocke im Schöneberger Rathaus, Berlin

Abbildung 43

Schon die Inschrift der um 1180 gegossenen »Clinsa« im Merseburger Dom verkündet in lateinischer Sprache: *Während die Clinsa tönt, soll der Sturm fern sein, der Feind und das Feuer.* Auf der »Pretiosa« im Kölner Dom heißt es: *Dum sono tristatur demon* (»Während ich erklinge, wird der Dämon betrübt«).
Schutz versprach aber auch die Anrufung der Heiligen, der Evangelisten und natürlich Christi selbst. Schon in den frühesten bekannten Glockeninschriften wurden daher häufig nur die Namen der Evangelisten oder der Heiligen Drei Könige aneinandergereiht. Die Evangelistennamen stehen zudem stellvertretend für die Verkündigung des Gotteswortes, zu der die Glocke die Gläubigen ruft. Daneben wurde seit dem 13. Jahrhundert aber auch der sogenannte englische Gruß gerne als Inschrift gewählt. Es sind dies die Worte, mit denen nach dem Lukasevangelium der Engel Maria die Empfängnis Jesu verkündete und die in leicht abgewandelter Form zugleich den Beginn des Ave Maria darstellen: *Ave gratia plena dominus tecum* (»Sei gegrüßt, Gnadenvolle,

der Herr ist mit dir«). Einige Glocken tragen sogar den vollständigen Text des Ave Maria. Seine Beliebtheit dürfte damit zusammenhängen, daß seit dem 14. Jahrhundert das Ave-Maria-Läuten allgemein üblich wurde. Auch der Friedensgruß *O rex glorie veni cum pace* (»O Ruhmeskönig, komm mit Frieden«) erfreute sich seit dem 13. Jahrhundert großer Beliebtheit. Auf manchen Glocken wurden mehrere dieser Texte kombiniert. So trägt eine Glocke der katholischen Kirche St. Georg in Dinkelsbühl von 1642 die Inschrift: *O rex glorie veni nobis cum pace. S(anctus) Lucas s(anctus) Marcus s(anctus) Ioannes. Caspar Melchior Balthasar. Ave Maria gratia plena dominus tecum anno domini MDCXXXXII.* Auffälligerweise werden hier nur drei der vier Evangelisten genannt, Matthäus fehlt. Eine Glocke von 1420 in Selfkant-Millen (Kreis Heinsberg) trägt das Ave Maria, den Friedensgruß und die Evangelistennamen.
Alle diese Anrufungen dienen also der Abwehr von Unglück. Eine schützende Kraft wurde aber auch von bestimmten Buchstabenfolgen erhofft, etwa Alpha und Omega, dem ersten und letzten Buchstaben des griechischen Alphabets, oder der geheimnisvoll anmutenden Buchstabenreihe *AGLA*, den Anfangsbuchstaben der hebräischen Worte *atah gibor leolam adonai* (»Du bist mächtig in Ewigkeit, Herr«). Auch die Aneinanderreihung der Buchstaben des lateinischen Alphabets sollte eine unheilabweisende Wirkung erzielen.
Die Anrufung Gottes oder der Heiligen beinhaltet meist zugleich die Bitte um Schutz und Fürbitte. *Sanctus Bernardus, bit vur uns* heißt es auf einer Glocke der Kölner Kartäuserkirche (1526). Die Glocke im sogenannten Glockenzimmer des Rathauses in Ratingen (Kreis Mettmann) bittet:

Benedicat me deus pater
protegat me deus filius
custodiat me spiritus sanctus!
O Maria, mater dei, memento nostri!

(»Es segne mich Gottvater, es schütze mich der Gottessohn, der Heilige Geist wache über mich. O Maria, Muttergottes, gedenke unser!«)

Eine Reihe von Glockeninschriften teilt uns Näheres über die Finanzierung der Glocke oder über ihre Stifter mit. Auf einer Glocke in Kreuzau-Stockheim (Kreis Düren) heißt es: *aus dem vorraht der kirchen bin ich genommen ...* (1626). Noch Genaueres erfahren wir durch die lateinische Inschrift einer Glocke der Aachener Kirche St. Jakob, auf der es heißt: »*Im Auftrag des Pfarrers, mit Genehmigung der Gemeindeversammlung und aus den Beiträgen der Gemeinde bin umgegossen worden* ...« (1644). Ähnliches berichtet in weitaus poetischerer Sprache die lateinische Inschrift der »Pretiosa« genannten Glocke des Kölner Domes (1448):

Der ausgezeichnete Stand der Kirche und der umsichtige Senat mit den Wünschen des Rates sich vereinend, zusammen mit den übrigen dieser beiden Stände, die Gott unterscheidet, ließen mich wiederum gießen und erneuern ...

Im Laufe der Zeit legte man zunehmend Wert auf die vollständige Aufzählung der Titel und Ämter des Stifters oder anderer im Glockentext erwähnter Personen. Ein Beispiel ist die Inschrift auf der Glocke der evangelischen Pfarrkirche in Wilhermsdorf (Kreis Neustadt an der Aisch, 1708):

Regierender Herr ist Philipp Ernst Graff von Hohenlohe und Herr zu Langenburg ihro Rom(ischen) Kayserlichen Mayestät wurcklich Geheimder Rath und dessen Frau Gemahlin Francisca Barbara Graffin von Hohenlohe und Frau zu Langenburg gebohrne Gräffin von Welz. Durch das Feuer bin ich geflossen, Iohann Conrad Roth hat mich gegossen in Vorcheimb anno 1708.

Größere Kirchen verfügten im allgemeinen über mehrere Glocken. Zuweilen nehmen dann die Inschriften der Glokken aufeinander Bezug. So ist es bei der jüngeren und kleineren der beiden großen Kölner Domglocken aus der Mitte des 15. Jahrhunderts, der »Speciosa«. Deren Inschrift lautet in deutscher Übersetzung:

Ich bin, dafür sei mir der Schöpfer Zeuge, die Schwester der Großen und Klangreichen, deren Schmuck und Harmonie des Klanges die Herren der Kirche veranlaßte, mich Christus zu Ehre gießen zu lassen damit ich, der Gefährtin zugesellt, den Tönen die Melodie wiedergebe ...

Wie andere Inschriften, so spiegeln auch Glockeninschriften die geistigen und politischen Veränderungen ihrer Zeit wider. Eine solch umwälzende Entwicklung wie die Reformation konnte auch für die Glockeninschriften nicht ohne Folgen bleiben. In ihrer Folge bildeten sich gewisse Unterschiede zwischen katholischen und protestantischen Glok-

Glocke des Johann Conrad Roth, Evangelische Pfarrkirche Wilhermsdorf

Abbildung 44

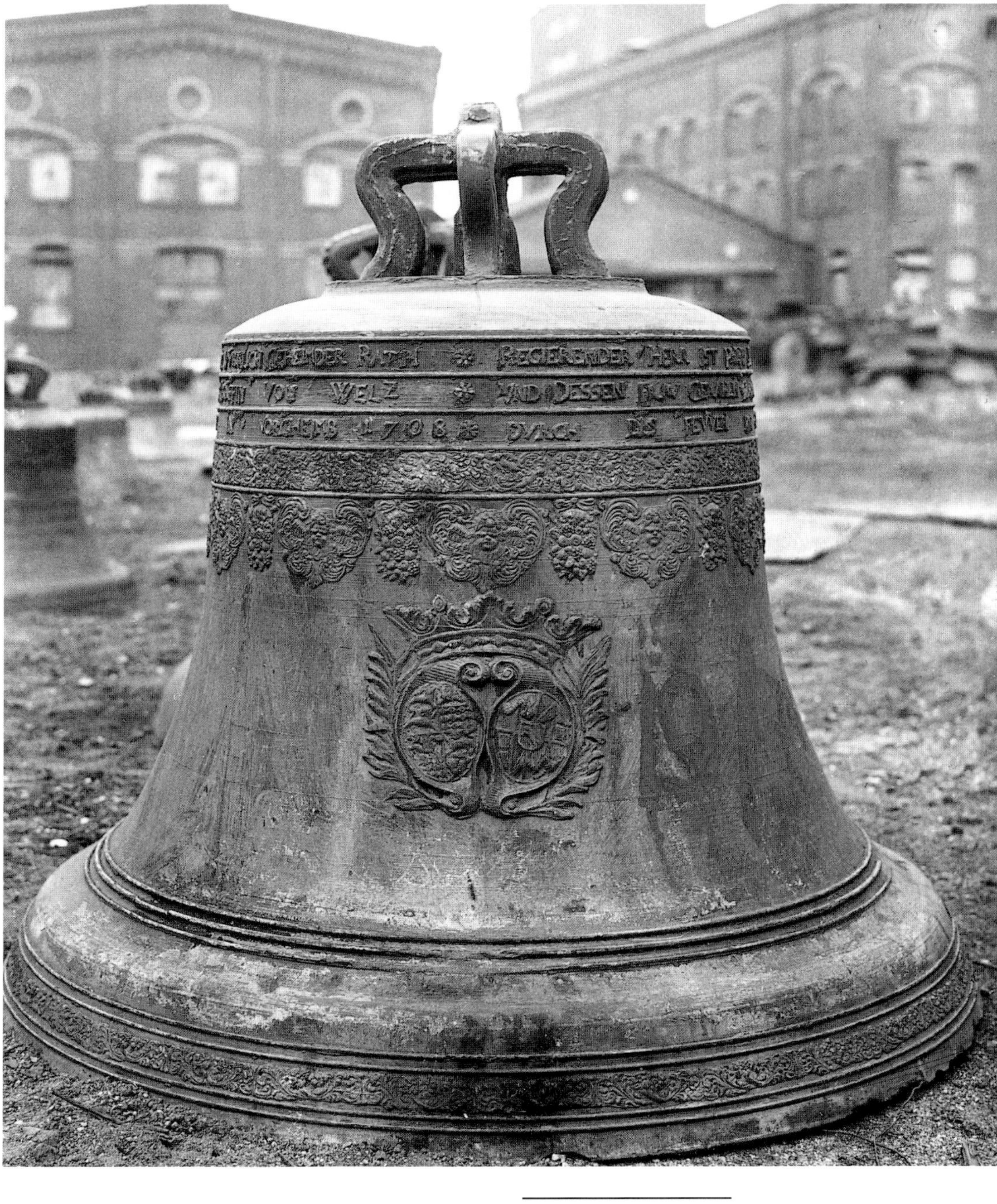

kentexten heraus. Typisch für die Glocken protestantischer Kirchen sind wörtlich zitierte oder umformulierte Bibelsprüche in deutscher Sprache. Dazu gehört der Gruß des Engels an die Hirten auf dem Felde in der Weihnachtsnacht, der sich in der Übersetzung Martin Luthers beispielsweise auf einer Glocke von 1600 im Naumburger Dom befindet: *Ehre sey gott in der höhe, Friede auf erden undt den menschen ein wolgefallen* (DI 6: Naumburg Dom, Nr. 129). Manche Inschriften drücken Kerngedanken der Reformation aus, etwa die besondere Bedeutung des Gotteswortes: *Gottes Wort bleibt ewig.*

Als in der Zeit des Humanismus und der Renaissance, in Deutschland, Österreich und der Schweiz also im 15. und 16. Jahrhundert, bildende Künstler wieder auf das antike Vorbild zurückgriffen, wurden auch Glocken mit sehr individuellen, humanistisch geprägten Inschriften gegossen. Die Texte der Inschriften wurden nicht von den Glockengießern abgefaßt, sondern von den Auftraggebern geliefert, also meist von Klöstern, Landesherrn, Städten oder Kirchengemeinden. Die humanistischen Glockeninschriften sind, wie auch die humanistischen Grabinschriften, in lateinischer Sprache abgefaßt, sprachlich meist sehr kompliziert und voller Anspielungen auf die antike Mythologie oder Sagenwelt. Ein Beispiel dafür ist die heute verlorene Marienglocke des Aachener Domes, die 1535 gegossen wurde und deren lateinische Inschrift in Versen abgefaßt war. Übersetzt heißt sie:

***W**enn du mich, geliebter Leser, fragst, warum mir der Weihende den dreifach lieblichen Namen Maria gegeben hat, so antworte ich: Seine Stimme war mir lieblich; du sollst, sprach er, mit Namen, Stimme und Ton der lieblichen Nymphe dienen, deren Namen du trägst. Daher errege ich, sobald mein Klang in den flüssigen Äther dringt, fromme Gemüter zum Lobe Mariens. Ferner zerstreue ich fröhlich die Wolken, welche mit Hagel die Einöde bedrohen, mit meinem schrecklichen Ton. Der Ketzer möge ihn hassen, und die bösen Geister mögen ihn fürchten, ich selbst aber werde stets diejenige besingen, welche als Jungfrau Gott geboren hat. Johannes mit Beinamen der Trierer, ein Bürger dieser königlichen Stadt Aachen, hat mich gegossen im Jahre 1535 im Monat November unter der Regierung Papst Pauls III. und Kaiser Karls V.* (DI 31: Aachen Dom, Nr. 99)

In Länge, Sprachniveau und Satzbau ist diese Inschrift mit den üblichen Glockensprüchen nicht zu vergleichen.

Bei allen Tendenzen der Glockengießer, über lange Zeiträume an bestimmten Gewohnheiten festzuhalten, lassen sich also auch für Glockeninschriften im Laufe der Zeit gewisse Veränderungen feststellen. Sie hängen mit technischen Veränderungen und mit geistesgeschichtlichen Entwicklungen zusammen. In einer Zeit, in der Inschriften mühevoll spiegelverkehrt in den Mantel geritzt wurden, hielt man den Text eher knapp. Der Gebrauch von Buchstabenmodeln erleichterte die Ausführung von Inschriften, was der wachsenden Lust an der Ausführlichkeit entgegen kam.

Stifter- und Künstlerinschriften

Auf vielen kostbaren Objekten ganz unterschiedlicher Art befinden sich Inschriften, die den jeweiligen Stifter oder Künstler nennen. Manchmal läßt sich eindeutig sagen, ob die inschriftlich genannte Person der Stifter oder der Künstler ist, bisweilen jedoch ist dies durchaus nicht sicher feststellbar. Bei Ausdrücken wie *offert, dedit, donavit* oder *fieri iussit* (»schenkt«, »hat gegeben«, »hat gestiftet« oder »ließ anfertigen«) macht der Wortlaut der Inschrift allein schon deutlich, daß der Geber benannt werden soll. Desgleichen lassen andererseits Bezeichnungen wie *sculptor, operator et magister* oder *pictor* (»Bildhauer«, »Ausführender und Meister« oder »Maler«) erkennen, daß der Verfertiger, der Künstler des Gegenstandes, gemeint ist. Um 1000 wurde die zweiflügelige Bronzetür gegossen, die sich heute im Marktportal des Mainzer Domes befindet. Die ältere ihrer beiden Inschriften macht eindeutige Angaben über den Auftraggeber und über den Verfertiger des Werkes; der Auftraggeber, Erzbischof Willigis, verweist mit Blick auf die Bronzetüren der Aachener Marienkirche (des heutigen Domes) stolz darauf, daß er »als erster« nach Karl dem Großen wieder ein bronzenes Portal herstellen ließ:

+ ***P****ostquam magnus imperator Karolus suum esse iuri dedit naturae, + Willigisus archiepiscopus ex metalli specie valvas effecerat primus. Berengerus huius operis artifex, lector, ut pro eo deum roges, postulat supplex.* (»**N**achdem der große Kaiser Karl gestorben war [wörtlich: sein Sein dem Rechtsanspruch der Natur hingegeben hatte], hat Erzbischof Willigis zuerst aus Metall Türflügel machen lassen. Berenger, der Meister dieses Werkes, bittet angelegentlich, o Leser, daß du für ihn zu Gott betest.«; DI 2: Mainz, Nr. 5; zur später, im 12. Jahrhundert, auf die Tür gravierten Urkundenschrift siehe S. 94).

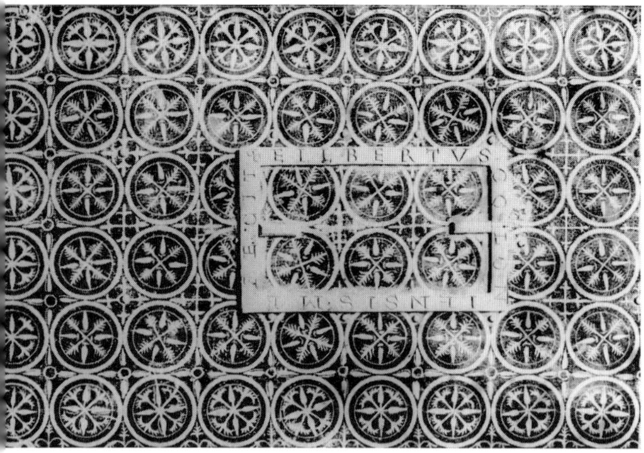

Eilbertus-Tragaltar (Unterseite)

Abbildung 45

Schwieriger als es auf den ersten Blick scheinen mag, ist hingegen die Entscheidung bei der Angabe *N.N. me fecit.* Heißt dies »N.N. hat mich gemacht« oder »N.N. ließ mich machen«? Häufiger dürfte die erste Interpretation richtig sein, jedoch bleibt eine gewisse Unsicherheit. Der schon genannte Eilbertus-Tragaltar aus dem Welfenschatz (heute in Berlin, Kunstgewerbemuseum; siehe S. 39) hat seinen Namen der Inschrift zu verdanken, die auf der Bodenplatte des Portatile steht: *Eilbertus Coloniensis me fecit.* Hat dieser »Eilbert aus Köln« den Tragaltar selbst hergestellt, ist er also der »Künstler«? Oder hat er das aufwendige Objekt in Auftrag gegeben, ist er der Stifter? Die Kunstgeschichtsschreibung geht zwar schon seit langem davon aus, daß Eilbert der Künstler ist, aus der Inschrift allein läßt sich das jedoch wohl nicht ganz sicher schließen.

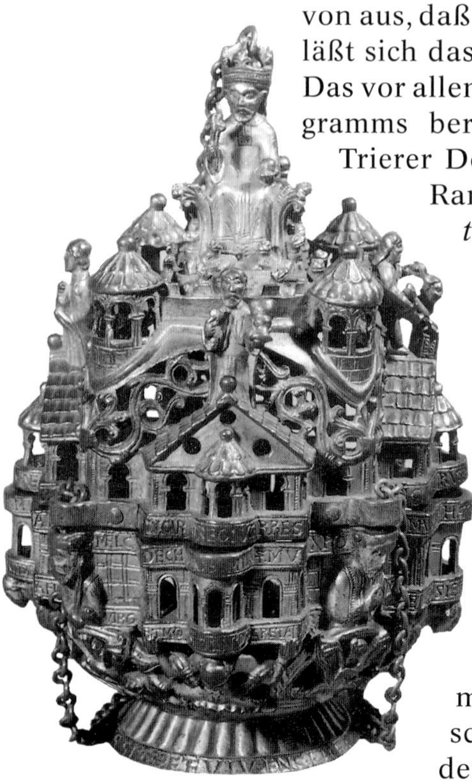

Gozbertus-Rauchfaß

Abbildung 46

Das vor allem wegen seines reichen ikonographischen Programms berühmte sogenannte Gozbertus-Rauchfaß im Trierer Domschatz (12. Jahrhundert) trägt am unteren Rand des Fußes die hexametrische Inschrift: *Hec tu quisque videns, Gozbertus sit pete vivens* (»Du, der du dieses siehst, wer du auch seist, bete, daß Gozbertus lebe!«). Wer spricht hier? Der Künstler? Der Stifter? Die Frage läßt sich nach dem derzeitigen Stand unserer Kenntnisse nicht beantworten.

Im Chor der Kirche Unserer Lieben Frau zu Maastricht zeigt ein romanisches Kapitell aus der Zeit um 1180, wie die Patronin der Kirche von einem vor ihr knienden Mann eben ein solches reich gestaltetes Kapitell in Empfang nimmt; die zugehörige Inschrift teilt nur die Namen der beiden Dargestellten mit: *S. Maria/Heimo.* Die Kunstgeschichtsschreibung sieht in Heimo bisher den Bildhauer, dem die Liebfrauenkirche die betreffenden Kapitelle verdankt.

Diese Annahme ist jedoch nicht zwingend: Es könnte genausogut der Stifter gemeint sein.

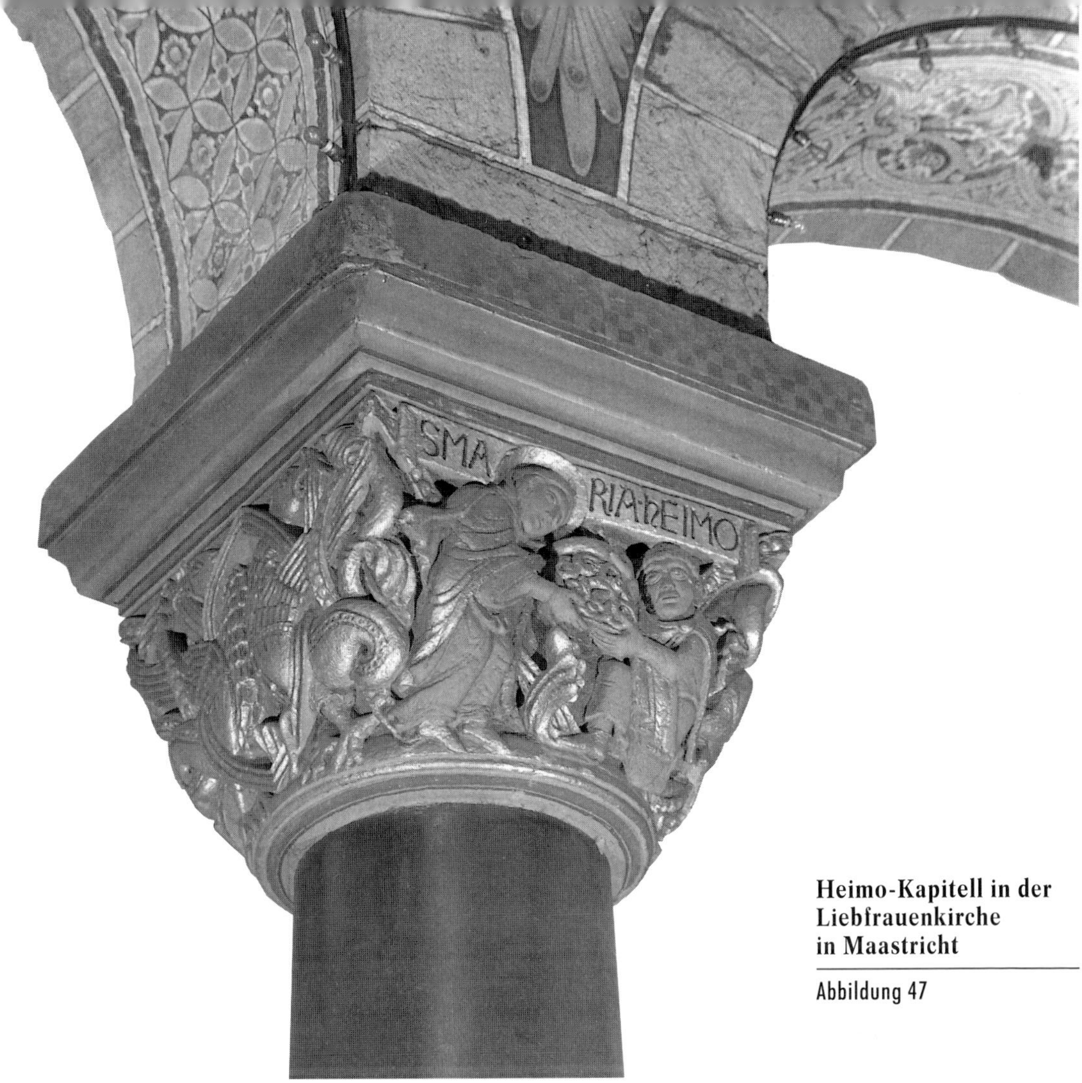

Heimo-Kapitell in der Liebfrauenkirche in Maastricht

Abbildung 47

Stifterinschriften

Der überaus reich geschmückte Ambo des Aachener Domes ist eine Stiftung König Heinrichs II. aus den Jahren zwischen 1002 und 1014 (Farbtafel XV). Am oberen und am unteren Rand des großen Goldschmiedewerkes ist in Braunfirnis folgende Inschrift angebracht:

***H**oc opus ambonis auro gemmisque micantis*
rex pius Heinricus celaestis honoris anhelus
dapsilis ex proprio tibi dat, sanctissima virgo,
quo prece summa tua sibi merces fiat usia.

(»**D**ies Werk des von Gold und Edelsteinen strahlenden Ambos gibt der fromme König Heinrich, nach himmlischer Ehre strebend, dir, heiligste Jungfrau, aus seinem Besitz, damit ihm durch deine Bitte der Höchste Gnade gewähre.«; DI 31: Aachen/Dom, Nr. 19)

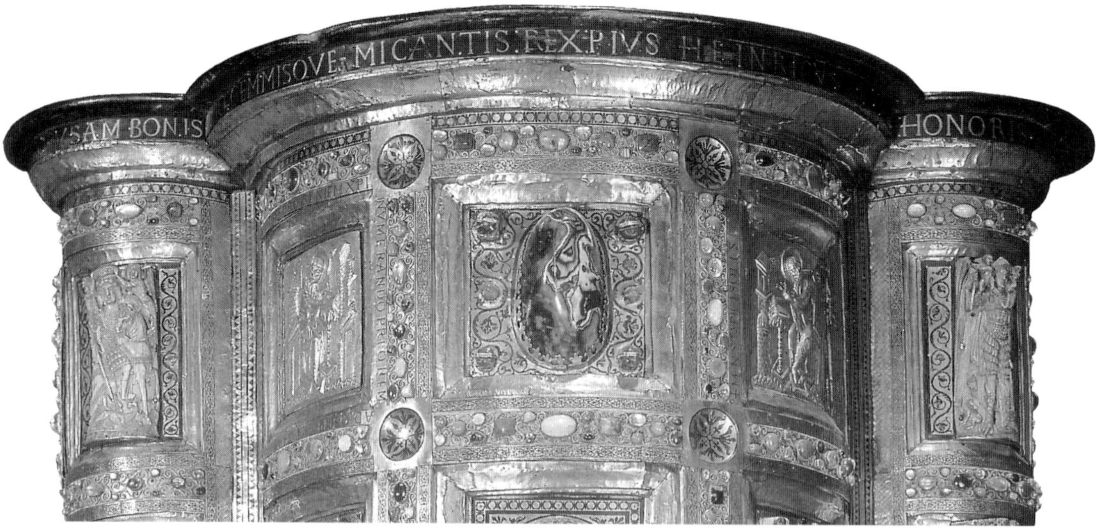

Heinrichs-Ambo im Aachener Dom

Abbildung 48

In dieser etwas ausführlicheren Stifterinschrift kommt alles zur Sprache, was in den Augen des Stifters für die Stiftung von Bedeutung ist: Der betreffende Gegenstand wird rühmend erwähnt, ebenso der Name des freigebigen Stifters; die Adressatin der Schenkung wird bezeichnet, nämlich die allerheiligste Jungfrau Maria, Patronin der Aachener Kirche; und am Schluß wird der Zweck der Stiftung genannt: Maria soll durch ihre Fürbitte dem König Heinrich himmlischen Lohn verschaffen. Das ist das entscheidende Motiv nicht nur dieser Stiftung, sondern eigentlich aller Stiftungen, die der Gläubige den Heiligen und ihren Kirchen und auch Gott selbst darbringt. Ein weiteres Beispiel für eine Inschrift, die diesen Stiftungszweck ebenfalls ausdrücklich thematisiert, ist die Inschrift des Gisela-Kreuzes in München (siehe S. 33).

Der berühmte, ebenfalls nach seinem Stifter benannte Tassilo-Kelch in Kremsmünster (Farbtafel XVIII) entstand wahrscheinlich um 777. Seine Inschrift ist wesentlich kürzer; sie beschränkt sich auf die Nennung des bayerischen Herzogs mit Namen und Titel und auf die Erwähnung seiner Gemahlin. Auf dem Kelchfuß ist zu lesen: *Tassilo, dux fortis; Liutpirc, virga regalis* (»Tassilo, der starke Fürst; Liutpirc, der königliche Sproß«). Aber auch in dieser verkürzten Form geht es um die Sicherung jenseitigen Lebens: Der Priester wird bei der Meßfeier an Tassilo und seine Gemahlin erinnert und so zu einem Gebetsgedenken aufgefordert.

Fast ein halbes Jahrtausend später, etwa 1250–1260, entstand in Köln für eine heute nicht mehr bekannte Kirche oder Kapelle ein mit figürlichen Glasmalereien gestaltetes Fenster, das den Tod Mariens zeigt; die Scheibe befindet sich heute im Kölner Schnütgenmuseum (Farbtafel XIV). Ungefähr in der Mitte des Bildfeldes sieht man Maria auf dem Sterbebett, dahinter (bzw. darüber) erkennt man Christus mit der Seele Mariens auf dem Arm und rechts und links neben ihm jeweils drei Heilige. In der unteren Bildzone ist ein Stifterpaar in Halbfigur dargestellt. Mann und Frau, gekleidet in zeitgenössischer Tracht, sind einander zugewandt und blicken, die Hände erhoben, auf zu dem heiligen Geschehen über ihnen. Eine Inschrift nennt latinisierend die Namen der beiden: *Philippus/Agnes*. Es wird sich um ein wohlhabendes Ehepaar vielleicht aus Kreisen des stadtkölnischen Patriziats handeln; über die historische Identität der beiden gibt es bisher nur Vermutungen.
In Biebelsheim (Landkreis Bad Kreuznach) stand an einer Außenwand der Kirche in einer Nische ein Vesperbild (heute in der Kirche aufgestellt), das durch eine Stiftung im ausgehenden 15. Jahrhundert finanziert wurde. Die zugehörige Stifterinschrift gibt zu wissen:

Anno 1498 hat der vest Hans von Sorgenloch und Getz Gelthusen, elude, disz werck dem almichtigen zu lob machen laszen; denen got barmherzig sin wolle. Amen

(»Anno 1498 hat der tüchtige Hans von Sorgenloch und Getz Gelthusen, Eheleute, dies Werk dem Allmächtigen zum Lob machen lassen; denen wolle Gott barmherzig sein. Amen!«; DI 34: Bad Kreuznach, Nr. 189)
Die Inschriften des Gisela-Kreuzes, des Aachener Ambos oder die des Biebelsheimer Vesperbildes nennen ausdrücklich die Sorge des Stifters um sein Seelenheil und das seiner Angehörigen als Motiv der Stiftung. In so knapp gefaßten Stifterinschriften wie auf dem Tassilo-Kelch oder auf der Kölner Scheibe mit dem Marientod ist ein solches Handlungsmotiv zwar nicht eigens thematisiert, jedoch gleichwohl impliziert vorhanden. Zahlreiche nichtepigraphische Dokumente, besonders Urkunden, geben über Jahrhunderte hin Zeugnis von diesem Ziel frommer Stiftungen. Aber wie schon die alltägliche Erfahrung lehrt, liegt menschlichen Handlungen häufig mehr als nur eine einzige Absicht

zugrunde. Für die von den jeweiligen Stiftern selbst veranlaßten Darstellungen ihrer Personen in Wort und Bild darf man natürlich annehmen, daß die jenseitigen Interessen sich angenehm mit einem durchaus diesseitigen Begehren verbinden: Der Stifter will sich wohl auch unter den Zeitgenossen hervorgehoben sehen und bei den Späteren in (guter) Erinnerung bleiben. In einem solchen Deutungszusammenhang ist etwa die stolze Bezugnahme des Mainzer Erzbischofes Willigis auf Karl den Großen und dessen Aachener Türen zu verstehen. Stifterinschriften sind demnach wohl auch zumeist Zeugnisse eines gewissen Selbstbewußtseins und Zeugnisse des alten menschlichen Wunsches, nicht der Vergessenheit anheimzufallen; der Stifter will sich eben »einen Namen machen« – auch auf Erden.

Künstlerinschriften

Auch wenn die Unterscheidung nicht immer ganz leicht fällt und in manchen Fällen überhaupt nicht möglich ist, sind von den Stifterinschriften grundsätzlich die Künstlerinschriften abzugrenzen.

Inschriften

Urheberangaben eines Künstlers oder Handwerkers auf dem von ihm geschaffenen Werk gibt es seit der Antike in verschiedenartigen Formen. Aus den Jahrhunderten des Mittelalters sind solche Angaben jedoch vergleichsweise selten überliefert, und manche Inschriften, die angeblich den Künstler (oder Kunsthandwerker) eines Objektes benennen, erscheinen bei näherem Hinsehen durchaus als problematisch. Immer wieder erhebt sich die Frage: Künstler oder Stifter?

Bei der sogenannten Gerlachus-Scheibe, die um 1150–1160 entstand und drei Szenen aus dem Leben des Mose zeigt, ist der Sachverhalt indessen eindeutig (heute in Münster, Westfälisches Landesmuseum, Farbtafel VI). Dies liegt jedoch keineswegs am Wortlaut der Inschrift selbst, denn diese könnte sich ebensogut auf einen Stifter beziehen: *Rex regum clare Gerlacho propitiare* (»Ruhmreicher König der Könige [d. h. Gott], sei Gerlach gnädig«). Erst die beigegebene bildliche Darstellung dieses Gerlach läßt erkennen, daß es sich um den Glasmaler handelt: Den Farbtopf in der Linken haltend, scheint er mit dem Pinsel in seiner Rechten gerade das Wort *regum* zu vollenden.

Eine interessante Künstler- bzw. Meisterinschrift befindet sich am Grabmal des Augsburger Bischofs Wolfhard von

Rot (gest. 1302), das, in Bronze gegossen, ein überaus eindrucksvolles plastisches Bildnis des Verstorbenen zeigt. Außer der üblichen Grabschrift gibt es eine zusätzliche Inschrift: *Otto me cera fecit Cunratque per era* (»Otto hat mich in Wachs gemacht und Konrad mit Bronze«). Das Grabbild spricht also gleichsam selbst (wie die in ähnlicher Technik hergestellten Glocken) und teilt die Namen seiner Verfertiger mit, indem es genau unterscheidet zwischen dem Künstler, der die Plastik in Wachs modelliert hat (»Otto«), und dem Meister, der das Bildwerk anschließend in Bronze gegossen hat (»Konrad«; zur Technik des Bronzegusses siehe S. 34; dort findet sich ein weiteres Beispiel für eine Künstler- bzw. Meisterinschrift).
Zahlreicher als aus dem deutschen Sprachraum sind übrigens besonders aus Italien mittelalterliche Künstlerinschriften überliefert.

Signaturen in modernem Verständnis

Im Spätmittelalter finden sich zunehmend Urheberangaben auf Kunstwerken verschiedener Art, schließlich auch an Bildtafeln. Allmählich wird aus der Künstlerinschrift also die Künstlersignatur im modernen Sinne.
Eine solche Signatur bleibt aber gleichwohl eine Inschrift, denn es handelt sich bis in die Gegenwart stets um »Beschriftungen verschiedener Materialien . . . , die von Kräften und mit Methoden hergestellt sind, die nicht dem Schreibschul- und Kanzleibetrieb angehören« (Kloos, siehe S. 12). Im Bereich der Tafelmalerei wird die »Signatur« des Künstlers zunächst allerdings häufig nicht unmittelbar auf dem Bildwerk angebracht, sondern auf dem Rahmen. So ist z. B. das von Jan van Eyck gemalte Portrait »Mann mit rotem Turban« (London, National Gallery; Selbstportrait?) auf dem Rahmen signiert und überraschend genau datiert (21. Oktober 1433); ebenfalls auf dem Rahmen steht der Wahlspruch *Als ike kan* (»Wie ich kann«, wohl im Sinne von: »So gut ich es vermag«), und zwar in griechischen Buchstaben. Besonders interessant ist die Künstlersignatur auf Albrecht Dürers »Allerheiligenbild« (Wien, Kunsthistorisches Museum; Farbtafel X). In der rechten unteren Ecke des Bildwerkes hat sich der Maler selbst als kleine, stehende Ganzfigur dargestellt; mit seiner Rechten hält er eine auf den Boden gestellte Tafel mit der Inschrift: *Albertus Durer Noricus faciebat anno a virginis partu 1511* (»Albrecht Dürer aus

Abbildung 49

Albrecht Dürer: Allerheiligenbild mit der Künstlersignatur (Ausschnitt)

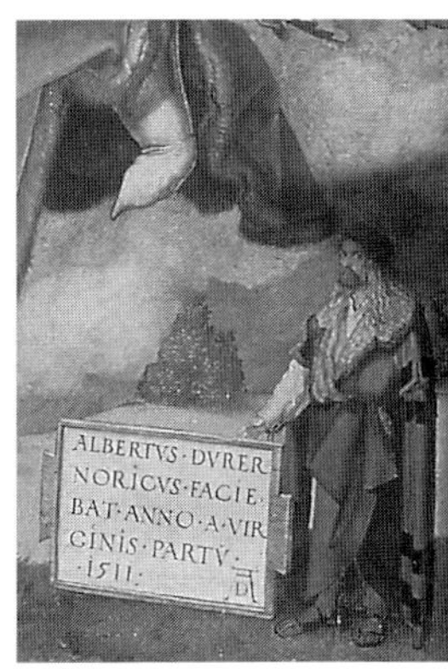

Nürnberg machte [es] im Jahr 1511 von der Geburt der Jungfrau an«); rechts von der Jahreszahl in der Ecke der Tafel steht zusätzlich das bekannte Monogramm *AD* (das D als eingeschriebener Buchstabe). Bei der weniger gebräuchlichen Art der Jahreszählung ist natürlich die Geburt Jesu durch die Jungfrau Maria gemeint. Die Schrifttafel ist übrigens antikisierend als Tabula ansata (»mit Henkeln versehene Tafel«) gestaltet.

Auch die inzwischen längst übliche Künstlersignatur wie beispielsweise der Namenszug *Claude Monet* auf dem Gemälde »Frauen im Garten« (Paris, Louvre; Farbtafel XIII) aus dem Jahr 1867 ist genaugenommen eine Inschrift; Gegenstand der Epigraphik sind moderne Künstlersignaturen dennoch bislang nicht geworden.

Erinnerungsinschriften

Die Geschichte einer Stadt, eines Klosters oder einer anderen Institution wurde häufig in Chroniken oder anderen historiographischen Werken schriftlich festgehalten. An Ereignisse, die den Zeitgenossen besonders bemerkenswert erschienen, erinnerte man aber auch sehr oft in Form einer Inschrift in Stein oder Metall. Dabei haben wohl zwei Überlegungen eine Rolle gespielt: Einerseits war das für die Inschrift verwendete Material dauerhafter als Papier oder Pergament und deshalb besonders geeignet für die Übermittlung von Informationen an die Nachwelt, andererseits konnte jeder Passant die meist an einem gut sichtbaren Platz angebrachte Inschrift lesen, sofern er des Lesens mächtig war. Solche Inschriften, die an bedeutsame Begebenheiten erinnern, besitzen demnach einen ausgeprägt öffentlichen Charakter.

Nicht immer wurden die Inschriften unmittelbar oder kurz nach dem berichteten Ereignis angebracht; zuweilen entschied man sich erst lange danach für die inschriftliche Dokumentation. Eine solche Verzögerung ist bis heute häufig zu beobachten. So wurden Inschrifttafeln, die an die Zerstörung der örtlichen Synagoge während der Reichspogromnacht 1938 erinnern, vielerorts erst in den letzten Jahren angebracht. Der zeitliche Abstand zwischen Ereignis und dem Abfassen einer Inschrift ist jedoch nur in wenigen Fällen durch die mangelnde Bereitschaft zur Geschichtsaufarbeitung begründet.

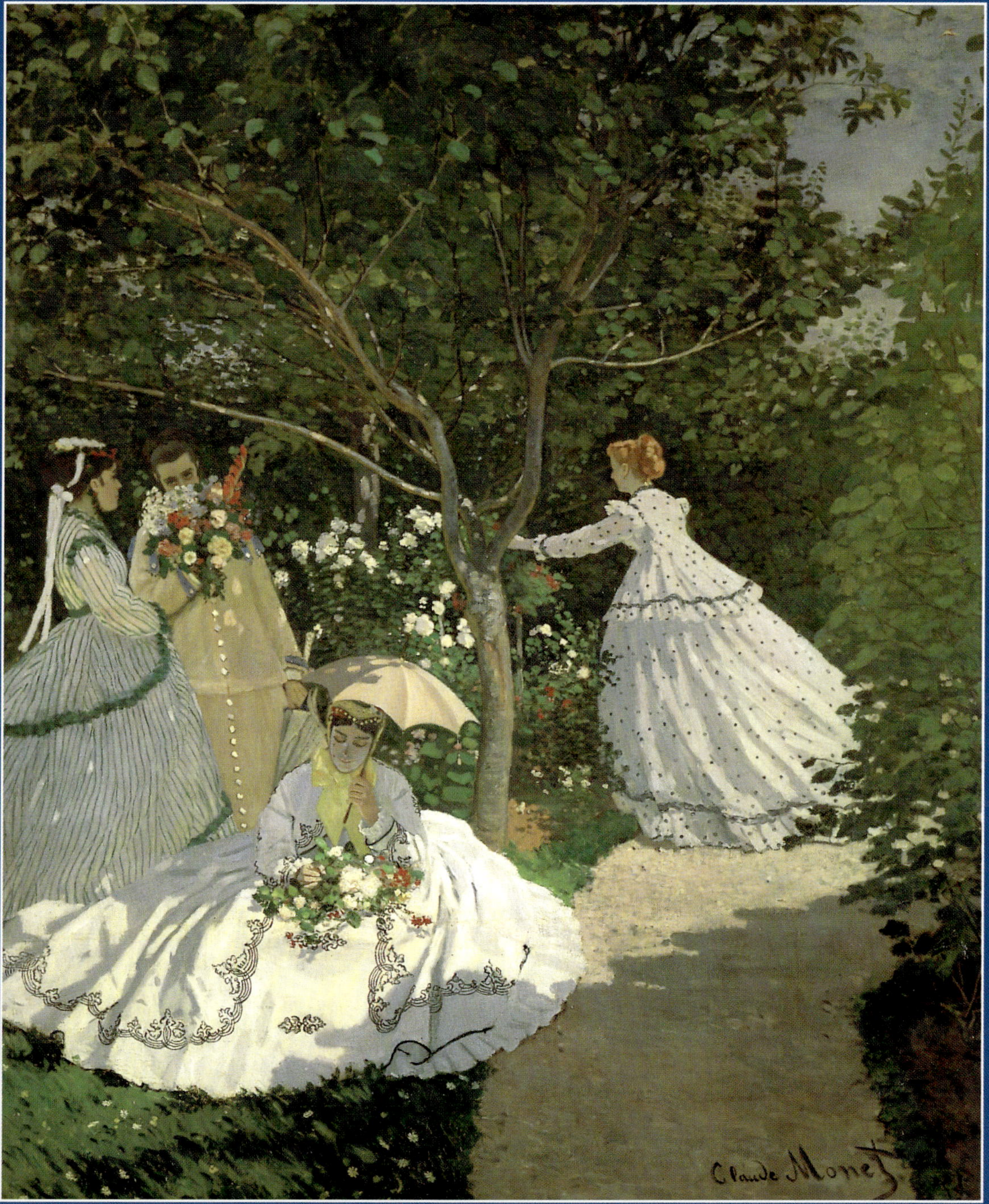

Claude Monet:
Frauen im Garten,
Signatur unten rechts

Farbtafel XIII

Glasscheibe mit der Darstellung des Todes Mariens, unten das Stifterpaar Philippus und Agnes

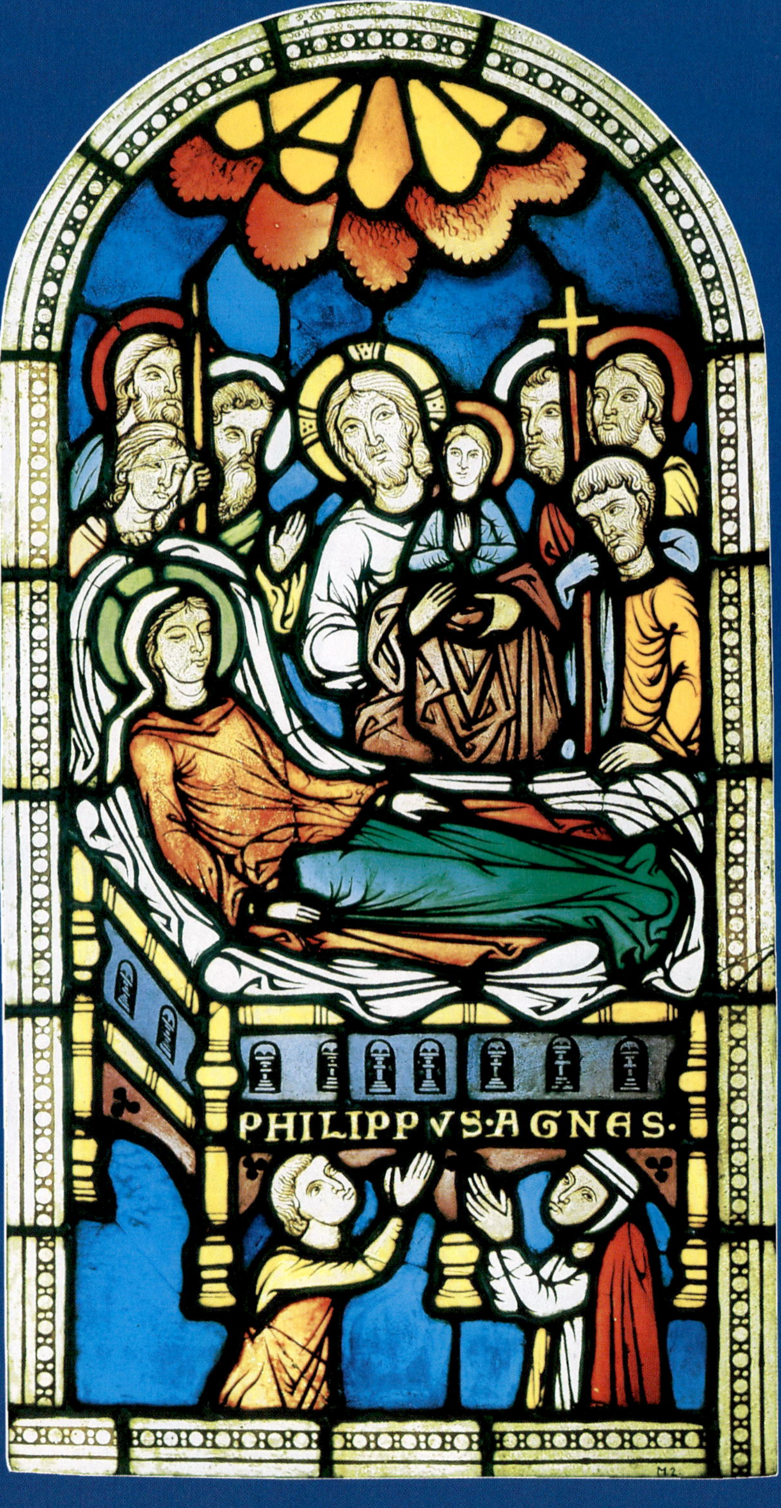

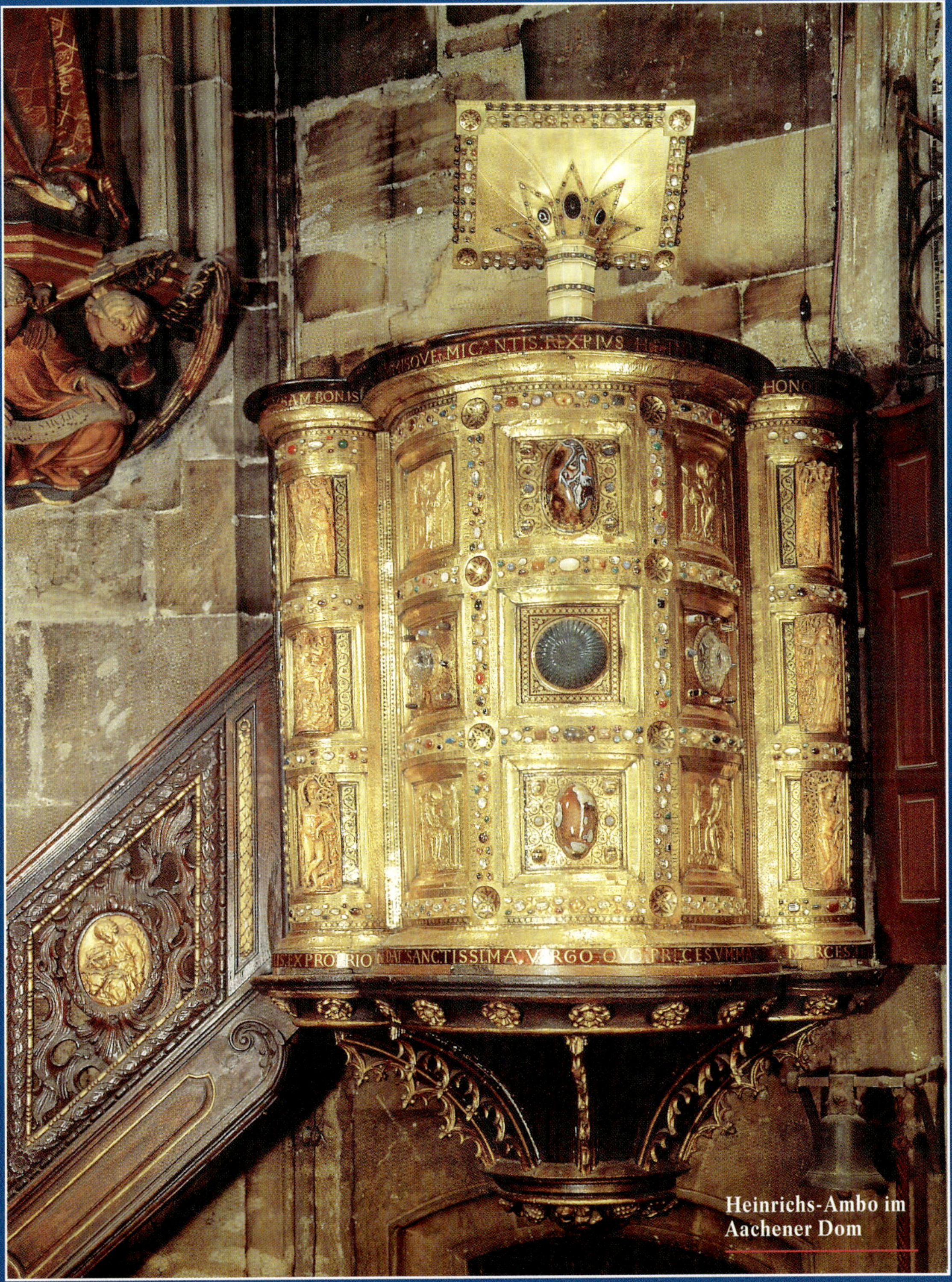

Heinrichs-Ambo im Aachener Dom

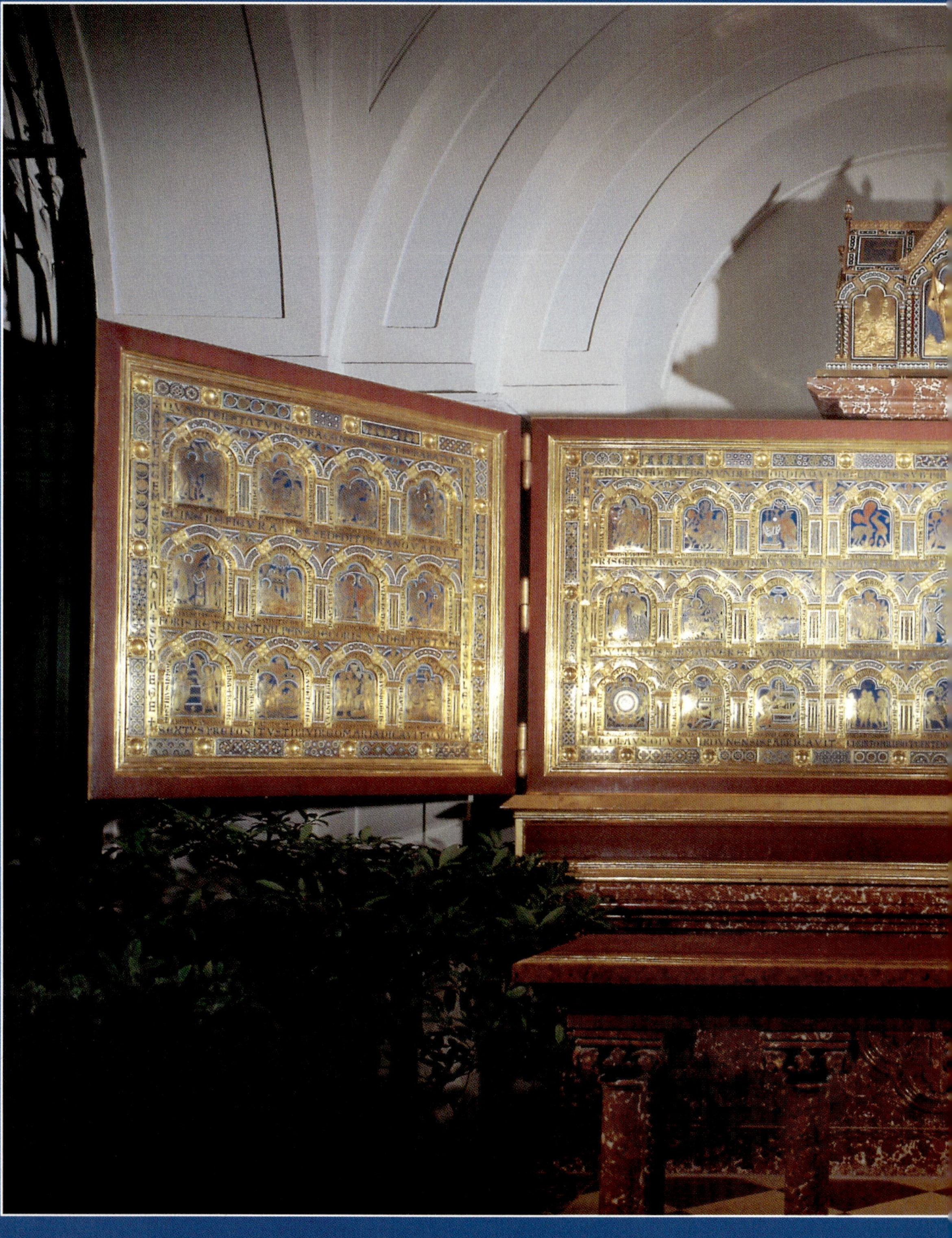

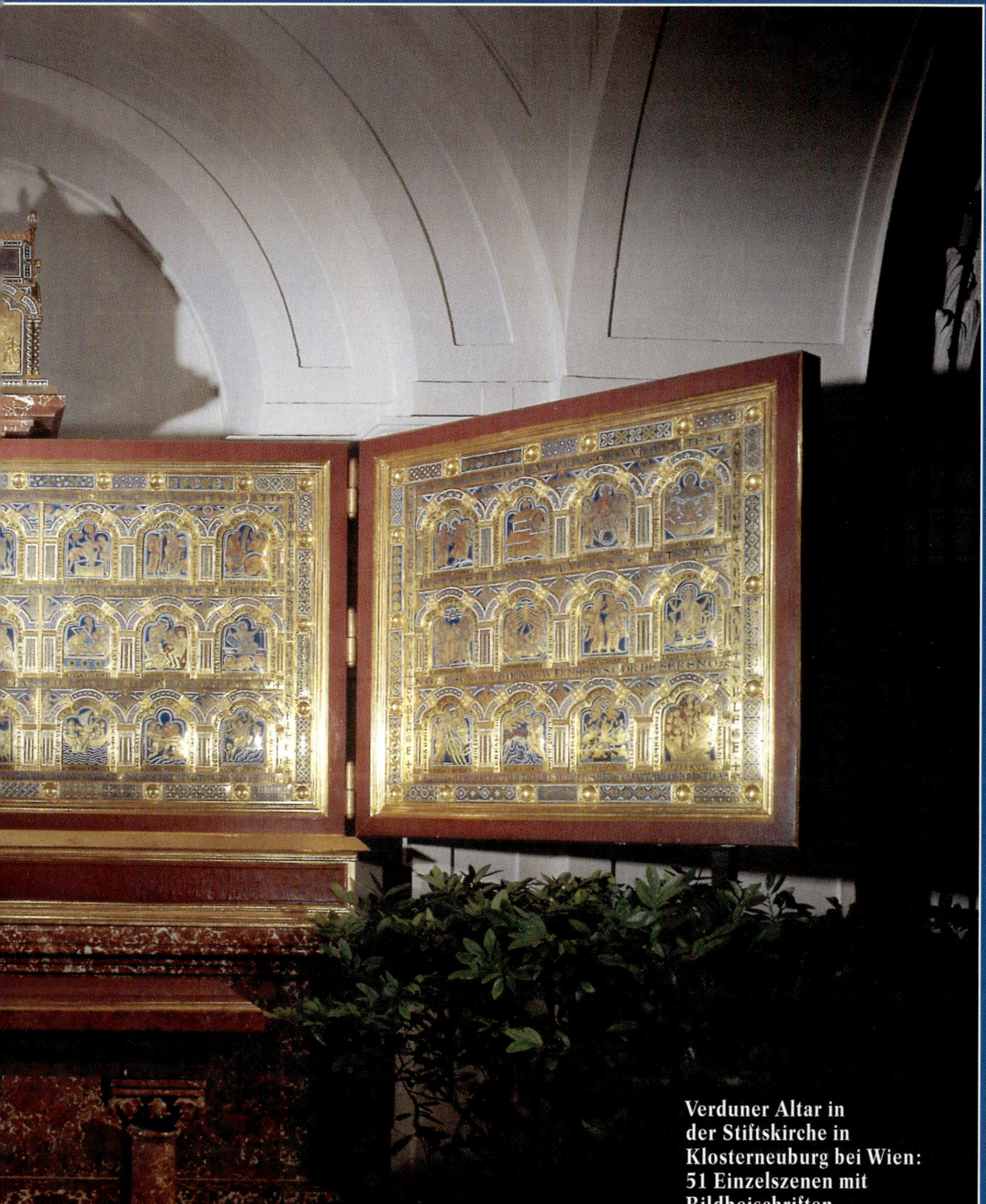

Verduner Altar in der Stiftskirche in Klosterneuburg bei Wien: 51 Einzelszenen mit Bildbeischriften

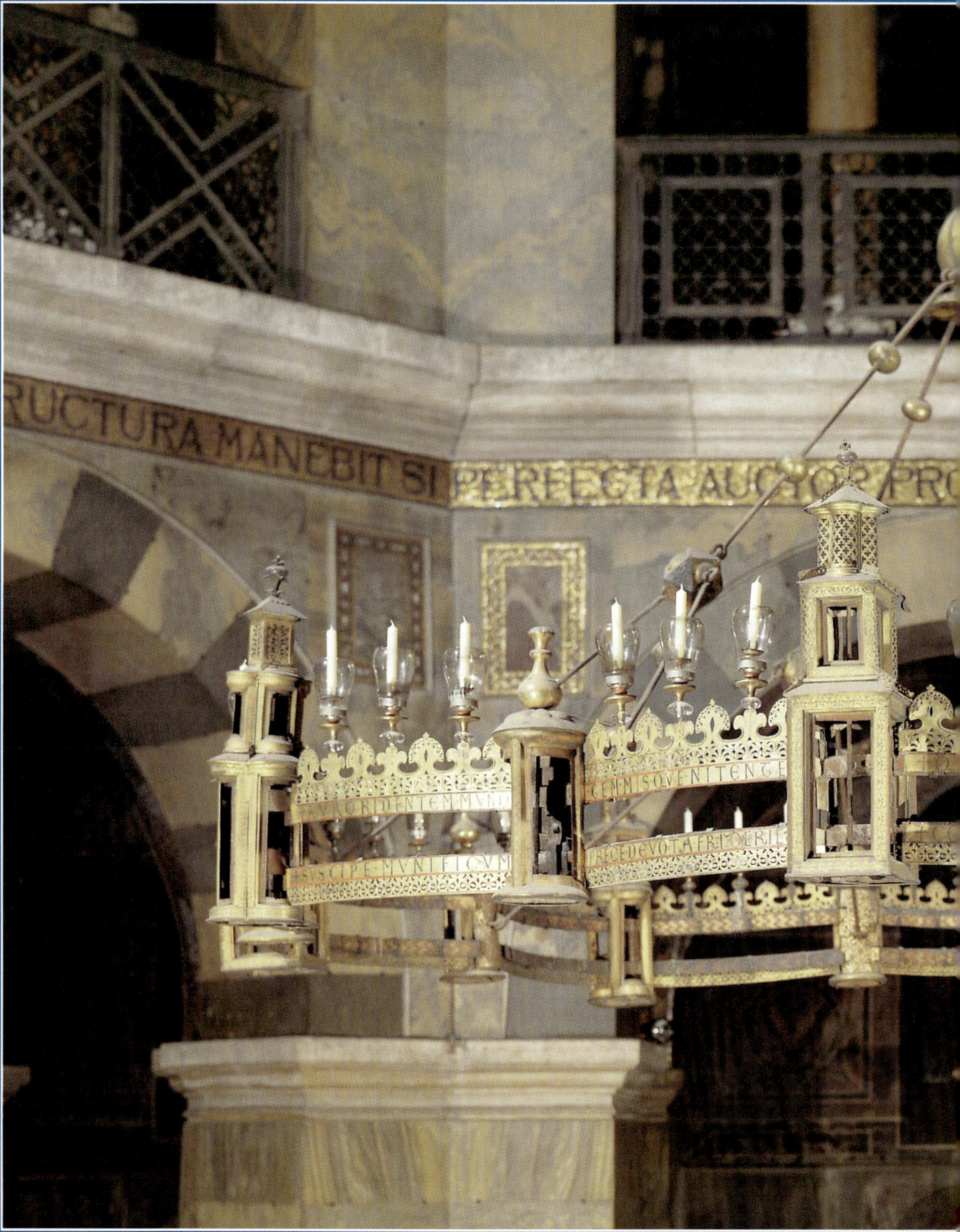
RUCTURA MANEBIT SI

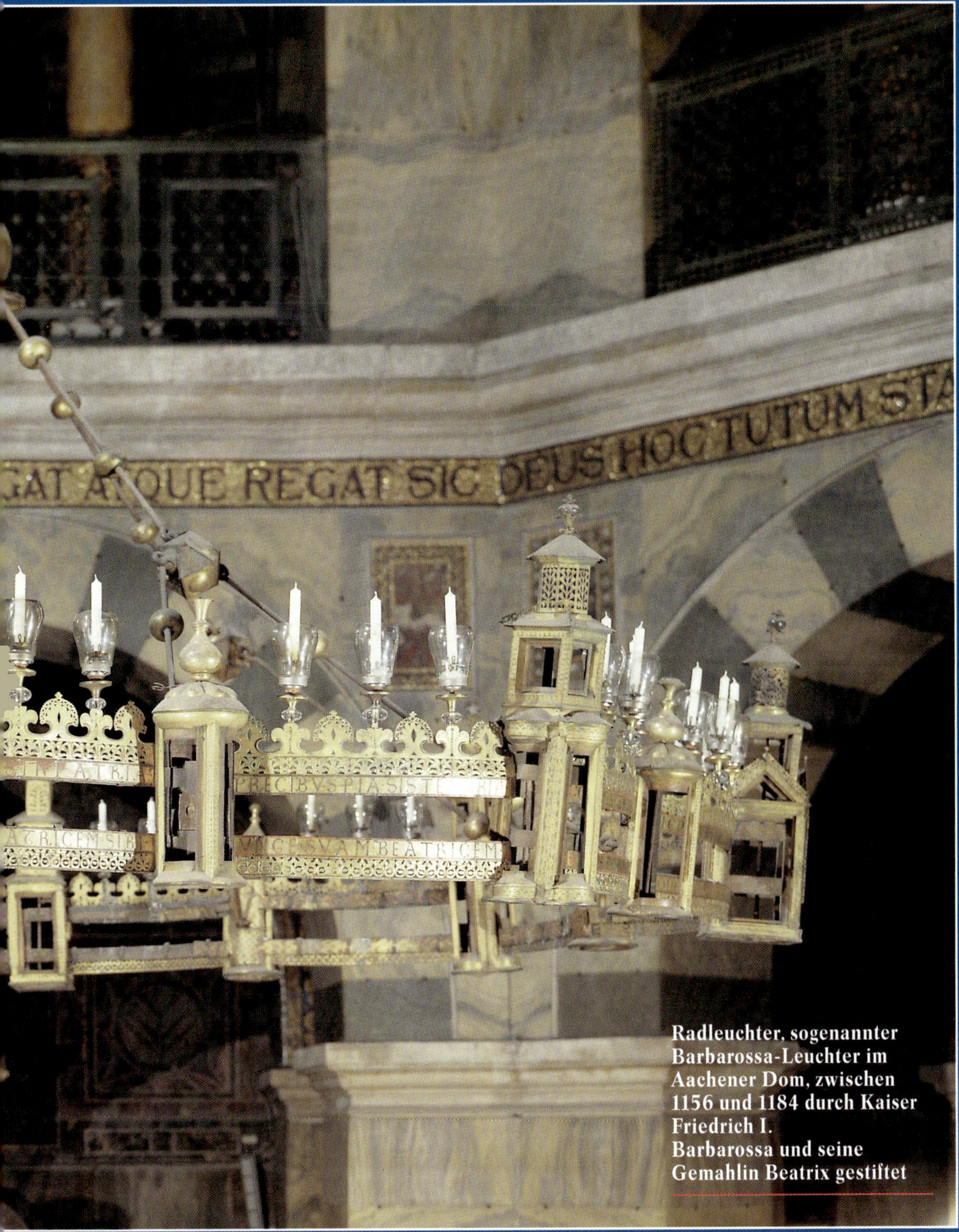

Radleuchter, sogenannter Barbarossa-Leuchter im Aachener Dom, zwischen 1156 und 1184 durch Kaiser Friedrich I. Barbarossa und seine Gemahlin Beatrix gestiftet

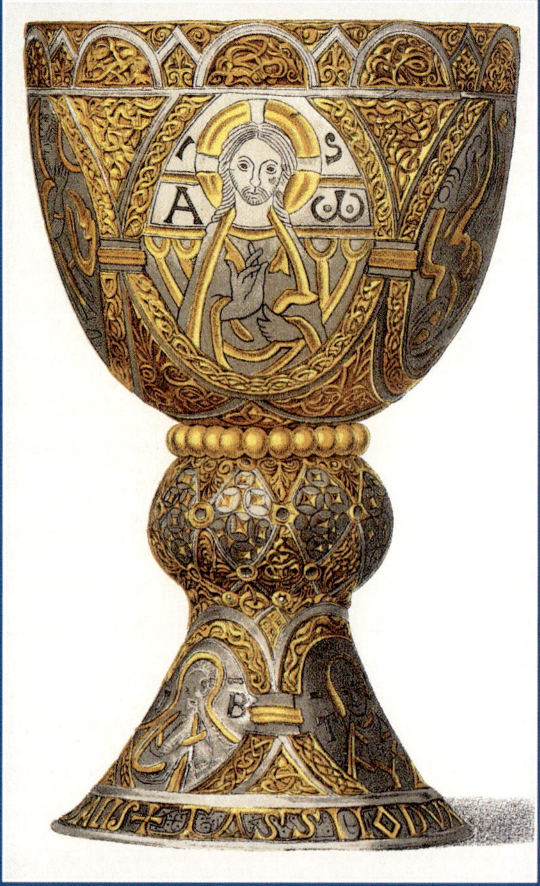

Tassilo-Kelch
in Kremsmünster
(nach einer
Lithographie)

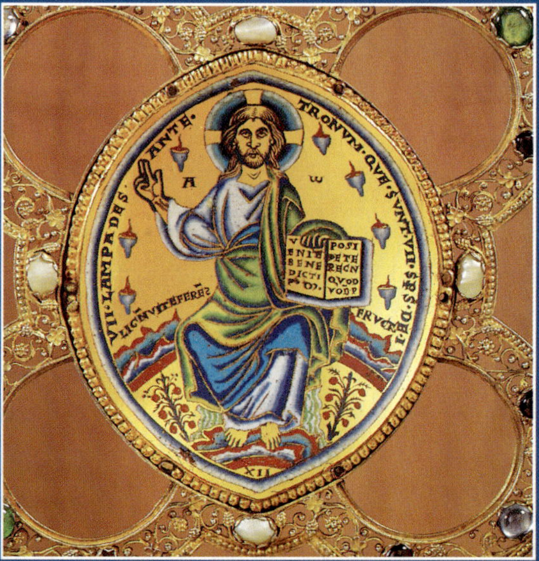

Majesta Domini
in der Domschatz-
kammer in Aachen

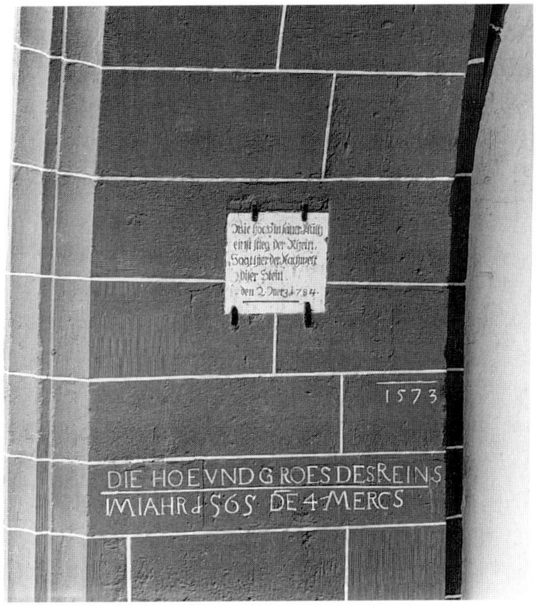

Wasserstandsmarken am Holzturm in Mainz

Abbildung 50

Welchen Inhalt haben Erinnerungsinschriften? Brände, Überflutungen, kriegerische Ereignisse – meist sind es Katastrophen, die in einer Inschrift am Rathaus, an der Stadtmauer oder anderen öffentlichen Gebäuden festgehalten werden. Am inneren Torbogen des Holzturmes der Mainzer Stadtmauer erinnert eine Wasserstandsmarke in 2,10 Meter Höhe mit folgender Inschrift an das Rheinhochwasser des Jahres 1565: *Die höe und groes des Reins im iahr 1565 den 4 mercs* (DI 2: Mainz, Nr. 1261). Noch höher als 1565 aber war das Wasser in den Jahren 1573 und 1784 gestiegen, wie an den entsprechenden Marken ablesbar ist. In der Osnabrücker Marienkirche gemahnt die Inschrift auf einer Holztafel an den folgenschweren Brand der Stadt im Jahre 1613: *Anno 1613 die II Martii* (= am 2. Tag des März) *Sindt in dieser Stad durch verhangniß Gottes 942 Häuser sampt dieser Kirch und Thurm verbrandt* (DI 26: Osnabrück, Nr. 219). Die verheerende Wirkung eines Stadtbrandes kommt auch in der Inschrift am ehemaligen Städtischen Werkhaus in Vaihingen an der Enz zum Ausdruck (DI 25: Ludwigsburg, Nr. 590):

***D**ausendt sechs hundert 17 iahr*
den erst november verbrunnen gahr
umb acht am abents bis vier uhr
des morgens. Man da auch erfuhr,
das hat gebrun' ohn d'kellerei
zwo keltern und acht bohm darbei
sambt auch deren corncasten zwen,
der herren Albisch (= Kloster Herrenalb) *blib nit stehn.*
Der heuser ein und sehzig wol,
der scheuren vier und 30 vol,
sechs heuhäuser und 13 stell,
die brunnen alldaher gants hell.
Darinen auch zerrissen warn
der heuser 9, hat man erfarn.
Auch anre ding sambt frucht und wein
der luf durchs feur ind erd hinein.
Der stat haus auch da gants verbran,
wie es dan sah da iederman.
Dis wirt nu alles aestimiert,
wan es zu gmiet wirt recht gefiert,
auf hundert M (= hunderttausend) *gülde gut,*
9 dausent, so mans rechnen thut,
3 hundert und I ort (= 1/4 Kreuzer) *darzu.*
Der lieb gott bhuet uns vor uhnru.

Es ist leicht vorstellbar, welchen Verlust die Zerstörungen der für die Bevölkerung des Ortes bedeutet haben müssen.

Abbildung 51

Erinnerung an einen Verkehrsunfall

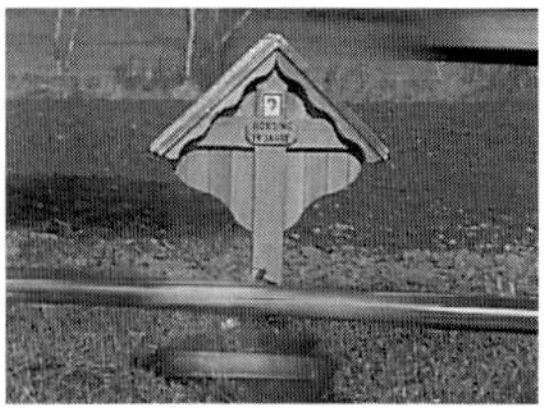

Auch weniger schreckliche Naturereignisse wurden zuweilen zur Erinnerung dokumentiert, etwa die Erscheinung eines Meteors, die auf einem heute verlorenen Gemälde in der Göttinger Marienkirche dargestellt und mit folgender Beischrift versehen war: *Abconterfeiung des schrecklichen feurigen Wunder-Zeichen, so man im Jahr 1564 hier zu Goettingen des Morgens um 3 Uhr am Himmel gesehen hat* (DI 19: Göttingen, Nr. 114).

Nicht mehr ganz lesbar ist die Inschrift eines Kreuzes in Bonn-Dottendorf, das an den tödlichen Unfall des Bartholomäus Faßbender erinnert: *17* (. . .) *den* (.) *iuli ist Partholomis Fasbender hir verdrunken.* Solche Kreuze, die an ein Unglück – einen tödlichen Verkehrsunfall oder einen Absturz in den Bergen – erinnern, werden ja noch heute aufgestellt.

Neben Unglücksfällen und Naturkatastrophen wie diesen wurden gelegentlich auch Verbrechen festgehalten, so auf einem Mordkreuz in Bonn-Plittersdorf: *Anno 1714 den 28 Octobris ist alhir jaemerlich ermordet worden Reinerus Altsteden Scheffen des Ambs Gudesberg.*

Auf dem Aachener Marktplatz erinnerte bis zum Ende des 18. Jahrhunderts eine sogenannte Schandsäule an den gewaltsamen Umsturz des katholischen Stadtregiments durch die Protestanten 1611. Die drastische Darstellung der Folterung und Hinrichtung der Anführer war von einem lateinischen Text begleitet. Er lautet übersetzt: »So kommen diejenigen um, die es anstreben, dieses Gemeinwesen und diesen königlichen Sitz umzustürzen, indem sie Verordnungen der Heiligen Kaiserlichen Majestät verachtet haben. Zur verdammenswerten Erinnerung an Johann Kalckberner, den Anführer im letzten Tumult, der hier im Jahre 1611 zwischen den Feinden heraufbeschworen worden war ...« (DI 32: Aachen Stadt, Nr. 106). Hinter diesem Text verbirgt sich nicht nur ein einzelnes Ereignis, sondern eine jahrzehntelange Entwicklung.

Nicht immer aber haben Erinnerungsinschriften einen solch dramatischen Hintergrund. Eine Bleitafel aus dem Wormser Liebfrauenstift (heute im Stadtmuseum) vermerkt lediglich die Rodung eines Ackers: *Anno Domini 1562 ist diser Acker gerot worden von mir, Henricus Kapen von Normberg, Canonicus Unser Lieben Frawenstift und Pfarher zu Sanct Amanden. Zu diser Zeit galt ein Malter*

Korn II Fl. (= Gulden), *das Fuder Wein XX Fl. 1562* (DI 2g: Worms, Nr. 483). Die beiläufige Nennung dieses Preises ist eine wichtige Information für die Wirtschaftsgeschichte. Ebenfalls zu den Erinnerungsinschriften zählen die Namen der Schützenkönige auf dem Silber der traditionsreichen Schützenbruderschaften. Recht ausgefallen ist der Inhalt zweier Inschriften, die sich am Haus Markt 1 in Hameln befanden (heute im Museum). Eine von ihnen nimmt Bezug auf die bekannte Sage vom Rattenfänger: *Anno Christi 1284 am Tage Johannis Pauli ist gewesen der 26. Junii* (. .) *C und XXX. Kinder auß der Stadt verledet in der Stadt Hameln* (1525) (DI 28: Hameln, Nr. 76). Am selben Haus wurde eines weiteren wundersamen Ereignisses der regionalen Geschichte gedacht: *ano Christi 1556 Wer Es kan Lesen Ist ein Gros Tholauff Nach den Heiligen Brun wesen Nicht Weit vom Sloss Purmont Dar den Auch Viell Krancker Sein Worden Gesundt Beide Frow und man wel god gnad gan.* Die Inschrift bezieht sich auf das sogenannte Pyrmonter Wundergeläuf 1556/57: Nachdem die Nachricht von wundersamen Heilungen an den Pyrmonter Quellen die Runde gemacht hatte, strömte in diesen Jahren eine große Zahl Wundergläubiger an den Ort des Geschehens.
Eher kurios zu nennen ist eine Inschrift im Schweinfurter Rathaus, die an den Fang eines besonders großen Störs erinnert. Der Stör war in Lebensgröße an eine Wand der Rathausdiele gemalt und mit der Inschrift versehen worden:

Anno Christi 1575 ahm 2. Tag des Herbstmonats ist von den Vischern alhie Zue Schweinfurde Oberhalb der Statt Bey Under Evernheim Im Main Ein Stoer gefangen Und lebendig hierhero Gebracht worden Welcher gewegt 157 ½ (Pfund) *Sein leng gewesen 9 Statt werckschuech die Rundung der mittler dickhen 7/4 Ellen.*

Erinnerungsinschriften berühren also eine breite Palette von Themen, die vor allem für die Lokal- und Landesgeschichte, aber auch für die Volkskunde von Interesse sind. Die berichteten Ereignisse wurden von den Zeitgenossen zweifellos als ungewöhnlich, ja gelegentlich als einmalig betrachtet – es waren Begebenheiten, über die man sprach. Sicherlich sind die Inschriften selten das einzige Zeugnis dafür; man wird die Mehrzahl der inschriftlich überlieferten Geschehnisse auch in den lokalen Chroniken und Stadt-

oder Ortsgeschichten finden, die natürlich ein viel umfangreicheres Quellenmaterial darstellen. Die Anbringung einer Inschrift war jedoch in jedem Fall mit mehr Aufwand verbunden als eine kurze Notiz in der Stadtchronik. Man wird daher sorgfältig überlegt haben, welche Begebenheit wichtig genug war, um in Stein oder Metall dokumentiert zu werden. So läßt die inschriftliche Erinnerung an ein Ereignis Rückschlüsse auf seine zeitgenössische Bewertung zu.

Rechtsinschriften

Die Zehn Gebote Gottes, in steinerne Tafeln eingeschrieben, gelten als älteste Rechtsinschriften des christlich oder jüdischen Kulturkreises.

Mose wandte sich und stieg vom Berge und hatte die zwei Tafeln des Gesetzes in seiner Hand; die waren beschrieben auf beiden Seiten. Und Gott hatte sie selbst gemacht und selber die Schrift eingegraben. (2. Mose 32, 15–16)

Auch die erste Kodifikation des römischen Rechts, das Zwölftafelgesetz aus dem 5. Jahrhundert v. Chr., war in inschriftlicher Form aufgezeichnet worden und stellt ein weiteres frühes Beispiel für Rechtsinschriften dar.
Nicht alle Rechtsinschriften aber sind solch grundlegender Art. Die Mehrzahl gehört vielmehr dem Bereich des alltäglichen, wenig Aufsehen erregenden Rechtslebens an. Unter den Begriff »Rechtsinschriften« faßt man nämlich alle Inschriften, deren Inhalt in irgendeiner Form rechtlich bedeutsam ist. Es ist dabei also durchaus nicht notwendig, daß die Inschrift Recht **setzt**; es reicht vielmehr aus, daß sie einen rechtlichen Zustand oder Vorgang **dokumentiert**. Zur Gruppe der Rechtsinschriften gehören daher Inschriften unterschiedlichsten Inhalts. Der kurze Vermerk über gültige Maße, am Rathaus oder an der Stadtmauer angebracht, gehört ebenso dazu wie die ausführliche Urkunde.
Das Wormser Stadtmuseum beherbergt mehrere Gefäße mit inschriftlichen Angaben zum gültigen Hohlmaß. Die lateinische Inschrift auf einem Bronzegefäß von 1278 verkündet übersetzt: *Dies ist das Viertelzentnerölmaß der Wormser Bürger.* Wohl gleichzeitig wurde ein weiteres Gefäß gegossen, das zum Wiegen des Ungeldes, einer Verkehrs- bzw. Verbrauchssteuer, verwendet wurde: *Dies ist das Achtelungeldmaß* (DI 29: Worms, Nr. 49, 50).

Rechtliche Bedeutung haben auch Grenzsteine, die allerdings nur selten mit Inschriften versehen sind. Meist tragen sie nur ein Wappen oder eine Jahreszahl. Zuweilen aber wird auch der Name des begrenzten Gebietes genannt. Im fränkischen Gerchsheim (Gemeinde Großrinderfeld) befinden sich zwei Beispiele für Grenzsteine mit besonders ausführlichen Inschriften. Sie markieren die Grenze zwischen Mainzer und Würzburger Gebiet, wie sie im Jahre 1584 bestand. Einer der Steine trägt die Inschrift *Wirtzburgisch Gelaid Zennth Wildban Hohe Und Nider Obrigkeit etc.* und das Wappen des Fürstbischofs Julius Echter von Mespelbrunn. Auf dem anderen Stein, der mit dem Wappen des Mainzer Erzbischofs Wolfgang von Dalberg versehen ist, steht zu lesen: *Maintzisch Glaidt Zent Zoll Wildtban hohe und nidere Oberkeit etc.* (DI 1: Main- und Taubergrund, Nr. 519). Die Inschriften verweisen somit auf die Vorrechte, die an das jeweilige Territorium geknüpft sind, nämlich Zehntzahlungen, Wildbann, Zoll- und Geleitrecht sowie die hohe und niedere Gerichtsbarkeit.

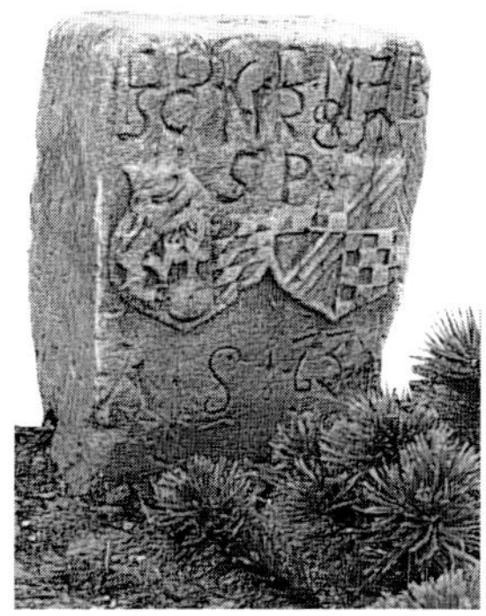

Grenzstein aus der Burgsponheimer Gemarkung (Lkrs. Bad Kreuznach) aus dem Jahre 1573 mit den Wappen der damaligen Landesherren

Abbildung 52

An den Stadtmauern in Mainz und Speyer wurden schon im 12. Jahrhundert Inschriften angebracht, die öffentlich festhielten, welche Abschnitte der Stadtmauer als Gegenleistung für die in Kriegszeiten in der Stadt gewährte Zuflucht von der Bevölkerung der verschiedenen umliegenden Ortschaften unterhalten und besetzt werden mußten. *Cives de Eltevile habent IIII cinnas* (»Die Bürger von Eltville haben 4 Zinnen«) war beispielsweise an der Peterspforte der Mainzer Stadtmauer zu lesen (DI 2: Mainz, Nr. 668).

Im Aachener Dom befand sich eine heute verlorene Tafel mit einer Inschrift in lateinischen Versen, die nachdrücklich untersagten, die Heiligtümer der Kirche zu entfernen. Übersetzt lautet sie: *Es ist gegen göttliches Gebot, die Gesetze des Olymps zu verletzen mit sterblicher Hand und die Heiligtümer vom heiligen Ort wegzutragen ... Fordere nichts, Gott und Rechtssatzung verbieten, sie zu besitzen* (DI 31: Aachen Dom, Nr. 121). Auch hier haben wir es mit einer Rechtsinschrift zu tun, in diesem Fall mit einem sogenannten Alienationsverbot (Entfremdungsverbot).

Zu den interessantesten Rechtsinschriften zählen die Urkundeninschriften. Im Mittelalter wurde es zunehmend üblich, Bestätigungen von Besitz und Anrechten oder andere Rechtsgeschäfte in einer Urkunde schriftlich niederzulegen. Im frühen Mittelalter wurden solche Urkunden nur von Päpsten, Kaisern und Königen ausgestellt, später auch von Bischöfen, Fürsten, kleinen Adligen und sogar Bürgern. Einige Urkunden wurden nicht nur auf Pergament, sondern auch in Form einer Inschrift festgehalten. Bei diesen Urkundeninschriften handelt es sich fast ausnahmslos nicht um das Original der jeweiligen Urkunde, sondern um eine Abschrift, eine Kopie. Wenn eine Urkunde in Stein gemeißelt oder in Metall eingeschnitten wurde, so bedeutete das natürlich einen weitaus größeren materiellen und handwerklichen Aufwand, als sie lediglich auf Pergament zu schreiben. Dieser Aufwand wurde nur betrieben, wenn die Urkunde als besonders wichtig empfunden wurde, und zwar von demjenigen, der sie als Inschrift ausführen ließ. Das war im allgemeinen der Begünstigte, also der Empfänger der Urkunde.

Inhaltlich geht es um Verleihungen des Stadtrechts oder des Rechts, einen Jahrmarkt abzuhalten, um Befreiungen von Zoll oder Marktabgaben, um Judenprivilegien oder Vogteibestimmungen; daneben aber auch um Schenkungen an Kirchen und um Regelungen des Nachbarschafts- oder Wegerechts. Die ältesten deutschen Urkundeninschriften stammen aus dem 12. Jahrhundert. Das 12. und 13. Jahrhundert stellen zugleich den zeitlichen Schwerpunkt dieser Inschriftengruppe dar, zumindest für Herrscher- oder Papsturkunden. Die meisten Inschriften, die eine Papst- oder Herrscherurkunde überliefern, finden sich im Mittel- und Niederrheingebiet. Zu den bekanntesten zählt das Adalbert-Privileg, das im 12. Jahrhundert in die Bronzetür des Marktportals des Mainzer Domes eingraviert wurde und dort noch heute zu bewundern ist (siehe S. 50,122). Mit ihm befreite der Mainzer Erzbischof Adalbert die Bewohner seiner Stadt von Steuern und jedweder Gerichtsbarkeit außerhalb der Stadtmauern. Diese Privilegierung war offensichtlich von so großer Bedeutung für die Mainzer Bürger, daß sie sie stets sichtbar und nahezu unverwüstlich vor Augen behalten wollten.

Die Kirche war ein beliebter Ort für solch bedeutsame Inschriften, ebenso die Stadtmauer oder ein vergleichbar herausgehobener öffentlicher Platz. Inschriften kaiserlicher Stadtprivilegien ähnlichen Inhalts wurden auch in Speyer und Worms am Portal des Domes bzw. oberhalb davon angebracht. Das Privileg, mit dem Erzbischof Engelbert II. 1266 den Kölner Juden ihre alten Rechte bestätigte (unter anderem das Recht, ihre Toten auf dem Judenfriedhof zu bestatten, sowie die Befreiung von bestimmten Abgaben), wurde auf einer im Innern des Doms aufgehängten Tafel festgehalten. In der Turmvorhalle des Freiburger Münsters hängt eine Tafel mit der Abschrift einer Urkunde, in der zu Beginn des 15. Jahrhunderts der Termin für die beiden Jahrmärkte, die in der Stadt abgehalten werden durften, schriftlich festgehalten worden war. Die Anbringung an einem öffentlichen Ort, häufig sogar auf geweihtem Kirchenboden, sollte eine Garantie für die Echtheit des Inhalts liefern, wie sie in den Pergamenturkunden durch das Anhängen eines Siegels oder durch die Benennung von Zeugen und deren Unterschrift gegeben wurde.

Diese Inschriften, die feierliche Diplome des Kaisers oder Königs, des Papstes oder des (Erz-)Bischofs wiedergeben, stellen eine eher kleine Gruppe der Urkundeninschriften dar. Viel zahlreicher sind die Inschriften, die eine (fromme) Stiftung dokumentieren. Meist sind es Altar- oder Meßstiftungen, zuweilen aber auch soziale Stiftungen, die inschriftlich festgehalten und manchmal ausführlich erläutert werden. Ein wichtiges Moment bei diesen Schenkungen war stets deren Bedeutung für das Seelenheil der Stifter und für deren Totengedenken.

So stiftete das Ehepaar Heinrich und Wunne Brun 1406 in der Kirche des Erfurter St. Peterklosters einen Altar und eine Messe, die täglich an diesem Altar gefeiert werden sollte – natürlich unter Einschluß eines täglichen Gebets für das Seelenheil der Stifter und ihrer Vorfahren. Im Augustinerchorherrenstift Bödingen (Rhein-Sieg-Kreis) verzeichnet eine Inschrift von 1540 eine umfangreiche testamentarische Almosenstiftung des Bertram von Nesselrode, die mit einer Anniversarstiftung, also einer Stiftung zur jährlichen Feier des Todestages, verbunden ist.

Zuweilen wird die Nachricht über eine solche Stiftung nicht separat niedergelegt, sondern in einen anderen Zusammenhang eingefügt, etwa in eine Grabinschrift. Ein Beispiel dafür ist das bereits ausführlich vorgestellte Epitaph des Aachener Kanonikers Johannes Pollart (siehe S. 68), ein anderes ist das Epitaph des Johann und des Engelbert Monnick in der Osnabrücker Johanniskirche.

Es berichtet, daß der Letztgenannte *2 200 Taler den Armen durch Testament gottesfürchtig hinterlassen hat* und von diesem Geld *diese neun benachbarten Häuser zum Nutzen der Armen gekauft und erstmalig ausgestattet worden* sind (DI 26: Osnabrück, Nr. 137).
Eine Inschrift aus dem 14. Jahrhundert am sogenannten Konradihaus in Konstanz hat eine wegerechtliche Regelung zum Inhalt: Den Dominikanermönchen wird gestattet, tagsüber den Durchgang durch den Domherrenhof zu benutzen, um zu ihrem Kloster zu gelangen.

Bau- und Hausinschriften

Beim Gang durch eine Stadt mit altem Baubestand werden dem aufmerksamen Besucher die Inschriften an der Außenseite von Häusern oder anderen Bauwerken nicht entgehen (siehe S. 48, 98, 121, 125). Bis zum Beginn unseres Jahrhunderts wurden zahlreiche Häuser mit Inschriften über der Tür, an einem Fenstersturz, einem Balken oder einer anderen Stelle der Fassade versehen, die in der Mehrzahl das Baujahr festhalten. In Städten mit gut erhaltenem alten Kern lassen sich daraus wichtige Erkenntnisse für die Stadtentwicklung gewinnen. Die bloße Jahresangabe ist aber durchaus nicht die Regel, vielmehr werden häufig die Bauherren namentlich genannt. In den Treppenturm der Niefernburg in Niefern (Enzkreis) wurde die folgende Inschrift eingehauen:

Martin Achtsynit von Niffernburg Doctor und Cantzler Hat diß Hauß von grund uff In Anno 1555 Angefangen Zuerbawen und nach seinem absterben In Anno 1592 johan wolff der Rechten licentiat Pfaltz und marggrävischer Rath Amptmann zü Mündelßheim sein dochterman es mit disem gemeüer gantz umbher und andern gebewen wol gebessert. Got geb nach disem das ewig Hauß Amen.
(DI 22: Enzkreis, Nr. 271)

Es handelt sich hier also um eine Bau- und zugleich um eine Renovierungsinschrift. Daß nicht nur die Geschichte des Bauwerkes selbst, sondern ebenso, ja vielleicht sogar vorrangig auch die Person des bzw. der Bauherren wichtig genommen wurden, geht daraus hervor, daß Martin Achtsynit und Johann Wolff mitsamt ihren Titeln und Ämtern genannt werden.
Wie die Inschrift an der Niefernburg, so nennt eine Reihe von Inschriften an öffentlichen Gebäuden und Kirchen prä-

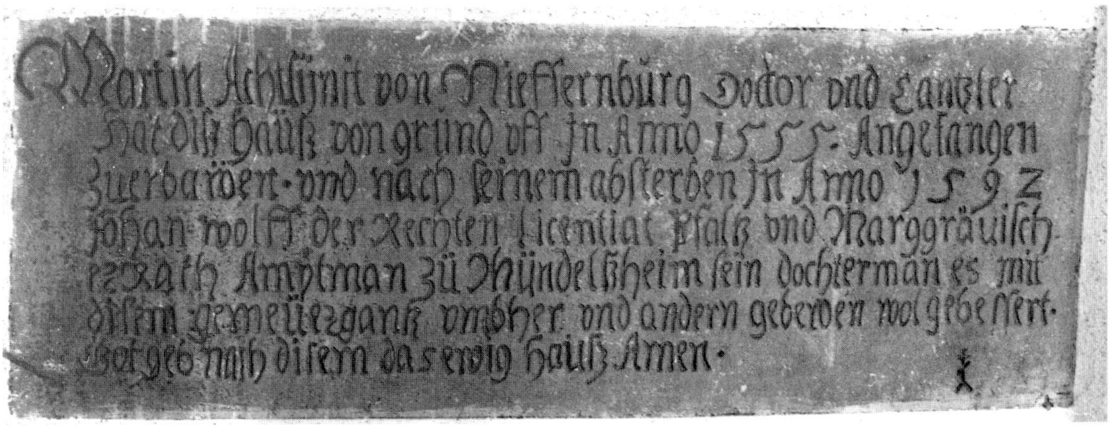

Bauinschrift im Treppenturm der Niefernburg in Niefern

Abbildung 53

zise das Jahr des Baubeginns oder sogar den Tag der Grundsteinlegung, so beispielsweise eine Inschrift am nördlichen Chorportal des Freiburger Münsters (1354): *Von Gottes geburt mccc und liiii jar an unser frowen abent in der vasten leit man den ersten stein an disen kor.*

Bei Kirchen wird häufig die Weihe in Form einer Inschrift festgehalten, die meist nicht nur das Weihedatum, sondern auch das Patrozinium (Schutzherrschaft eines Heiligen) und die Umstände des feierlichen Aktes erwähnt, insbesondere die ranghöchsten anwesenden Zeugen. Eine besonders alte Bau- und Weiheinschrift (um 950) befindet sich in der evangelischen Kirche in Haan (Kreis Mettmann). Der lateinische Text lautet in der deutschen Übersetzung:

Vom ehrwürdigen Erzbischof Wichfried ist diese Kirche am 2. Tag vor den Nonen des August (= 4. August) *zu Ehren der heiligen Märtyrer Chrisantus und Daria geweiht worden. Alegerus hat dies demütig errichtet ...*

Viel ausführlicher ist die Weiheinschrift der kunsthistorisch bedeutsamen Kirche in Bonn-Schwarzrheindorf aus der zweiten Hälfte des 12. Jahrhunderts, die die Patrozinien aller Altäre der Kirche nennt und die zahlreichen hochgestellten Persönlichkeiten aufzählt, die bei dem feierlichen Akt zugegen waren, allen voran König Konrad III. und seine wichtigsten Berater.

Gelegentlich sind Nachrichten über den Bau mit anderen Informationen verbunden. Eine Inschrift in der Katharinenkirche in Oppenheim berichtet: *Do daz brod vir haller galt do wart diese cappelle ane gehaben anno domini*

MCCCXVII (»Als das Brot vier Heller kostete, wurde diese Kapelle begonnen im Jahre des Herrn 1317«; DI 23: Oppenheim, Nr. 7).

Viele Profanbauten tragen keine die Zeit und die Umstände des Baus betreffende Inschriften, sondern einen Spruch, ein Zitat oder einen anderen Text, der auf das Haus Bezug nehmen oder allgemein besinnlichen Inhalts sein kann.

Solche Hausinschriften sind zwar im ganzen deutschsprachigen Raum zu finden, besonders häufig aber sind sie in Norddeutschland.

Eines der am häufigsten angesprochenen Themen ist der Schutz des Hauses und seiner Bewohner. *Pax intrantibus salus exeuntibus* (»Friede den Eintretenden, Wohl den Heraustretenden«) ist einer der immer wiederkehrenden Wünsche. Großer Beliebtheit erfreut sich auch der Zweizeiler, der etwa am Haus Altermarkt 20–22 in Köln zu lesen und durch einen Austausch des Hausnamens überall anzubringen war: *Deis haus steit in Gottes Handt. / Zo der Brezell ben ich genandt.*

Gern wurden Bibelzitate oder Sprüche religiösen Inhalts als Hausinschrift gewählt, so etwa *Wer Gott vertraut, hat wohl gebaut* oder *An Gottes Segen ist alles gelegen*. Diese Sprüche lassen eine moralisierende Tendenz erkennen, sie enthalten einen Aufruf zu einer frommen und rechtschaffenen Lebensführung. Der Balken eines Göttinger Hauses trägt die Inschrift: *Wer glauben bewart auchs Gewissen rein/des wil Got scuts* (=Schutz) *und vater sein* (DI 19: Göttingen, Nr. 141).

Willkommensgruß über einem ehemaligen Gasthausin Karlsruhe-Grötzingen

Abbildung 54

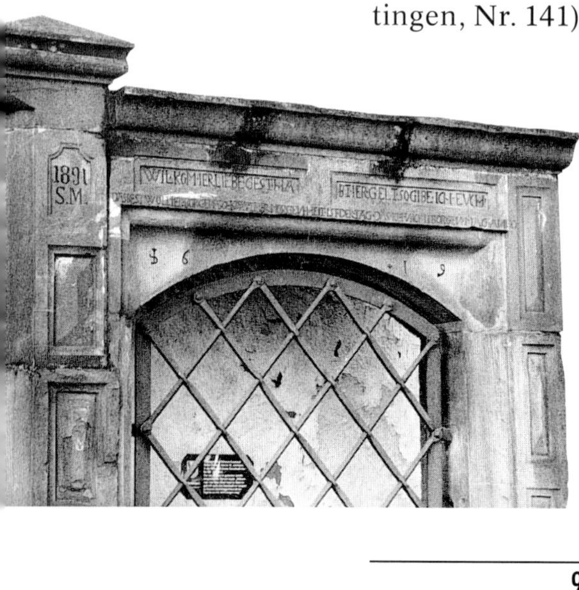

Nicht alle Hausinschriften aber sind in dieser Weise religiös geprägt. Zahlreiche Spruchinschriften haben vielmehr einen durchaus weltlichen Charakter. So trägt das ehemalige Gasthaus Zum Roten Ochsen in Karlsruhe-Grötzingen die folgende Inschrift von 1619:

Wil kom ier liebe gest
habt ier gelt so gibe ich euch das best.
Wolt ier borgen so kompt iebermorgen,
heit ist der tag
das ich nicht borgen mag.
(DI 20: Karlsruhe, Nr. 378)

In den Bereich der Spruchweisheiten fällt die beliebte Hausinschrift:

Allzeit fröhlich ist gefährlich,
allzeit traurig ist beschwerlich,
allzeit glücklich ist unmöglich,
eins ums andere ist vergnüglich.

Die Inschrift an einem Haus in Östringen-Odenheim (Landkreis Karlsruhe): *Welcher wil pauen an die straßen muß alle gescheite leute und narren paßiren lassen* wandelt das Sprichwort »Wer will bauen an die Straßen, muß die Narren tadeln lassen« leicht ab (DI 20: Karlsruhe, Nr. 343). Eine eigenständige Gruppe unter den Hausinschriften bilden die sogenannten Neidinschriften. Sie befassen sich mit der menschlichen Schwäche des Neides, etwa in Form einer Inschrift am Marktplatz 28 in Fritzlar:

Wan der neid brante wie feuer
so werd das holtz nicht halb so deuer.
Wer in sein eigen hertz sihet,
der redet von nimant boses nicht,
dan an ihm findet jederman
gebrechen gnug wers mercken kan.
(DI 14: Fritzlar, Nr. 114)

Wenig Verständnis für seine Neider beweist der Verfasser der folgenden Inschrift von 1576 am Haus Brummgasse 8 in Wertheim:

Ach Gott wie gehts das immer zu
das mich die neiden da ich nichts thu
und mir vergonnen doch nichts geben
müssen mich gleichwol lassen leben.
(DI 1: Main- und Taubergrund, Nr. 47)

Auch in unserem Jahrhundert werden noch Häuser bei ihrer Erbauung oder ihrer Renovierung mit einer Inschrift versehen. Allerdings sind die Hausinschriften, die sich etwa an den Gründerzeitvillen erhalten haben, knapper und daher auch für den historisch Interessierten weniger aussagekräftig als die älteren Inschriften.
Die Texte der Inschriften an Wohn- und Wirtschaftsgebäuden in Städten und auf dem Lande, die sich stets an einem auffälligen Platz befanden, wurden von den Besitzern si-

cher mit Bedacht ausgewählt. Sie bieten deshalb die Gelegenheit, zumindest kleine Einblicke in die Denkweise und Vorstellungswelt der bürgerlichen und bäuerlichen Bevölkerung vergangener Jahrhunderte zu erlangen.

Bildbeischriften

Epigraphische Bildbeischriften (Tituli) machen, wie die Bezeichnung selbst schon sagt, Aussagen zu bestimmten Bildinhalten, dies jedoch auf verschiedene Weisen.

Häufig wird einfach ein Bildinhalt bezeichnet. Manchmal ist diese Bezeichnung notwendig, um Verwechslungen zu vermeiden, manchmal allerdings mag sie überflüssig erscheinen. Die Skulptur eines heiligen Bischofs beispielsweise, die weder durch den Kontext der Darstellung noch durch Attribute näher bestimmt ist, bleibt ohne Beischrift anonym; auch der Prophet Daniel auf einem Glasgemälde der Zeit um 1100 im Langhaus des Augsburger Domes (siehe S. 40) ist nur durch die beigefügten Inschriften zu identifizieren, die seinen Namen angeben (oben) bzw. auf einem Schriftband aus dem von ihm verfaßten Buch des Alten Testamentes zitieren (Daniel 9,17). Hingegen ist die Darstellung eines bekannten Heiligen, versehen mit den üblichen Attributen, auch ohne Titulus eindeutig bestimmbar; dennoch sind solche Darstellungen manchmal mit Beischriften ausgestattet, die nichts als den Namen mitteilen.

Abbildung 55

Albinus-Schrein in der Schatzkammer von St. Pantaleon in Köln

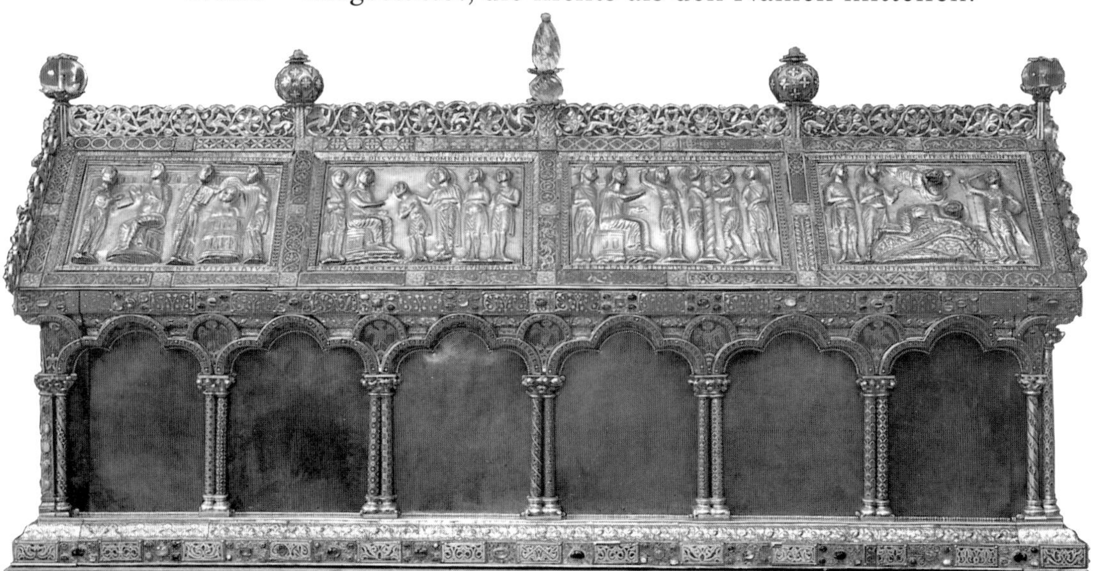

Bei erzählenden Bildfolgen können Inschriften den Gang der Handlung verdeutlichen, indem sie die auf dem Bildwerk dargestellte Einzelszene in den jeweiligen Erzählzusammenhang einordnen. Sie können auch die Ikonographie der jeweiligen Szene mit den Mitteln sprachlicher Darstellung erläutern, wie dies z. B. auf den vier Dachreliefs des Albinus-Schreines (um 1186) in Köln geschieht, die Szenen aus dem Leben des Schreinsheiligen zeigen (Köln, St. Pantaleon, Schatzkammer): Unterweisung und Taufe des Heiligen Albinus, Verhör vor dem Richter, Geißelung des Heiligen, Enthauptung des Heiligen auf einem Berg.
Das bronzene Taufbecken in Saint-Barthélemy in Lüttich, das Rainer von Huy(?) zwischen 1107 und 1118 geschaffen hat, wurde schon von den Zeitgenossen bewundert (siehe S. 102). Bis zum Ende des 18. Jahrhunderts stand es in der Kirche Notre-Dame-aux-Fonts, die ein Opfer der Revolution wurde. Die Außenwand des Beckens ist als Relief gestaltet und zeigt fünf mit lateinischen Inschriften versehene Szenen, deren Bildinhalte auf die liturgische Funktion des Taufbeckens Bezug nehmen. In chronologischer Ordnung werden gezeigt: Predigt Johannes des Täufers (Evangelien), Taufe Christi im Jordan durch Johannes (Evangelien), Taufe des Cornelius durch Petrus (Apostelgeschichte), Taufe des Philosophen Crato durch den Evangelisten Johannes (legendarisch). Deutlich als Hauptszene gestaltet ist die Taufe Christi; die sieben zugehörigen Inschriften haben drei Funktionen: (1) Vier Inschriften bezeichnen die beteiligten Personen, obwohl diese bereits durch den ikonographischen Zusammenhang eindeutig bestimmt sind: Der Betrachter liest links oben über Johannes *Johannes baptista domini* (»Johannes, der Täufer des Herrn«), rechts oben über den Engeln *angeli ministrantes* (»dienende Engel«), in der Mitte oben zu beiden Seiten des Heiligenscheins von Gottvater *pater* (»der Vater«) und etwas darunter zu beiden Seiten der Taube *spiritus sanctus* (»der Heilige Geist«). (2) Die Inschrift auf dem oberen Beckenrand erklärt die Ikonographie der Szene insgesamt (in Übersetzung): *Die Stimme des Vaters spricht: Hier ist er! Ein Mensch tauft ihn, und der Geist erfüllt ihn.* (3) Die beiden übrigen umfangreicheren Inschriften sind als Zitate dem Matthäus-Evangelium entnommene Aussprüche zweier der dargestellten Personen. Johannes sagt (Inschrift links zwischen Christus und

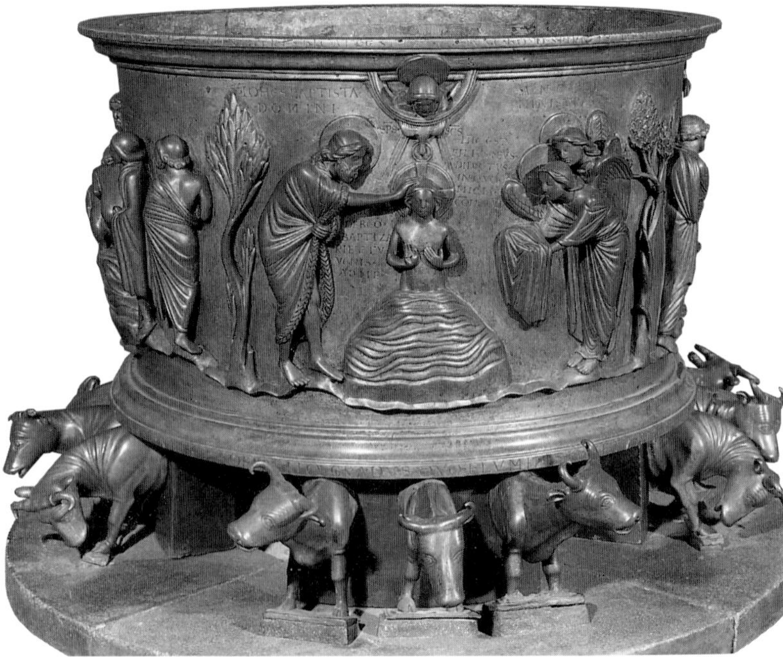

Taufbecken des Reiner von Huy in Saint-Barthélemy, Lüttich

Abbildung 56

dem Täufer): *Ego a te debeo baptizari, et tu venis ad me?* (»Ich habe nötig, von dir getauft zu werden, und du kommst zu mir?«; Matthäus 3,14), und die Stimme Gottvaters aus dem Himmel (Inschrift rechts zwischen den Engeln und dem Heiligenschein Christi): *Hic est filius meus dilectus, in quo mihi conplacui!* (»Dieser ist mein geliebter Sohn, an dem ich mein Wohlgefallen habe!«; Matthäus 3,17).

Diese drei Arten der inhaltlichen Beziehung zwischen epigraphischen Bildbeischriften und zugehörigem Bildwerk kommen häufig vor. Bestimmte Szenen aus dem Bereich der christlichen Ikonographie weisen beinahe regelmäßig eine Inschrift der dritten Gruppe auf. Dies gilt z. B. für Darstellungen der Verkündigung an Maria: Der Erzengel Gabriel tritt an Maria heran, um ihr die Botschaft zu verkünden: *Ave, gratia plena, dominus tecum* ... (»Gegrüßet seist du, voll der Gnade, der Herr ist mit dir ...«; Lukas 1,28). Oft wird hinter dem Grußwort *ave* der Name *Maria* eingefügt, wie es dem Wortlaut des bekannten und bis heute sehr verbreiteten Gebetes *Ave Maria* (»Gegrüßet seist du, Maria«) entspricht. Der Text des Engelsgrußes ist zumeist formal aus dem Bildzusammenhang ausgesondert, indem man ihn auf ein Schriftband setzt. In dieser Weise wird auch der Aus-

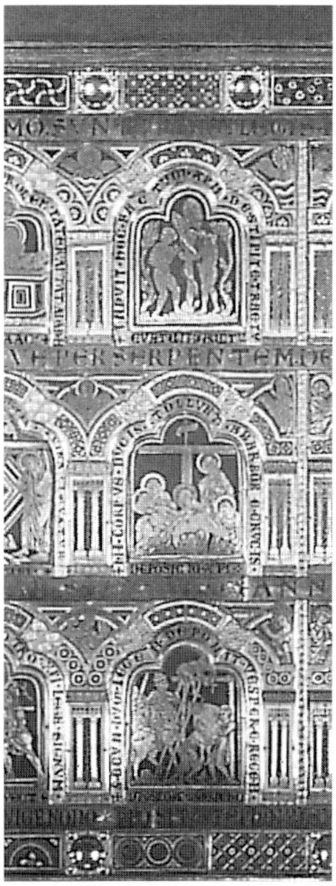

Verduner Altar in der Stiftskirche in Klosterneuburg bei Wien (Ausschnitt)

Abbildung 57

spruch des Propheten Daniel auf der Augsburger Scheibe dargeboten (siehe S. 40); auf dem Lütticher Taufbecken hingegen wird ohne formale Sonderung der Aussprüche direkt der Bildgrund beschriftet.
Bildbeischriften der zweiten Gruppe können wie ein moderner Bildtitel die Ikonographie der betreffenden Szene knapp benennen oder – wie auf dem Taufbecken oder auf den Dachreliefs des Albinus-Schreins – die Szene etwas eingehender beschreiben; im letzten Fall sind die Inschriften häufig als Verse formuliert.
Eines der großartigsten emaillierten Goldschmiedewerke des Mittelalters, der Verduner Altar im Stift Klosterneuburg bei Wien (Farbtafel XVI), zeigt auf nicht weniger als 51 Einzelszenen jeweils Bildbeischriften der zweiten Gruppe, und zwar sowohl in der knappen wie in der ausführlichen Form. Über Auftraggeber, Künstler und Datierung sind wir ausnahmsweise genau – und zwar durch eine Inschrift – unterrichtet: Propst Werner stiftete im Jahre 1181 das von Nikolaus von Verdun angefertigte Werk der Jungfrau Maria. Dieselbe Inschrift erläutert zuvor das ikonographische Programm: *Wie die Heilsgeschehnisse der Zeitalter übereinstimmen, siehst du an diesem Werk dargestellt. Die Anfänge der Welt suche in der ersten Zone; die Schattenbilder des Gesetzes sind in der unteren; in der Zwischenzone gibt die Gnade den noch währenden Zeitabschnitt.* Die 51 emaillierten Bildtafeln sind also in drei Reihen (mit jeweils 17 Darstellungen) übereinander angebracht. Die Darstellungen der unteren und der oberen Reihe sind thematisch dem Alten Testament entnommen; oben findet der Betrachter die »Anfänge der Welt«, das bedeutet, die Darstellung von Ereignissen aus der Zeit **vor** der Übergabe der Gesetzestafeln an Mose; unten sind die »Schattenbilder des Gesetzes« zu sehen, also Darstellungen von Ereignissen **nach** der Übergabe der Gesetzestafeln. Die mittlere Reihe aber ist dem Neuen Testament vorbehalten, der Zeit der »Gnade«. Diese Anordnung weist also jeder neutestamentlichen Szene zwei alttestamentliche Ereignisse zu, und zwar nicht nur äußerlich, sondern auch den Bildinhalten nach, die typologisch aufeinander verweisen. Was aber bedeutet Typologie?
Die typologische Deutung der Heiligen Schrift geht davon aus, daß Ereignisse und Personen des Alten Testamentes

Vorausdeutungen von Ereignissen und Personen des Neuen Testamentes sind; z. B. deutet in dieser Sichtweise die Beschneidung des Isaak voraus auf die Beschneidung Jesu. Das alttestamentliche Vor-Bild nennt man »Typus«, das neutestamentliche Gegen-Bild »Antitypus«, die darauf gründende Deutungsweise heißt »Typologie«. Wichtig ist, daß der typologische Bezug immer eine Steigerung beinhaltet: Der Antitypus überbietet in heilsgeschichtlicher Erfüllung den Typus. Genau dies wird am Verduner Altar durch die Bilder mit ihren Beischriften dargestellt.

Dazu ein Beispiel: Die alttestamentlichen Typen sind »Joseph in der Zisterne« und »Jonas im Leib des Seeungeheuers«, ihr neutestamentlicher Antitypus ist die »Grablegung Christi«. Unter jedem der drei Bildwerke steht eine kurzgefaßte Beischrift, um die Seiten links und rechts und über den dreipaßförmigen Bogen oben geführt steht eine ausführlicher deutende Beischrift.

Weil Jakob seinen Sohn Joseph bevorzugt, trifft diesen der Neid seiner Brüder. Zuerst wollen sie ihn töten, dann aber werfen sie ihn in eine leere Zisterne (Genesis 37,18–24). Schließlich verkaufen sie ihn nach Ägypten. *Ioseph in lacu* (»Joseph in der Zisterne«) heißt die kurze Beischrift, *Hunc intrare lacum feritas faet* [für facit] *emula fratrum* (»Die neidische Wildheit der Brüder befördert diesen in die Zisterne«) lautet die längere.

Der Prophet Jona will sich dem Auftrag Gottes entziehen; er flieht mit einem Schiff, das daraufhin von einem Sturm bedroht wird. Da Jona die Schuld an dem Sturm trägt, wird er von den Seeleuten ins Meer geworfen. Ein Seeungeheuer verschluckt den Propheten und speit ihn nach drei Tagen unversehrt ans Land (Jona 1–2). *Iona in ventre ceti* (»Jona im Leibe des Seeungeheuers«) heißt die kurze Beischrift, *Quem capit unda freti concludunt viscera ceti* (»Den die Woge des Meeres erfaßt, umschließen die Eingeweide des Seeungeheuers«) lautet die längere.

Die beiden Szenen aus dem Alten Testament sind die Typen. Den Antitypus bildet die in der Mitte dargestellte Szene aus dem neuen Testament: Nach der Abnahme vom Kreuz wird Jesus bestattet (Evangelien). Die Emailtafel zeigt, wie Joseph von Arimathäa und Nikodemus den Leib des Herrn in einen Sarkophag legen; Maria steht weinend im Hintergrund.

Typologische Darstellungen und zugehörige Bildbeischriften sind gerade im hohen und späten Mittelalter sehr verbreitet. Zumeist sind aber nur zwei Darstellungen einander zugeordnet, ein Typus und der zugehörige Antitypus. Ein bestimmtes Gebet der Messe, das *Supra quae*, nennt ausdrücklich drei alttestamentliche Typen für das Meßopfer, nämlich die Gaben Abels (ein Lamm), das Opfer Abrahams (die Bereitschaft, seinen einzigen Sohn Gott darzubringen) und das Opfer Melchisedechs (Brot und Wein). Deswegen werden diese drei Opferszenen häufig auf sakralem Gerät oder in der Umgebung des Altares dargestellt, oft versehen mit entsprechenden Tituli.

Auch die Bildbeischriften einer emaillierten Darstellung der »Majestas Domini« aus der Zeit um 1180 (Aachen, Domschatz; DI 31: Aachen/Dom, Nr. 27; Farbtafel XVIII) könnten den Gruppen 1 und 2 zugewiesen werden. Als Ausspruch Christi bietet das aufgeschlagene Buch den Text *Venite, benedicti patris mei, posidete regnum, quod vobis paratum!* (»Kommt her, ihr Gesegneten meines Vaters, besitzet das Reich, das euch bereitet ist!«; Matthäus 25,34). Zwei weitere Inschriften sind Tituli zu Einzeldarstellungen (d. h. nicht zu szenischen Bildwerken). Bei den sieben Lampen steht: *VII lampades ante tronum, que sunt VII spiritus dei* (»Sieben Lampen vor dem Thron, welche sind die sieben Geister Gottes«; Apokalypse 4,5). Und über die beiden (kleinen) Lebensbäume unten links und rechts von Christus sagt die zugehörige Beischrift: *Lignum vite ferens fructus XII* (»Der Baum des Lebens, der zwölf Früchte trägt«; vgl. Apokalypse 22,2). Die letzte Inschrift zeigt das Alpha und Omega links und rechts der Schultern Christi. Diese beiden griechischen Buchstaben sind vor dem Hintergrund eines Textabschnittes aus der Apokalypse zu verstehen, auf die ja auch bereits die beiden letzten Inschriften zurückzuführen sind. In Apokalypse 22,12–13 heißt es nämlich: »Siehe, ich komme bald, und mein Lohn ist mit mir, einem jeden nach seinen Werken zu vergelten. Ich bin das A (Alpha) und das O (Omega), der erste und der letzte, der Anfang und das Ende.« Dieser Ausspruch Christi, der ihn selbst in seiner endzeitlichen Bedeutung darstellt, ist zugleich der Schlüssel zum Verständnis der Gesamtdarstellung: Der wiederkehrende Christus ist das Ziel der Geschichte; in ihm vollendet sich alles, er schafft endgültige Gerechtigkeit.

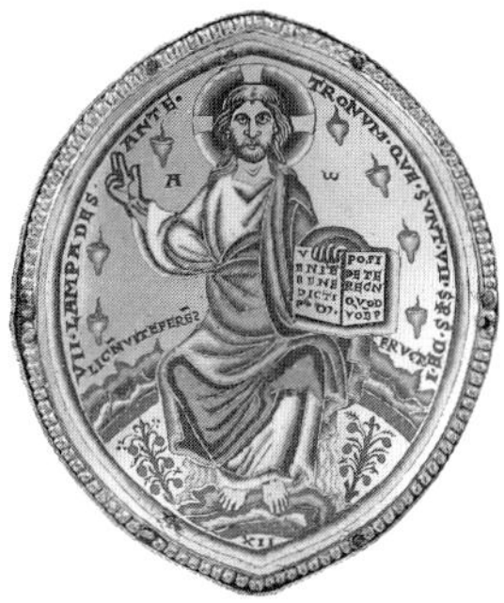

Majestas Domini in der Domschatzkammer in Aachen (Ausschnitt)

Abbildung 58

Die formalen Zuordnungen der »Beischriften« des Bildes sind aber höchstens eine Art erster Annäherung an das Verständnis und die Bewertung dieser Inschriften; schon ihre Anordnung und ihre relative Größe machen deutlich, daß sie **zusammen** mit den bildlichen Elementen (also eigentlich eben nicht bloß als untergeordnete »Beischriften«) den Inhalt der Darstellung zum Ausdruck bringen: Gerade das Zusammenwirken visionärer Bildelemente und sprachlicher Formulierungen stellt hier die Botschaft vom wiederkehrenden Herrn vor Augen.

Inschriften auf Alltagsgegenständen

Nicht nur Grabsteine, Glocken und Hausfassaden, Denkmäler, Gemälde oder wertvolle kirchliche Gerätschaften, sondern auch ganz banale Gegenstände des täglichen Lebens wurden und werden bis heute gern mit Inschriften verziert. Dabei handelt es sich in vielen Fällen um Besitz-, Funktions- oder Inhaltsangaben: Die Gewürzdose trägt eine Inhaltsbezeichnung, die Kaffeetasse den Vornamen des Besitzers, die Inschrift auf der Toilettentür im Restaurant weist den *Damen* oder den *Herren* den Weg. Besteck und Wäsche der Aussteuer sind mit den Initialen der zukünftigen Braut verziert (Farbtafel III). Nicht selten findet man aber auch mehr oder weniger ernsthafte Sinnsprüche. Die Inschrift der Standuhr mahnte *Üb' immer Treu und Redlichkeit*. Weinkrüge mit Trinksprüchen oder mit Landschafts- oder Stadtansichten und Erinnerungsinschriften bemalte Porzellanteller sind noch heute allgemein geläufig. Seit dem späten Mittelalter sind zahlreiche für den Gebrauch in der Apotheke gegossene Mörser erhalten mit Inschriften wie *lof godt van al* (»Lob Gott vor allem«). Spekulatiusformen und andere Model wurden stets gern mit Inschriften versehen. Im niederösterreichischen Scheibbs befindet sich ein Waffeleisen aus dem Jahre 1559 (in Privatbesitz), dessen Flächen den gekrönten Doppeladler auf der einen und eine Ansicht des Wiener Stephansdomes auf der anderen Seite zeigen. Die Umschrift lautet *Ier liewen gosd nempd ver gued datum Scheibs* (»Ihr lieben Gäste, nehmt es für gut an. Gegeben zu Scheibbs«; DI 10: Niederösterreich, Nr. 430).

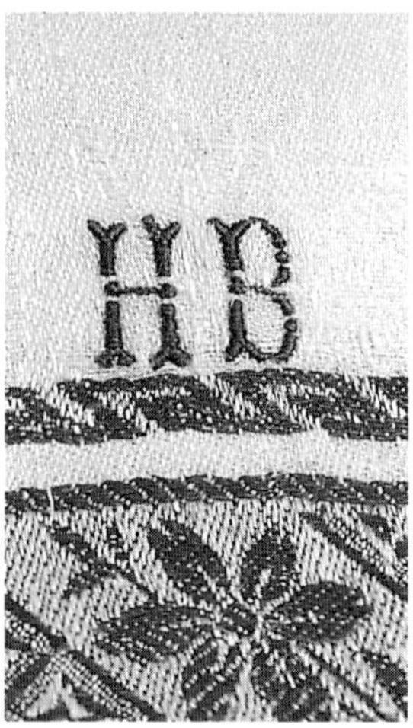

Monogramm in einem Wäschestück

Abbildung 59

Auch die Verzierung von Spielbrettern oder -steinen mit Inschriften blickt auf eine lange Tradition zurück. Schon aus hochmittelalterlicher Zeit sind Dame-Spielsteine mit mythologischen Darstellungen und Inschriften erhalten (siehe S. 47; Farbtafel XII). Im Suermondt-Ludwig-Museum in Aachen ist ein Spielwürfel aus dem 15. Jahrhundert zu besichtigen, dessen Seiten zusätzlich zu den Zahlen Handlungsanweisungen des Inhalts *Gib's dem zur rechten Hand, Zal ein essen fish* oder gar *Zal für all* trägt. Das Bayerische Nationalmuseum München beherbergt ein Pochbrett aus dem Jahre 1713, dessen acht Spielmulden mit inschriftlich kommentierten Darstellungen der Spielwerte (As, König, Dame, Bube, Zehn, Neun, Acht, Sieben) ausgestattet sind. Im selben Museum befindet sich eine Spielkassette für mehrere Brettspiele, die 1603 restauriert und mit dem treffenden Spruch versehen wurde:

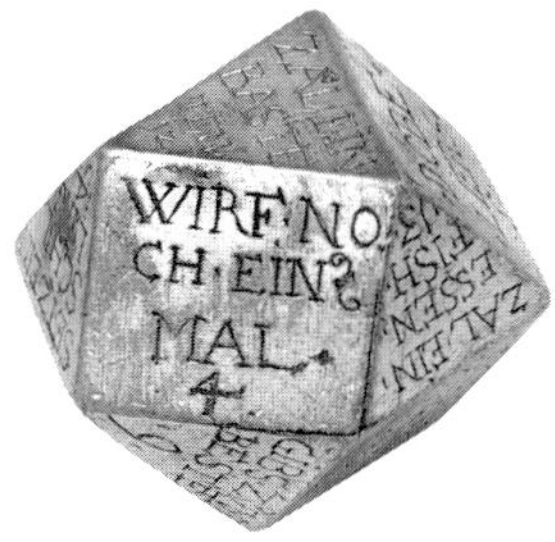

Spielwürfel mit Zahlen und Handlungsanweisungen (Suermondt-Ludwig-Museum in Aachen)

Abbildung 60

Gluck kom her,
mein Beutel ist ler,
gantz Centner schwer.
Dein ich beger.

Bereits vor Jahrhunderten wurden bestimmte Gebrauchsgegenstände mit Inschriften in manufakturähnlicher Arbeitsweise produziert. Das gilt in erster Linie für Keramikwaren. Unter den Krügen und Humpen aus Steinzeug gibt es neben den in Serie hergestellten Stücken mit Beischriften zu biblischen, mythologischen oder allegorischen Darstellungen auch Einzelanfertigungen mit dem Namen des Auftraggebers und seinem Wahlspruch. Mehrfach, aber in geringer Zahl wurden Pilgerflaschen hergestellt, die im Rahmen von Heiligtumsfahrten erworben und mit heiligem Wasser gefüllt wurden. Eine solche Flasche ist im Dortmunder Museum für Kunst und Kulturgeschichte ausgestellt (Farbtafel XII). Sie trägt eine Darstellung der in Aachen gezeigten Heiligtümer mit der Umschrift *coept I fles van aken ter spoet en hout d'in heylich vuater tes goet* (»Kauft rasch eine Flasche aus Aachen und bewahrt darin heiliges Wasser auf – es ist gut«; DI 32: Aachen Stadt, Nr. 59).
Natürlich ist die Zahl der individuell, mit nicht industriellen Methoden hergestellten Inschriften auch im Bereich der Alltags- und Gebrauchsgegenstände heute stark rückläufig. In Handarbeit gefertigte Schränke und Truhen mit Inschriften etwa wird man überwiegend noch in den Kunstgewerbemuseen finden. Auch heute noch aber stößt man gelegent-

lich auf von Hand ausgeführte Inschriften auf Gegenständen des Alltags. Das mit poppigen Bildern und flotten Sprüchen bemalte Auto gehört ebenso dazu wie das berühmte Sofakissen mit der handgestickten Inschrift *Nur ein Viertelstündchen.*

Graffiti

Mit dem italienischen Wort Graffiti (Singular: Graffito) bezeichnet man eine meist recht kurze Inschrift (Textgraffito) oder eine Zeichnung, die normalerweise spontan auf einer Wandfläche, auf irgendwelchen Teilen einer Architektur oder manchmal auch auf Einrichtungsgegenständen eingeritzt, aufgekritzelt oder, neuerdings, aufgesprüht worden ist. Besonders bekannt sind die Graffiti an der ehemaligen Berliner Mauer. Bereits aus der Antike sind Graffiti überliefert. Etwa seit den 1970er Jahren machen vor allem Unzufriedene, Fordernde, Verliebte und Verärgerte mit Sprüh-Graffiti auf ihre Anliegen aufmerksam. Harald Naegeli, bekannter als »Sprayer von Zürich«, benutzt Graffiti seit einigen Jahren als Möglichkeit künstlerischen Ausdrucks; Joseph Beuys hatte dies – in geringerem Umfang – auch schon getan.

Besonders weit verbreitet sind Graffiti als sogenannte »Verewigungsinschriften« an historisch bedeutsamen oder touristisch interessanten Stellen. Auf dem Königsstuhl im Obergeschoß des Aachener Domes, auf dem bis 1531 die deutschen Könige inthronisiert wurden, finden sich bereits recht alte Inschriften dieser Art. *Anno 1600* heißt es da beispielsweise (DI 31: Aachen/Dom, Nr. 122). Im Kurort Wildbad (Kreis Calw) schrieb ein Kurgast vor 1526 mit Rötel an die Wand des Herrenbades:

***R**echten, freien und Schiessen,*
Wunschen, Rathen und giessen,
*Spill, Ertzgrub und **Wildbad***
Steht alles uff dem glucksrad.
(DI 30: Calw, Nr. 204)

Ganz offensichtlich hielt der Schreiber dieser Verse den Erfolg eines Kuraufenthaltes in **Wildbad** für genauso wahrscheinlich wie andere für selten erachtete »Glückstreffer« bei einer Reihe von Tätigkeiten, die er in einem kleinen Katalog zusammenstellt, der auch den Rechtsstreit und das

Liebeswerben, das Spiel und den Orakelbrauch des Bleigießens umfaßt.
Paläographisch sind Graffiti als spontane Schreibäußerungen zumeist ganz anders zu bewerten als sorgfältig ausgeführte Inschriften auf sozusagen klassischen Inschriftenträgern.

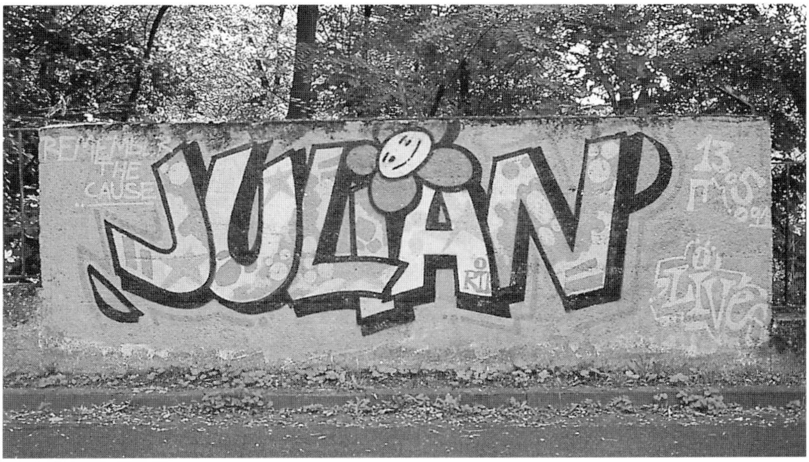

Abbildung 61

Kalligraphisierter Namenszug als Grafitto

Inschriftensammlungen

Inschriften wurden bereits in der Antike abgeschrieben, die Abschriften gesammelt. Dies geschah auch im Mittelalter; gerade in Kodizes aus der Zeit vom 9. bis zum 12. Jahrhundert sind zahlreiche Inschriften überliefert. Bei manchen dieser nichtoriginal überlieferten »Inschriften« kann man allerdings bezweifeln, ob sie tatsächlich je als wirkliche Inschriften ausgeführt waren; gerade bei umfangreicheren nichtoriginal überlieferten »Inschriften« besteht oft der Verdacht, daß es sich um rein literarische Produkte handelt. So sind beispielsweise im dichterischen Werk des Venantius Fortunatus, eines bedeutenden Dichters der christlichen Spätantike (gest. nach 600), nicht wenige angebliche »Inschriften« überliefert, aber bislang konnte von keinem dieser Texte nachgewiesen werden, daß er tatsächlich auch als Inschrift irgendwo angebracht worden wäre.

Über eine Abschrift ist auch jene Inschrift überliefert, die in der von Karl dem Großen (gest. 814) zu Aachen errichteten Marienkirche (dem heutigen Dom) mit roter Farbe auf die Wand gemalt war. Die Inschrift in Versform spricht von der Kirche als einem geistlichen Bauwerk, das sich aus den Gläubigen als »lebendigen Steinen« zusammensetzt; abschließend nennt sie Karl den Großen, den Gründer des Aachener Kirchenbaus (DI 31: Aachen/Dom, Nr. 6). Bereits in den Jahren um 800 ist die Inschrift in eine Sammlung aufgenommen worden, die vermutlich in St. Gallen entstand. Die Handschrift, welche die Sammlung enthält, befindet sich heute in der Universitätsbibliothek in Leiden; auf Blatt 19 (Vorderseite) dieses Kodex beginnt der Text der Aachener Inschrift mit den Worten *Cum lapides vivi pacis conpage ligantur* ... (»Wenn sich lebendige Steine durch die Fugung

Abbildung 62

Handschrift in der Universitätsbibliothek Leiden mit Wiedergabe einer Aachener Inschrift

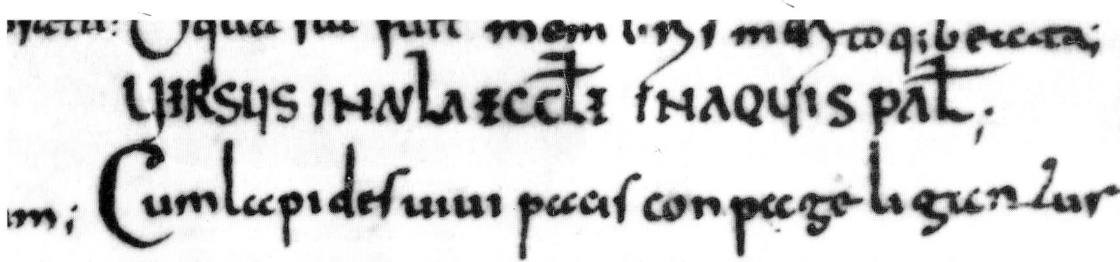

des Friedens verbinden ...«). Eine Überschrift gibt die Herkunft des Textes an: *Versus in aula ecclesie in Aquispalatio* (»Verse im Kirchengebäude zu Aachenpfalz«; »Aachenpfalz« ist eine schon früh untergegangene Variante des Ortsnamens Aachen). Aufgrund dieser Abschrift hat das Aachener Stiftskapitel zu Beginn unseres Jahrhunderts die alte Inschrift erneut anbringen lassen – nunmehr allerdings ausgeführt in Mosaik.

Abbildung 63

Aachener Dom: Mosaikinschrift im Oktogon über den Bögen des Untergeschosses (rechts der Textbeginn) »Cum Lapides vivi«

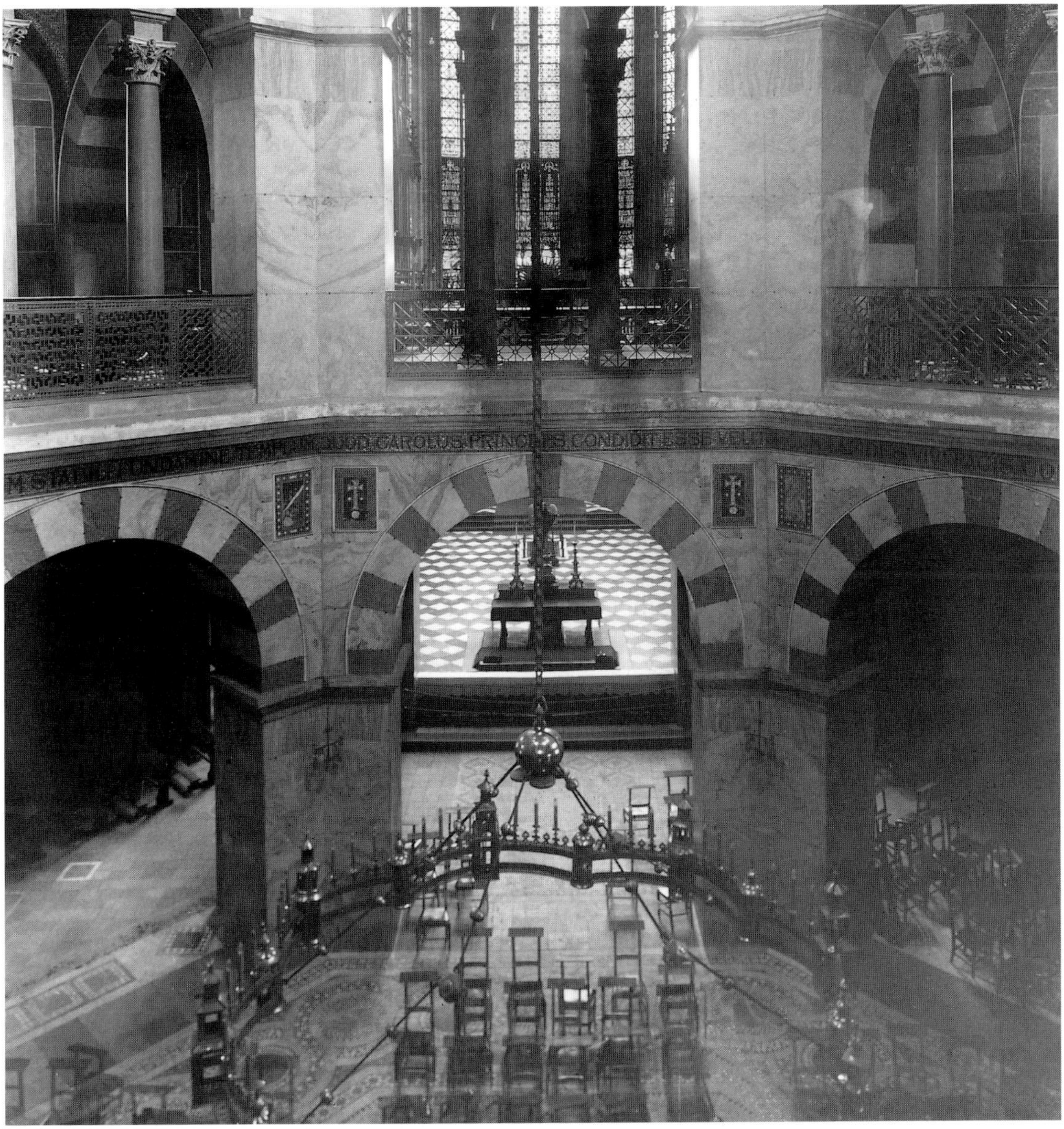

Später gab es vor allem in den Kreisen der Humanisten ein deutliches Interesse an antiken Inschriften, das im Kopieren und Sammeln epigraphischer Zeugnisse seinen Ausdruck fand.

Im neuzeitlichen Deutschland entstanden besonders seit dem 17. Jahrhundert bedeutendere Sammlungen von Inschriften. Die erste, die auch gedruckt wurde, dürfte die des Melchior Adamus sein; das Werk erschien 1612 in Heidelberg unter dem Titel »Apographum monumentorum Heidelbergensium« (»Abschrift Heidelberger Monumente«).

Aus dem Bereich des oberen Mittelrheins hat der Mainzer Vikar und Archivar Georg Helwich (1588–1632) zahlreiche Inschriften in seinem »Syntagma monumentorum« (»Sammlung von Monumenten«) zusammengetragen. Seine Interessen waren vornehmlich genealogisch und personengeschichtlich ausgerichtet, also nicht im eigentlichen Sinne epigraphisch; dennoch ist das »Syntagma« auch für die moderne Epigraphik von großem Wert – schon alleine deswegen, weil viele von Helwich aufgenommene Denkmäler heute nicht mehr bestehen.

Abbildung 64

Seite aus Georg Helwichs Syntagma monumentorum

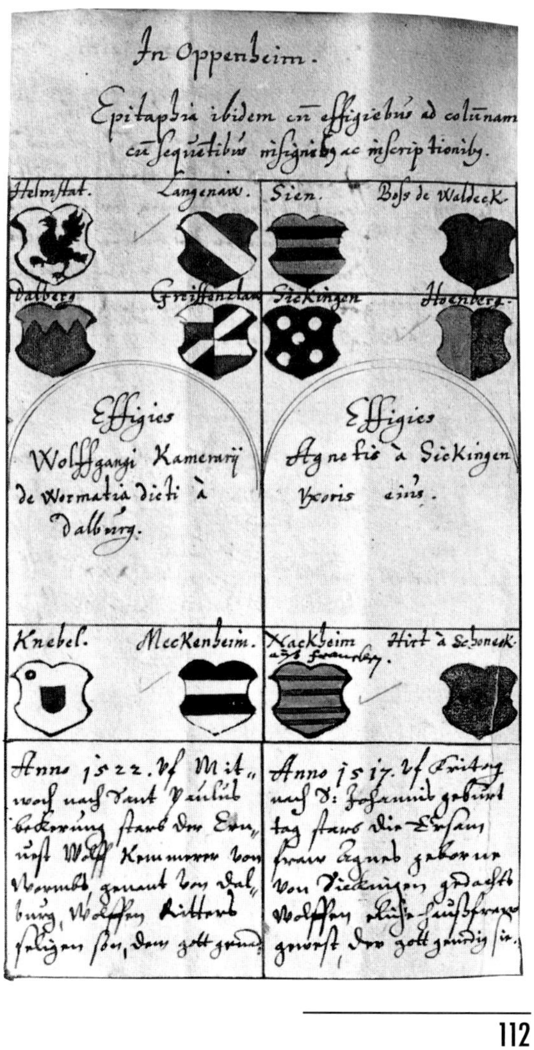

Die abgebildete Seite aus dem »Syntagma« beschreibt das (noch heute erhaltene) Grabdenkmal des Ritters Wolf des Jüngeren, Kämmerer von Worms, genannt von Dalberg, und seiner Ehefrau Agnes von Sickingen. Das Denkmal selbst ist in Sandstein als kleine Architektur mit zwei Bogennischen ausgeführt; die Eheleute sind vollplastisch als Ganzfiguren dargestellt. Die Inschriften ziehen sich in Form von Schriftbändern über Pfeiler und Bögen hin. Die Grabschrift des Mannes lautet: *Anno 1522 uf Mitwoc nach Sanct Pauls Bekerung starb der ernvest Wolfen Kemmerer von Worms genant von Dalberg, Her Wolfen Ritters selgen Son, dem Got genat* (DI 23: Oppenheim, Nr. 135). Die Vermerke unter den Bögen in Helwichs

»Syntagma« teilen mit (in Übersetzung): *Bildnis des Wolffgang Kämmerers von Worms genannt von Dalberg* (links), *Bildnis der Agnes von Sickingen, seiner Gattin* (rechts).
Es gibt zahlreiche weitere Sammlungen dieser oder ähnlicher Art; sie alle sind bis heute für epigraphische und andere Forschungen von Bedeutung, vor allem auch als Materialsammlungen, die Nachrichten von Denkmälern überliefern, die oft längst zerstört sind. Wer sich selbst mit Inschriften befaßt, sollte es daher nicht versäumen, auch in kleineren Archiven nach solchen Sammlungen zu suchen.
Seit dem 19. Jahrhundert schließlich gibt es wissenschaftliche Inschriftensammlungen. Als erstes entstand seit 1815 mit Unterstützung der Preußischen Akademie der Wissenschaften ein Corpus antiker, genauer: griechischer Inschriften. Erst 1934 wurde auf Initiative des Heidelberger Germanisten Friedrich Panzer das umfassende Editionsvorhaben »Die Deutschen Inschriften« (DI) ins Leben gerufen; in wissenschaftlichen Ausgaben soll dieses Editionsvorhaben alle Inschriften in lateinischer und deutscher Sprache erfassen und zugänglich machen, die in Deutschland und Österreich vom 6. bis zur Mitte des 17. Jahrhunderts entstanden sind. Das Projekt wird von allen deutschen Akademien sowie von der österreichischen Akademie der Wissenschaften als Gesamtunternehmen gemeinsam getragen. Die einzelnen Akademien unterhalten Arbeitsstellen, in denen der Hauptteil der editorischen Arbeit geleistet wird; daneben bereiten aber auch freie Mitarbeiter Editionen vor. Bisher sind insgesamt 38 Bände des Corpus der »Deutschen Inschriften« erschienen. Der Benutzer findet dort in chronologischer Abfolge die Inschriften zumeist einer Stadt oder eines Kreises (nach den modernen Verwaltungsgrenzen) in laufend durchnumerierten Einzelartikeln behandelt: Auf die Beschreibung des Inschriftenträgers folgt jeweils der Text der Inschrift selbst (soweit wie nötig mit Übersetzung); anschließend werden Inhalt und nach Bedarf auch sprachliche Probleme kurz kommentiert. Die wichtigeren Inschriften sind in einem eigenen Abbildungsteil fotografisch wiedergegeben. Damit bieten die »Deutschen Inschriften« den bequemsten, aber auch den wissenschaftlich zumeist am besten abgesicherten Zugang zu den Inschriften in Deutschland und Österreich – jedenfalls, sofern sie schon in einem der »DI-Bände« erfaßt sind.

Inschriftenfälschungen

Erst wenige Jahre ist es her, seit die angeblich aufgefundenen Hitler-Tagebücher die deutsche Öffentlichkeit in Aufruhr versetzt und gestandene Historiker vorübergehend zu der Ansicht verleitet haben, nun seien in der Erforschung der NS-Zeit völlig neue Ergebnisse zu erwarten. Erst sehr sorgfältige Untersuchungen des verwendeten Materials erbrachten die Erkenntnis, daß es sich um eine – allerdings hervorragend gemachte – Fälschung handelte. Im allgemeinen war und ist man auf weniger aufwendige, aber auch weniger zuverlässige Methoden angewiesen, um wahr und falsch voneinander zu trennen. Nicht nur aus diesem Grund, sondern auch wegen der damals verbreiteten unbefangeneren Haltung gegenüber dem Fälschen von Dokumenten ist uns aus mittelalterlicher Zeit eine beachtliche Anzahl gefälschter Quellen bekannt.
Mit dem Begriff Fälschung verbinden wir die Vorstellung einer Täuschungsabsicht, die nach heutigen juristischen Begriffen mittels einer Täuschung über die Identität des Verfassers bzw. Ausstellers eines Dokumentes erreicht wird. Die historische Forschung legt besonderen Wert auf die Unterscheidung zwischen einer formalen und einer inhaltlichen Fälschung: Eine angeblich vom König ausgestellte, tatsächlich aber vom vorgeblichen Empfänger angefertigte Urkunde über den Anspruch etwa auf einen bestimmten Besitz, der dem Adressaten in Wahrheit nie zugestanden hat, ist sowohl inhaltlich als auch formal eine Fälschung; eine ebenfalls gefälschte Urkunde über einen Anspruch, der tatsächlich zu Recht bestand, wird in der historischen Forschung lediglich unter formalen Gesichtspunkten als Fälschung betrachtet. Solche formalen Fälschungen wurden im Mittelalter häufig angefertigt, da viele Rechtsverhältnisse noch auf eine Zeit zurückgingen, in der man auf ihre Niederschrift verzichtet hatte. Als sich die Schriftlichkeit immer stärker durchsetzte, fehlte dann häufig der schriftliche Beweis für einen Rechtsanspruch, der mittels des gefälschten Dokumentes nachgeliefert werden sollte.

Nicht nur Urkunden, sondern auch Inschriften sind immer wieder gefälscht worden. Das bedeutet, daß die Inschrift einen zeitlichen oder sachlichen Zusammenhang vorgaukelt, in dem sie tatsächlich gar nicht steht. Berühmte Persönlichkeiten wurden bemüht, die einen Ort oder ein Kloster gegründet, beschenkt oder ihm bestimmte Rechte verliehen haben sollen und deren Gründungs- oder Schenkungsakt in einer gefälschten Inschrift festgehalten wurde. Je bekannter der Name des angeblichen Gönners war und je länger er bereits verstorben war, um so besser. Gefälscht wurden aber auch Grabplatten: etwa die Grabplatten der tatsächlichen oder vorgeblichen Gründer einer Kirche oder eines Klosters, deren angebliche Ruhestätte in ihrer Gründung den Beleg für lange Tradition liefern sollte; oder das Grabdenkmal des Stammvaters eines Adelshauses, das Zeugnis für das hohe Alter der Familie ablegen sollte.

Betrachten wir einige konkrete Beispiele für Inschriftenfälschungen: Eine der bekanntesten Fälschungsaffären des Mittelalters spielte sich in der Mitte des 11. Jahrhunderts in Regensburg ab. Wir wissen von ihr vor allem durch zwei annähernd zeitgenössische sogenannte Translationsberichte des heiligen Dionysius. Die Gebeine dieses Heiligen waren in St. Denis bei Paris beigesetzt worden. Mitte des 11. Jahrhunderts nun behaupteten die Mönche des Regensburger Klosters St. Emmeram, die Gebeine des heiligen Dionysius in ihrem Kloster gefunden zu haben. Bereits zu Beginn des 10. Jahrhunderts, so die Quelle, habe Kaiser Arnulf von Kärnten sie auf einem Feldzug ins westfränkische Reich an sich gebracht und in St. Emmeram niederlegen lassen. Der Besitz der Reliquien eines so bedeutenden Heiligen war für das Kloster von großem Interesse, da man sich davon eine Steigerung des Ansehens und steigenden Wohlstand durch die zu erwartenden Pilgerscharen versprach. Der Klerus des Regensburger Domkapitels jedoch bezweifelte lautstark die Echtheit der Reliquien, die nicht durch eine schriftliche Bestätigung des Bischofs nachgewiesen sei. Wenig später fand man »zufällig« unter dem Schutt einer abgebrochenen Kirchenmauer drei angeblich sehr alte Steine mit Inschriften, die die Gebeine als die des heiligen Dionysius bezeichneten und berichteten, wie sie nach Regensburg gelangt sein sollten. Die Inschriften lieferten anscheinend also gerade das, was von den Kritikern gefordert worden war, nämlich den

schriftlichen Beweis für die Echtheit der Reliquien! Schaut man sich allerdings die Schrift näher an, so bemerkt man auffallende Abweichungen von den Inschriften, die aus der angeblichen Entstehungszeit, dem beginnenden 10. Jahrhundert, bekannt sind, auch wenn sich der Steinmetz darum bemüht hat, die Schrift altertümlich wirken zu lassen. Die Schriftform ist also der Faktor, der erste Zweifel an der Echtheit nährt. Diese Bedenken werden durch die erzählenden Quellen verstärkt. Sie gehen nämlich in ungewöhnlich intensiver Weise auf den Inschriftenfund und dessen angeblich hohes Alter ein – so ausführlich, daß man darin die Absicht erkennen kann, mit den Inschriften den bislang fehlenden schriftlichen Beweis für die Echtheit der Reliquien nachzuliefern. In der historischen Forschung besteht keinerlei Zweifel daran, daß es sich bei den Inschriften und auch bei den Reliquien um Fälschungen handelt. Sie dienten offensichtlich als Waffe im Kampf um ein höheres Ansehen des Klosters in Konkurrenz zu anderen Klöstern und besonders in der Auseinandersetzung mit dem Bischof von Regensburg, der den Mönchen von St. Emmeram durchaus nicht immer wohlgesonnen war.
Ein anderes Beispiel fällt unter die Rubrik der Eulenspiegeleien. Der große Kaiser Karl ist nach dem Bericht seines Biographen Einhard nach seinem Tode im Jahre 814 in der von ihm erbauten Marienkirche in Aachen (dem heutigen Dom) beigesetzt worden. Im 19. Jahrhundert wurde im Aachener Dom mehrfach nach dem Grab gesucht, dessen genaue Lage die Quellen nicht überliefern. Eines Tages stieß man bei den Grabungen tatsächlich auf einen entscheidenden Hinweis: Man fand nämlich einen Stein mit einer nicht ganz vollständig erhaltenen Inschrift. Sie begann mit den Worten: *In hoc sepulchro tumulata ossa Caroli magni* . . . (»In diesem Grab sind die Gebeine Karls des Großen bestattet . . .«). Es handelte sich offenbar um den Grabstein des Kaisers, und mit ihm hatte man doch wohl auch die Grabstelle selbst gefunden! In der Folgezeit erhob sich unter den Fachleuten eine erhitzte Debatte über die Frage, ob es sich um die echte Grabschrift oder um eine Fälschung handelte. Die einen wiesen zweifelnd auf einige Buchstabenformen in der Inschrift hin, die erst Jahrhunderte nach dem Tode Karls des Großen üblich wurden. Andere, durchaus renommierte Forscher vertraten mit Vehemenz die Meinung, die Inschrift

sei echt und beweise ihre schon seit langem vertretene Auffassung, daß sich eben an der Fundstelle das Kaisergrab befunden haben müsse. Nachdem sie sich derart exponiert hatten, trat der »Macher« des umstrittenen Objekts ins Rampenlicht und bekannte, es habe sich lediglich um einen Scherz gehandelt. Er hatte den Stein mit der Inschrift versehen und ihn nachts an der Grabungsstelle in die offene Grube gelegt.

Daß in einigen Fällen bis heute nicht sicher geklärt ist, ob es sich um echte oder gefälschte Inschriften handelt, zeigt das Beispiel einiger Inschriften an der Burg Wildenburg im Odenwald. Es handelt sich um mehrere Bauinschriften in deutscher Sprache: *Dise burhc mahte her Burkert von Durn; Dise burhc mahte her Ruhbreht von Durn* (»Diese Burg machte Herr Burckhart von Durn« bzw. »... Herr Ruprecht von Durn«); *Bertold murte mich Ulrich hiwe mich* (»Bertold mauerte mich, Ulrich haute mich«), außerdem um zwei kurze Inschriften mit dem Wortlaut *owe muter* (»o weh, Mutter!«) und *kunde* (DI 8: Mosbach, Buchen und Miltenberg, Nr. 2–4a). Bis heute ist ihre Echtheit umstritten. Sind sie in die erste Hälfte des 13. Jahrhunderts zu datieren und somit zu den ältesten deutschsprachigen Inschriften überhaupt zu zählen? Oder wurden sie erst zu Beginn des 19. Jahrhunderts für den privaten Park eines Grafen angefertigt, um den im Park verteilten Ruinen den Anstrich hohen Alters zu verleihen und das Bedürfnis des 19. Jahrhunderts nach der verklärten »Romantik« des Mittelalters zu stillen? Das Beispiel dieser Inschriften verdeutlicht, daß die Forschung auch heute noch auf manche Fragen eine Antwort schuldig bleiben muß und daß noch manches Geheimnis darauf wartet, gelüftet zu werden.

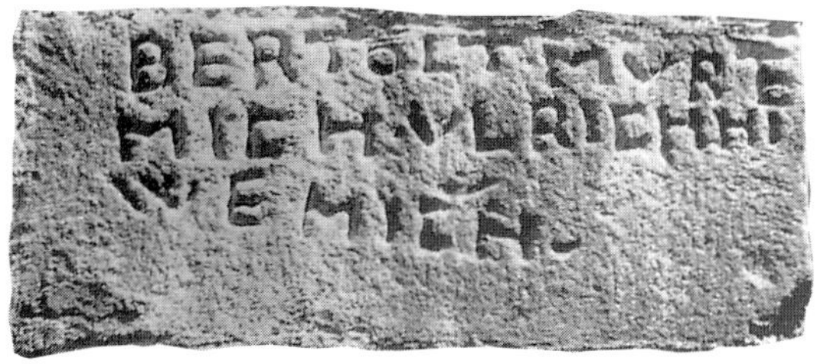

Steinquader auf der Burg Wildenburg mit der Inschrift »Bertold murte mich, Ulrich hiwe mich«

Abbildung 65

Anregungen für die praktische Arbeit

Historische Inschriften stellen nicht nur für den Fachwissenschaftler, sondern auch für den heimat- oder kunstgeschichtlich interessierten Laien ein unerschöpfliches Betätigungsfeld dar. Wie aber kann man praktisch vorgehen, wenn man sich mit Inschriften befassen möchte?

Wo findet man Inschriften?

Als Informationsgrundlage über den Inschriftenbestand am eigenen Wohnort eignen sich besonders die **Kunstdenkmälerinventare**, die in vielen Gegenden Deutschlands erstellt werden oder bereits vorliegen. Sie geben einen Überblick über den Bestand an Bau- und Kunstdenkmälern und erwähnen im allgemeinen auch deren Inschriften.

Daneben ist es empfehlenswert, einen Blick in die **ortsgeschichtliche Literatur** zu werfen – vielleicht hat sich ja bereits jemand mit den Inschriften der Gegend befaßt. Am ergiebigsten sind in dieser Hinsicht meist die regional- oder lokalgeschichtlichen Zeitschriften, die in allen Städten oder Kreisen erscheinen. Auskunft darüber geben die Mitarbeiter der Stadtbibliothek oder des Stadtarchivs. An sie kann man sich auch wenden, wenn man sich für heute verlorene Inschriften interessiert. Häufig findet man Hilfe bei der Suche nach einschlägigen alten Publikationen und Akten, die bei der weiteren Forschung hilfreich sein könnten. In vielen **Archiven** gibt es handschriftlich abgefaßte Inschriftensammlungen aus dem 17., 18. oder 19. Jahrhundert, die zuweilen nur bestimmte Inschriftengruppen erfassen, etwa Grab- oder Glockeninschriften. Auch alte Stadtbeschreibungen und Orts- oder Kirchenchroniken enthalten häufig den Wortlaut von Inschriften.

Ist die Durchsicht der Literatur abgeschlossen, beginnt die Suche »vor Ort«. Auch dabei darf man auf Hilfe hoffen: Der Küster der Kirche, der Heimatforscher, der Kustos des

Stadtmuseums – sie alle kennen sich in ihrem Reich im allgemeinen sehr gut aus und geben meist hilfsbereit Auskunft. Schließlich aber müssen die eigenen Augen den Großteil der Arbeit übernehmen. Achten Sie beim Besuch von Kirchen auf die Grabplatten am Boden, auf die Epitaphien an den Wänden, die Beschriftung von Altargemälden und die Bibelsprüche oder Bildbeischriften an der alten Kanzel. In manchen alten Kirchen finden Sie neben einer Eingangstür oder an einem Pfeiler eine Bauinschrift. Auf dem Friedhof stehen die ältesten Grabkreuze oft zusammen in einer Ecke oder sind in die Umfassungsmauer eingelassen. An Denkmälern, Brunnen und öffentlichen Gebäuden werden Sie häufig Inschriften finden, und mancher Spaziergang führt an alten Wegekreuzen vorbei, über deren Alter und Stifter eine Inschrift Auskunft gibt. Schier unzählbar sind die Inschriften in Kunstgewerbemuseen. Kamine, Schränke, Besteck und Keramikwaren tragen Sprichwörter, Bibelverse oder nur die Initialen des früheren Besitzers.

Wie erfaßt man eine Inschrift?

Haben Sie die Inschriften gefunden, mit denen Sie sich beschäftigen möchten, so empfiehlt es sich, zunächst alle wichtigen äußeren Daten festzuhalten. Notieren Sie, an welchem **Träger** sich die Inschrift befindet, und vermerken Sie dessen Standort. Sehen Sie sich den Inschriftenträger genau an: Besteht er aus Stein, Holz oder Metall? Ist er gut erhalten oder teilweise zerstört? Wie ist er gestaltet, und wie groß ist er?
Dann gilt die Aufmerksamkeit den **äußeren Merkmalen** der Inschrift selbst. An welcher Stelle des Trägers ist sie angebracht: in der Mitte oder am Rand einer Grabplatte, unter einem Altaraufsatz oder mitten im Bild, an der Schulter einer Glocke oder an ihrer Wandung? Wie ist sie angeordnet: zeilenweise in einem Schriftfeld oder einzeilig um die Grabplatte, die Glocke oder den Reliquienkasten umlaufend, als Bildunterschrift oder auf einem Spruchband? Wie ist die Inschrift ausgeführt? Wurde sie in den Stein eingehauen oder erhaben aus ihm herausgearbeitet? Wurde sie in Bronze gegossen, ins Metall eingegraben oder vielleicht emailliert? Ist sie ins Bild gemalt oder (wie es bei Inschriften in Heiligenscheinen häufig der Fall ist) punziert, d. h. mit einem Stift oder Stempel eingedrückt?

Schließlich erfolgt der wichtigste Schritt der Arbeit am Objekt selbst: Die Inschrift wird **abgeschrieben**. Dabei ist es sinnvoll, die Schriftart zu vermerken, die wichtige Hinweise auf die Entstehungszeit der Inschrift geben kann. Gegebenenfalls sollten auch besondere Buchstabenformen, Kürzungs- und Trennzeichen originalgetreu abgezeichnet werden. Manchmal kann man nämlich feststellen, daß etwa ein Steinmetz eine besondere Vorliebe für ein bestimmtes Zeichen als Trennung zwischen zwei Wörtern hat. Mit Hilfe solcher Indizien lassen sich unter Umständen Grabplatten, bei denen das Sterbedatum fehlt, durch einen Vergleich der Schriftbesonderheiten zeitlich ungefähr einordnen.
Es ist möglich, daß die Schrift gerade bei Grabsteinen, die teilweise verwittert, oder Grabplatten, die abgetreten sind, nur schwer zu lesen ist. Lassen Sie sich nicht entmutigen – auch die »Fachleute« stehen oft vor diesem Problem. Da hilft es nur, seinem detektivischen Spürsinn freien Lauf zu lassen und zu versuchen, durch Abtasten der Schrift die Buchstaben zu erfühlen. Häufig können Sie auch durch Säubern des Steins mit einer Bürste oder durch Anfeuchten eine bessere Lesbarkeit erreichen. Geradezu frappierend sind die Wirkungen einer hellen Beleuchtung. Sollten Sie sich zur (allerdings schon fast professionellen) Benutzung von Fotoleuchten entschließen, werden Sie vor allem in Kirchen die Inschriftenträger buchstäblich in einem völlig neuen Licht sehen können. Das gilt besonders für große Epitaphien oder Altargemälde, deren obere Teile man bei normaler Beleuchtung oft nicht richtig erkennen kann.

Wie fertigt man eine Abbildung der Inschrift an?

Die nächstliegende Möglichkeit ist natürlich das **Foto**. Es ist allerdings nicht immer einfach, eine Inschrift so zu fotografieren, daß sie gut belichtet wird und genügend Tiefe erhält. Natürlich kann man auch mit einer einfachen Kleinbildkamera Aufnahmen machen, die für den »Hausgebrauch« ausreichend sein können. Wenn Sie aber daran denken, die Fotos etwa in einem Aufsatz oder gar einem Buch zu veröffentlichen, müssen höhere Ansprüche gestellt werden. Ein entscheidender Nachteil der einfacheren Kleinbildkameras liegt darin, daß man im allgemeinen das Objektiv nicht austauschen kann und zudem das mitgelieferte Festobjektiv meist einen leichten Weitwinkel ergibt. Optisch nicht verzerrte Aufnahmen, vor allem Nahaufnahmen, sind damit nicht möglich. Besser geeignet sind Spiegelreflexkameras mit Wechselobjektiven. Bei vielen Objekten wird man mit einem 50-Millimeter-Objektiv auskommen. Für hoch angebrachte Inschriften empfiehlt sich die Verwendung eines Teleobjektives.

Abhängig vom Material des Inschriftenträgers können sich beim Fotografieren Schwierigkeiten ergeben. Recht unproblematisch sind Wandmalereien und Gemälde aufzunehmen – letztere vor allem, wenn es sich um die eher matte Tempera- oder Aquarellmalerei handelt. Ölfarben hingegen reflektieren stärker, was sich vor allem bei Blitzaufnahmen unangenehm bemerkbar macht. Die verschiedenen Gesteinsarten zeigen beim Fotografieren ganz unterschiedliche Eigenschaften. Insgesamt gilt auch hier: Steine mit matter Oberfläche (Sandstein) sind leichter aufzunehmen als polierte (Marmor, Kalkstein), die unter Umständen stark reflektieren. Schwieriger noch ist die Aufnahme von Metallinschriften, seien sie gegossen, graviert oder emailliert. Das hängt ebenfalls mit der starken Reflexbildung zusammen. Für die Aufnahme von Stein oder Leinwand eignen sich Filme mit einer vergleichsweise geringen Lichtempfindlichkeit (15 DIN) besser als die gängigeren 21-DIN-Filme, da das Negativ weniger Farbabstufungen bzw. (bei Schwarzweißfilmen) Grautöne zeigt und somit brillanter wird. Für Metallinschriften sind die etwas lichtempfindlicheren 18-DIN-Filme empfehlenswert.

Gegossene oder gravierte Metallinschriften sowie Steininschriften, die entweder eingehauen oder erhaben sind, heben sich – anders als gemalte Inschriften – im allgemeinen nicht durch farbliche Unterschiede vom Hintergrund ab, sondern durch ihre Dreidimensionalität. Je stärker die Tiefe der Inschrift betont wird, um so besser ist der Text im Foto lesbar. Es ist deshalb am günstigsten, wenn das Licht seitlich auf die Inschrift fällt; dann sorgen nämlich die Schatten für einen ausreichenden Helligkeitskontrast. Das gilt sowohl für Aufnahmen, die bei natürlicher Beleuchtung im Freien gemacht werden, als auch für Innenaufnahmen mit **Blitz** oder **Fotoleuchten**. Muß das Blitzgerät aufgesteckt werden, hat man natürlich keine Möglichkeit, eine größere Tiefe zu erreichen, und kann höchstens durch indirektes Blitzen

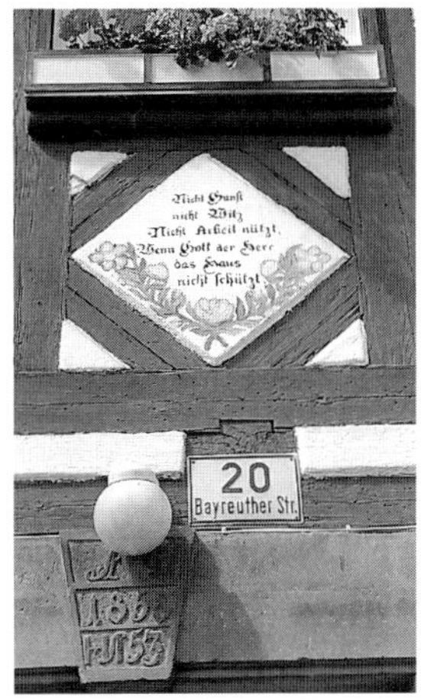

Ein Normalobjektiv ist für private Dokumentationszwecke meist völlig ausreichend

Abbildung 66

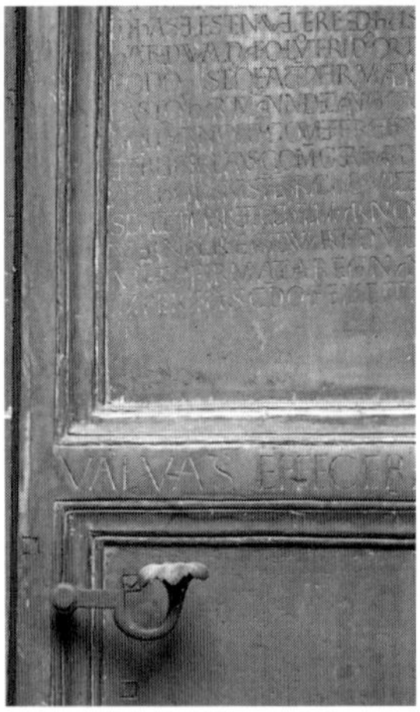

Bronzetür des Marktportals des Mainzer Domes mit dem Adalbert-Privileg (Ausschnitt; starke Spiegelung bei der Aufnahme)

Abbildung 67

allzu starke Reflexe auf dem Foto verhindern. Bei vielen Kameras ist es aber möglich, das Blitzgerät über ein Kabel mit der Kamera zu verbinden. Dann kann es so gehalten werden, daß es das Objekt von der Seite her beleuchtet. Sehr wirkungsvoll sind Fotoleuchten, die nach Bedarf beliebig nah oder weit vom Objekt aufgestellt werden können und zudem in der Höhe variabel sind. Solche Fotoleuchten haben eine Stärke von jeweils 1 000 Watt und erzielen auch in dunklen Kirchen eine erstaunliche Wirkung. Von den Anschaffungskosten einmal ganz abgesehen, ist die Arbeit mit solchen Leuchten allerdings recht aufwendig, da man zusätzlich ausreichend lange Verlängerungskabel mitnehmen muß, am besten eine Kabeltrommel mit mindestens 20 Meter Kabel. Außerdem sind, gerade in alten Gebäuden, nicht alle Sicherungen den 2 000 Watt gewachsen, die eine gute Ausleuchtung voraussetzt.

Eine andere Möglichkeit, die Inschrift abzubilden, ist der **Abklatsch**. Ein Abklatsch ist eine Art Maske, die von der Inschrift hergestellt wird. Gegenüber dem Foto hat er den Vorteil, dreidimensional zu sein und die Erhebungen und Vertiefungen der Inschrift genau wiederzugeben. Starkes Löschpapier, am besten solches, wie es in der Industrie verwendet wird, wird auf die angefeuchtete Inschrift aufgelegt und mit einem nassen Schwamm angedrückt. Mit der Bürste wird es vorsichtig angeklopft, damit keine Luftblasen zwischen Papier und Inschriftenträger bleiben. Gibt es dennoch kleine Bläschen, lassen sie sich mit einer Stecknadel zerstechen. Danach heißt es warten, bis das Papier getrocknet ist und abgenommen werden kann. Der fertige Abklatsch läßt sich zum Transport rollen und kann beliebig lange aufbewahrt werden. Der Nachteil dieser Methode liegt auf der Hand: Sie ist recht langwierig und empfiehlt sich nur in der warmen Jahreszeit, da der Trockenprozeß sonst zu lange dauert. Bei Epigraphikern, die sich mit antiken Inschriften in Italien oder Griechenland befassen, ist der Abklatsch sehr beliebt, da er eine höchst genaue Form der dreidimensionalen Wiedergabe darstellt, sofern er sorgfältig angefertigt wird.

Handelt es sich um kurze Inschriften, einzelne Wörter oder Buchstaben, so ist auch die Methode des **Abreibens** empfehlenswert. Das gilt allerdings nur, falls der Träger der Inschrift glatt gearbeitet ist und die vertiefte Inschrift sich daher von der sie umgebenden Fläche deutlich abhebt, also vor allem bei poliertem Stein oder bei Inschriften in Metall. Zum Abreiben wird zähes, nicht zu starkes Papier (z. B. Japanpapier) mit Klebestreifen auf der Unterlage befestigt. Dann wird die Inschrift mit einem stumpfen Stift, am besten mit einem Wachsstift, abgerubbelt. England-Touristen kennen sicherlich die zahlreichen mit Darstellungen der Verstorbenen versehenen Messinggrabplatten in englischen Kirchen, an denen die Besucher eifrig »brass-rubbing« betreiben, um das »Rubbelbild« eines ansehnlichen Ritters oder einer adeligen Dame als Andenken mit nach Hause zu nehmen. Das Verfahren entspricht dem des einfachen Abreibens, ist aber insofern verfeinert, als man statt des Wachsstiftes einen im Auftrag der Monumental Brass Society speziell dafür entwickelten sogenannten »heel-ball« verwendet.

Natürlich kann man die Inschrift auch einfach **nachzeichnen**. Das Ergebnis hängt allerdings von der künstlerischen Begabung des Zeichners ab. Zudem hat das Nachzeichnen einen erheblichen Nachteil: Zwangsläufig liest und interpretiert man bereits beim Abzeichnen und übernimmt dabei auch Lesefehler. Diese kann man später nicht mehr anhand eines »objektiven« Zeugnisses, wie es ein Foto oder ein Abklatsch darstellt, korrigieren. Das korrekte Abzeichnen von Inschriften setzt also, je nach Lesbarkeit des Originals, schon einige Erfahrung im Umgang mit Inschriften voraus und ist daher nur eingeschränkt empfehlenswert.

Wie wertet man eine Inschrift aus?

Welche Fragen können Sie nun an »Ihre« Inschriften richten? Bei der Auswertung einer Inschrift gilt der erste Blick natürlich ihrem **Inhalt**. Was wird eigentlich ausgesagt? Handelt es sich um eine Grabinschrift? Wird ein Künstler oder Stifter genannt? Ist es ein Bibelvers oder ein Gebet? Oder wird die Grundsteinlegung oder Fertigstellung eines Gebäudes berichtet? Wird vielleicht an ein besonderes Ereignis erinnert, etwa an einen ungewöhnlichen Hochwasserstand, einen Mord oder einen Unfall?

Die weitaus meisten alten Inschriften sind Grab- bzw. Sterbeinschriften. Einige der Verstorbenen werden Sie in anderen Quellen, insbesondere in Kirchenbüchern, aber viel-

leicht auch in Rats- oder Zunftlisten wiederfinden können. Wenn Sie sich mit der Stadt- oder Ortsgeschichte befassen, sollten Sie auf die Erwähnung von Berufen, öffentlichen oder kirchlichen Ämtern in den Grabinschriften achten. Vielleicht finden Sie einen Bürgermeister oder Schöffen, einen Schneider, Müller oder Sattler, der den Lokalhistorikern bislang noch unbekannt war. Bildepitaphien und Grabplatten mit bildlichen Darstellungen sind Mittel der Selbstdarstellung und vermitteln Ihnen einen Eindruck vom sozialen Stand und vom Selbstverständnis der Verstorbenen. Zugleich sind sie eine anschauliche Quelle für die Kostümgeschichte und die Alltags- und Sachkultur der Zeit. Gilt Ihr Interesse einer Bauinschrift, sollten Sie darauf achten, wo genau sie angebracht ist. Gerade im 17. Jahrhundert wurden im Laufe des Bauens gelegentlich mehrere Bauinschriften am selben Gebäude angebracht. Aus dem Anbringungsort (neben dem Eingang, über dem Fenster usw.) kann man ersehen, bis zu welchem Punkt die Arbeiten zu dem in der Inschrift genannten Zeitpunkt gediehen waren. Häufig werden Sie in alten Bauakten ergänzende Informationen zur Baugeschichte finden.
Ähnliches gilt auch für historische Ereignisse wie etwa die Belagerung oder Beschießung einer Stadt, eine Hungersnot, eine Überschwemmung oder ähnliches. Eine inschriftliche Nachricht darüber sollte immer an der übrigen historischen Überlieferung überprüft werden, die ja meist in Form von Stadtgeschichten oder Ortschroniken leicht zugänglich ist.
Es ist wichtig, den Träger der Inschrift bei ihrer Auswertung stets mit im Blick zu behalten. Träger und Inschrift bilden immer eine Einheit und ergänzen sich gegenseitig in ihrer Aussagekraft. Ganz deutlich wird das schon bei Grabplatten, die eine Darstellung des Verstorbenen zeigen. Er wird der Nachwelt in Wort **und** Bild vorgestellt, beide tragen zu unserem Eindruck bei. Diese besonders enge Verbindung von Inschrift und Träger gilt für alle Beischriften zu bildlichen Darstellungen, wo immer sie sich befinden.
Neben der inhaltlichen kann die **formale Auswertung** der Inschrift weitere Ergebnisse erbringen. Dies ist eine nicht immer leichte Aufgabe, die häufig zu interessanten Ergebnissen führt. Beachten Sie, in welcher Sprache die Inschrift verfaßt ist: in (mittelalterlichem oder klassischem bzw. humanistischem) Latein, in (Hoch- oder Nieder- bzw. Mittel-

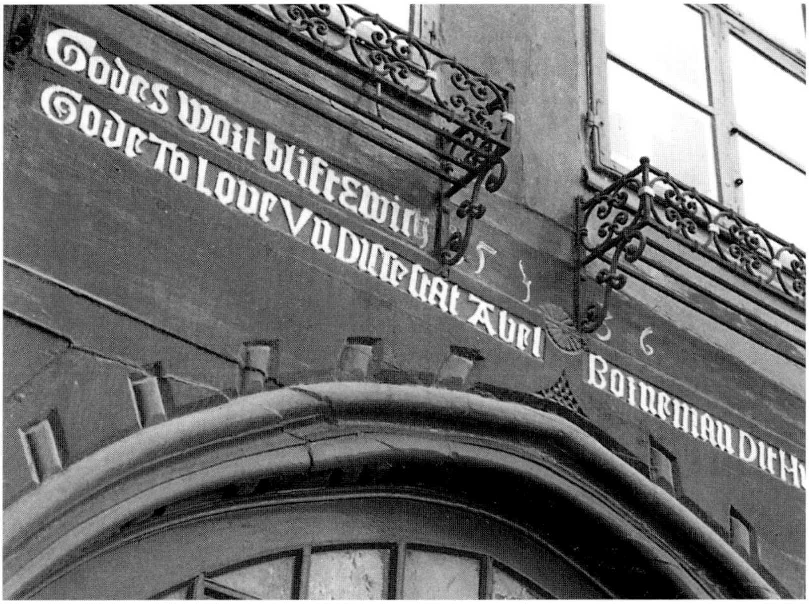

Holzbalken mit geschnitzter Inschrift an einem Haus in Göttingen

Abbildung 68

oder Ober-)Deutsch oder in einer anderen Sprache. Die Wahl der Sprache und das Sprachniveau sagen viel aus über das Bildungsniveau des Verfassers und über die Sprachgewohnheiten der Gegend. Überprüfen Sie, ob die Inschrift in Versen abgefaßt ist! Bei deutschen Inschriften wird Ihnen das kaum Mühe bereiten, und Sie werden unschwer beurteilen können, ob die Verse anspruchsvoll sind und der Reim gelungen ist. Schwieriger ist dies bei lateinischen Versen, deren Beurteilung oft eine philologische Ausbildung voraussetzt. Viele Texte werden Ihnen bekannt vorkommen – unzählige Male wird in Inschriften die Bibel zitiert. Gelegentlich wird Ihnen aber auch ein Sprichwort begegnen, dessen lange Geschichte Ihnen vielleicht bislang unbekannt war.

Wenn Sie sich mit historischen Inschriften beschäftigen, werden Ihnen im Laufe der Zeit immer mehr interessante Aspekte der alten Texte auffallen, und die Faszination, die von diesen Geschichtsquellen zum Anfassen ausgeht, wird Ihnen zunehmend mehr Freude bereiten.

Anhang

Glossar

akzentuierend → Vers

Ambo (erhöht stehendes) Lesepult in der Kirche

Archaismus altertümliche Ausdrucksweise

Christogramm gekürzte Form des Namens Christi, bei der die griechischen Buchstaben Chi (X) und Rho (P) ineinandergesetzt sind

Chronogramm lateinische Inschrift (oder sonstiger Text) in dem diejenigen Buchstaben, welche auch als römische Ziffern gelesen werden können, ihren Zahlwerten nach zu addieren sind und mit der so errechneten Gesamtsumme das Jahr eines bestimmten Ereignisses angeben; diese »Zahlbuchstaben« sind fast immer durch eine besondere Gestaltung hervorgehoben, vor allem indem sie als → Majuskeln geschrieben oder farblich betont werden

Chronologie Zeitrechnung

Devise Wahlspruch; in der → Heraldik: kurzer, auf einem Zettel oder Band unter dem Wappen angebrachter Spruch nach Wahl des Wappenherrn; Wahlsprüche, die beständig mit einem Wappen verbunden sind, nennt man Wappensprüche

Distichon Verseinheit aus zwei → Versen, besonders die Verbindung eines → Hexameters mit folgendem → Pentameter (sogenanntes elegisches Distichon)

Enklave Buchstabenkombination, bei der ein oder mehrere Buchstaben in einen anderen (etwa in ein O, ein D oder in den Bogen eines P) gesetzt sind

Epitaph Totengedächtnismal aus beliebigem Material sowie beliebiger Form und Größe, senkrecht an der Wand oder an einem Pfeiler angebracht

Fraktur Kleinbuchstabenschrift, gebräuchlich ab dem 16. Jahrhundert

Freskenmalerei Malerei auf feuchtem Putz

Gemme geschnittener Edel- oder Halbedelstein

Genealogie Ahnenforschung, Familienkunde

Glockenflanke der annähernd zylindrische Teil zwischen → Glockenschulter und Wolm (= Übergang zwischen Flanke und Schlagring)

Glockenhals oberste Zone der Flanke, die häufig einen Zierfries oder eine umlaufende Inschrift trägt

Glockenmantel äußerer Formteil für den Glockenguß

Glockenrippe Querschnitt einer Glocke

Glockenschlag dickste Stelle der Glockenwandung, die vom Klöppel getroffen werden soll

Glockenschulter runder oder geknickter Übergang von der Flanke zur Haube

Glockenzier Verzierung der Glocke mit Ornamenten, figürlichen Darstellungen oder Schrift

Glyptik Steinschneidekunst

gotische Majuskel Großbuchstabenschrift mit stark ornamentalem Charakter, gebräuchlich etwa vom 13.–16. Jahrhundert; → Majuskel; → romanische Majuskel

gotische Minuskel Kleinbuchstabenschrift, gebräuchlich etwa vom 14.–16. Jahrhundert

Grabplatte die Grabstätte abdeckende, flach auf dem Boden liegende Platte

Grabstein über dem Grab aufgestellter Stein

Graffito in die Mauer eingekratzte oder flüchtig aufgemalte Inschrift

Haste gerader, senkrechter oder leicht geneigter Strich als Bestandteil eines Buchstabens

Heraldik Wappenkunde

Hexameter → Vers aus sechs Füßen (meist Daktylen, aber auch Spondeen), deren letzter um eine Silbe gekürzt ist; → Distichon; → stichisch

Ikonographie Lehre von den Bildinhalten

Intaglio → Gemme mit gravierter Darstellung

Kameo → Gemme mit erhabener Darstellung

Kapitalis → Majuskelschrift mit überwiegend spitzen Buchstabenformen; gebräuchlich in der römischen Antike, im frühen Mittelalter und seit dem 15. Jahrhundert

Kenotaph wörtlich »leeres Grab«; gemeint ist ein Grabmal, das nur zur Erinnerung an den Toten dienen soll, nicht aber tatsächlich seine Gebeine aufnimmt

Kodex im Buchwesen die Bezeichnung für das aus einzelnen Seiten bzw. Lagen bestehende Buch (im Unterschied zur Buchrolle); praktisch nur zur Bezeichnung handgeschriebener Bücher verwendet

leoninischer Reim besondere Form des Binnenreims: Reim von Zäsur (Einschnitt im Vers) und Versende

Ligatur Verbindung zweier oder mehrerer Buchstaben, bei der ein Teil des ersten Buchstaben zugleich Bestandteil des folgenden ist

Majuskel Großbuchstabenschrift; → Kapitalis; → gotische Majuskel; → romanische Majuskel

metrisch → Vers

Minuskel Kleinbuchstabenschrift

Nimbus Form der Auszeichnung wichtiger Personen in bildlichen Darstellungen: rundes (bisweilen auch eckiges) Feld oder Strahlenkranz hinter dem Kopf der betreffenden Person; in der christlichen → Ikonographie vor allem der sogenannte Heiligenschein

Numismatik Münzkunde

Paläographie Schriftkunde

Pentameter daktylischer → Vers, der in der antiken Dichtungstheorie als aus fünf Versfüßen bestehend angesehen wurde; → Distichon

Portatile Tragaltar

quantitierend → Vers

rhythmisch → Vers

romanische Majuskel	Großbuchstabenschrift, gebräuchlich etwa ab dem 11. Jahrhundert; unterscheidet sich von der → Kapitalis unter anderem durch größere Formenvielfalt, besonders durch die Aufnahme runder Formen; → gotische Majuskel; → Majuskel
Seccomalerei	Malerei auf trockenem Putzmörtel
Sphragistik	Siegelkunde
Spore	kleiner Abschlußstrich am Ende einer → Haste
stichisch	einzige metrische Einheit ist der → Vers (also z. B. nicht ein Vers**paar** wie beim **Di**stichon)
Totenschild	zum Gedenken an einen Toten an der (Kirchen-)Wand aufgehängter Holzschild mit aufgemaltem Wappen und Inschrift
Tumba	Grabmal mit kastenartigem Unterbau und darauf liegender Platte
Vers, akzentuierend	Wortakzent und Versakzent fallen (möglichst) zusammen; in Versen gleichen »Maßes« muß vor allem die Anzahl der Silben übereinstimmen, so daß man die akzentuierenden Verse als Vier-, Fünf-, Sechssilbler usw. bezeichnet
-, metrisch	→ Vers, quantitierend
-, quantitierend	im Unterschied zum akzentuierenden Vers beruht der Rhythmus des quantitierenden Verses auf einer je nach Versart verschieden gegliederten Abfolge von kurzen und langen Silben; die antike lateinische Dichtung kennt ausschließlich quantitierende Verse
-, rhythmisch	verbreitete, aber wenig glückliche Bezeichnung für den akzentuierenden Vers

Epigraphische Abkürzungen

In Inschriften werden Wörter häufig abgekürzt. Man unterscheidet verschiedene Abkürzungsweisen:

- Es werden nur der erste oder die ersten Buchstaben geschrieben, die anderen durch ein Kürzungszeichen (Querstrich, Häkchen) ersetzt (= Suspension).
- Es werden der erste, der letzte und eventuell ein oder mehrere weitere Buchstaben geschrieben, die anderen durch einen darüber gesetzten Querstrich ersetzt (= Kontraktion).
- An den oder die ersten Buchstaben wird die hochgestellte Endsilbe angehängt, die anderen Buchstaben fallen weg.
- Es werden besondere Zeichen verwendet, die (wie in der Stenographie) jeweils ein ganzes, häufig benutztes Wort ersetzen (= Tachygraphie).

&	et
7	et
Ao	Anno
DOM	Deo optimo maximo (dem besten, höchsten Gott)
DSGG	der Seele Gott gnade
GGDS	Gott gnade der Seele
GSDSG	Gott sei der Seele gnädig
IHS	Jesus (Abkürzung in **griechischen** Buchstaben) Iesum habemus socium (Jesus ist unser Begleiter)
INRI	Iesus Nazarenus rex iudaeorum (Jesus von Nazareth, König der Juden)
Ø	obiit (er/sie starb)
Ꝑ	per (durch); auch: ... par..., ... por...
ꝓ	pro
RIP	requiescat in pace (er/sie ruhe in Frieden)
S	sanctus/sancta (der/die Heilige)
SCS	sanctus (der Heilige)
XPC	Christus (Abkürzung in **griechischen** Buchstaben)

Literatur

Einführungen

Rudolf M. Kloos, Einführung in die Epigraphik des Mittelalters und der frühen Neuzeit, Darmstadt 1992 (2. Auflage)

Robert Favreau, Les inscriptions médiévales, Typologie des sources du moyen âge occidental 35, Turnhout 1979

Inschrifteneditionen

Für Deutschland und Österreich sind hier in erster Linie die Publikationen der deutschen und österreichischen Akademien der Wissenschaften unter dem Reihentitel »Die deutschen Inschriften« zu nennen (Bd. 1–22 im Alfred Druckenmüller-Verlag, München, Bd. 23–34 im Dr. Ludwig Reichert-Verlag, Wiesbaden). Darin sind die Inschriften vom 6. Jahrhundert bis 1650 in chronologischer Reihenfolge mit Übersetzung und zum Teil umfangreichen Kommentaren publiziert. Folgende Städte und (Land-)Kreise wurden bis 1994 bearbeitet:

Aachen (Stadt; bis 1656)
Amstetten (Bezirk)
Bad Kreuznach (Landkreis; bis 1689)
Badischer Main-Taubergrund
Bamberg (Landkreis)
Braunschweig (Stadt)
Buchen (Landkreis)
Burgenland
Calw (Landkreis)
Enzkreis
Fritzlar (Stadt)
Göttingen (Stadt)
Hameln (Stadt)
Haßberge (Landkreis)
Heidelberg (Stadt und Landkreis)
Hermagor (Bezirk)
Jena (Stadt)
Karlsruhe (Großkreis)
Ludwigsburg (Landkreis)
Lüneburg (St. Michaeliskloster und Kloster Lüne)

Mainz (Stadt)
Merseburg (Stadt)
Miltenberg (Landkreis)
Mosbach (Landkreis)
München (Stadt und Kreis)
Naumburg (Stadt und Landkreis)
Nürnberg (Friedhöfe St. Johannis, St. Rochus und Wöhrd)
Oppenheim (Stadt)
Osnabrück (Stadt)
Rhein-Neckar-Kreis
Rothenburg ob der Tauber (Stadt)
Scheibbs (Bezirk)
Spittal an der Drau (Bezirk)
Wimpfen am Neckar (Stadt)
Worms (Stadt; bis 1689)
Würzburg (bis 1525)

Angaben zu weiteren Editionen und speziellen Untersuchungen in: **Walter Koch**, Literaturbericht zur mittelalterlichen und neuzeitlichen Epigraphik (1976–1984), Monumenta Germaniae Historica, Hilfsmittel 11, München 1987

Anschriften

Nordrhein-Westfälische Akademie der Wissenschaften, Arbeitsstelle Inschriften, Konviktstr. 11, 53113 Bonn.
Akademie der Wissenschaften zu Göttingen, Inschriftenkommission, Theaterstr. 7, 37073 Göttingen.
Heidelberger Akademie der Wissenschaften, Inschriftenkommission, Karlstr. 4, 69117 Heidelberg.
Akademie der Wissenschaften und der Literatur, Inschriftenkommission, Geschwister-Scholl-Str. 2, 55131 Mainz.
Bayerische Akademie der Wissenschaften, Inschriftenkommission, Lehrstuhl für Historische Hilfswissenschaften an der Universität München, Geschwister-Scholl-Platz 1, 80539 München.
Österreichische Akademie der Wissenschaften, Kommission für die Herausgabe der Inschriften des Deutschen Mittelalters, Fleischmarkt 22, A–1010 Wien.

Bildquellen

Schwarzweiß-Abbildungen im Text

Akademie der Wissenschaften, Göttingen, Inschriftenkommission (Wulf), S. 125; **Amt für kirchliche Denkmalpflege,** Trier (Niko Haas), S. 82 u.; **Amt für kirchliche Denkmalpflege,** Trier (Rita Heyen), S. 34; **Archiv für Kunst und Geschichte,** Berlin (Erich Lessing), S. 103; **Archiv für Kunst und Geschichte,** Berlin, S. 18, 44, 87; **Bayerische Verwaltung der staatlichen Schlösser, Gärten und Seen,** München, S. 33; **Bayerisches Landesamt für Denkmalpflege,** München, S. 40; **Bildarchiv Foto Marburg,** S. 82 o., 111, 122; **Franz Bock,** Der Kronleuchter Kaiser Friedrich Barbarossas. Leipzig 1864 (S. 27, Abb. 11), S. 50 u.; **Diözesanmuseum Bamberg** (Ingeborg Limmer), S. 43; **Domkapitel Aachen** (Ann Münchow), S. 84, 105; **Erzbischöfliches Diözesanmuseum,** Paderborn, S. 37; **Erzbischöfliches Ordinariat München** (Wolf-Christian von der Mülbe), S. 52, 58; **Germanisches Nationalmuseum,** Nürnberg, S. 79; **Inschriftenkommission der Akademie der Wissenschaften und der Literatur,** Mainz, S. 93, 112; **Inschriftenkommission der Heidelberger Akademie der Wissenschaften,** S. 59, 63, 97, 117; **IRPA-KIK,** Bruxelles, S. 102; **Ruth Kaiser,** Viersen, S. 22; **Gisela Kelbert,** Idstein, S. 10, 106, 121; **Kestner-Museum,** Hannover (Lindner), S. 47; **KEYSTONE** Pressedienst, Hamburg, S. 9; **Kloster Wienhausen**/Klosterkammer Hannover (Jens Rheinländer), S. 45; **Kölner Dom/Rheinisches Bildarchiv,** Köln, S. 42; **Landesamt für Denkmalpflege Rheinland-Pfalz** (Tempel), S. 89; **Landesbildstelle Berlin,** S. 76; **Museum Apolda** (Rolf A. Goethe), S. 73; **Nordrhein-Westfälische Akademie der Wissenschaften,** Inschriftenkommission (Gerda Hellmer), S. 13, 14, 36, 38, 39, 51, 56, 66, 68; **Nordrhein-Westfälische Akademie der Wissenschaften,** Inschriftenkommission (Gerda Hellmer, Ursula Schmitz), S. 21, 28, 31; **Nordrhein-Westfälische Akademie der Wissenschaften,** Inschriftenkommission (Ursula Schmitz), S. 57; **Dr. H. Oidtmann GmbH**/Stefan Johnen, Linnich, S. 41; **Peter Udo Pinzer,** Bremthal, S. 109; **Rheinisches Amt für Denkmalpflege,** Abtei Brauweiler (H. Rickert), S. 46; **Rheinisches Bildarchiv,** Köln, S. 100; **Rheinisches Landesmuseum Bonn,** S. 55; **Schatkamer van de O.L.-Vrouwe Basiliek,** Maastricht, S. 83; **H.-J. Schwarz,** Idstein, S. 48; **Silvestris** Fotoservice, Kastl/Obb. (Hans Heitmann), S. 90; **Stadtarchiv Worms,** S. 51 o.; **Margrit Stüber,** Niedernhausen, S. 60, 65, 71; **Tatja Stüber,** Karlsruhe, S. 98; **Suermondt-Ludwig-Museum,** Aachen (Anne Gold), S. 107; **Universitätsbibliothek Leiden,** Hs. Voss. Lat. Q. 69, f. 19r, S. 110; **Victoria and Albert Museum,** London (Repro nach Gertrud Schiller, Ikonographie der christlichen Kunst, Bd. 2, Gütersloh 1968), S. 53; **Westfälisches Amt für Denkmalpflege,** Münster (Arnulf Brückner), S. 50 o.

Farbtafeln

Archiv für Kunst und Geschichte, Berlin (Erich Lessing), IV l., XIII, XVI; **Archiv für Kunst und Geschichte,** Berlin, IV r., VIII o., X, XII o. l., XVIII o.; **Diözesanmuseum Bamberg** (Ingeborg Limmer), IX; **Domkapitel Aachen** (Ann Münchow), XV, XVIII; **Domkapitel Aachen,** XVII; **Domschatzkammer Essen**/slomifoto, V; **Gisela Kelbert,** Idstein, III (alle); **Kestner-Museum,** Hannover (Lindner), XII o. r.; **KEYSTONE** Pressedienst, Hamburg, I o. und u., II u. r.; **Kloster Wienhausen**/Klosterkammer, Hannover (Jens Rheinländer), VIII u.; **Museum für Kunst und Kulturgeschichte,** Dortmund (M. A. Albrecht), XII u.; **Presse-Bild-Verlag Wilma Holder,** Bad Urach, VII; **Rheinisches Amt für Denkmalpflege,** Abtei Brauweiler (H. Rickert), XI; **Schnütgen-Museum/Rheinisches Bildarchiv,** Köln, XIV; **H.-J. Schwarz,** Idstein, II o. und u. l.; **Westfälisches Landesmuseum für Kunst und Kulturgeschichte Münster**/Dauerleihgabe aus Privatbesitz, VI.

Zum gleichen Themenbereich sind im FALKEN Verlag bereits erschienen:
Peter Bahn, Familienforschung und Wappenkunde (4485)
Peter Bahn, Familienforschung – Ahnentafel – Wappenkunde (0744)

Die Deutsche Bibliothek – CIP-Einheitsaufnahme

Giersiepen, Helga:
Inschriften, Schriftdenkmäler : Techniken, Geschichte, Anlässe ; mit zahlreichen Beispielen und Hinweisen zum Sammeln und Deuten / Helga Giersiepen/Clemens Bayer. – Niedernhausen/Ts. : FALKEN, 1995
ISBN 3-8068-1479-1
NE: Bayer, Clemens:

ISBN 3 8068 1479 1

Umschlaggestaltung: Andreas Jacobsen
Layout: Margrit Stüber
Redaktion: Dr. Dietrich Voorgang
Nachauflagenredaktion: Matthias Libera
Titelbild: Archiv Gerstenberg, Wietze; Peter Udo Pinzer, Bremthal
Bildbeschaffung: Dr. Ruth Leners

Satz und elektronische Bildintegration:
Grunewald Satz & Repro GmbH, Kassel
Druck: Ludwig Auer GmbH, Donauwörth

817 2635 4453 6271

UNSER TIP

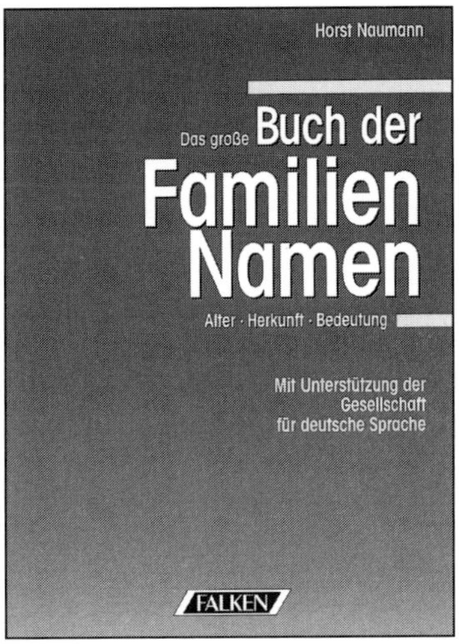

Das „Große Buch der Familiennamen“ gibt Auskunft über den Ursprung, die sprachliche Entwicklung und die Bedeutung der gebräuchlichsten Familiennamen des deutschen Sprachgebietes. Urkundliche Belege verdeutlichen, welche sprachlichen Veränderungen im Lauf der Zeit erfolgt sind und zur heutigen Schreib- und Lautform der Namen geführt haben.

Das große Buch der Familiennamen
Alter – Herkunft – Bedeutung
Von Prof. Dr. Horst Naumann (Hrsg.)
320 Seiten, 96 s/w-Fotos, gebunden
ISBN: 3-8068-**4781**-9
Preis: DM 39,90, öS 328,–, sFr 39,90

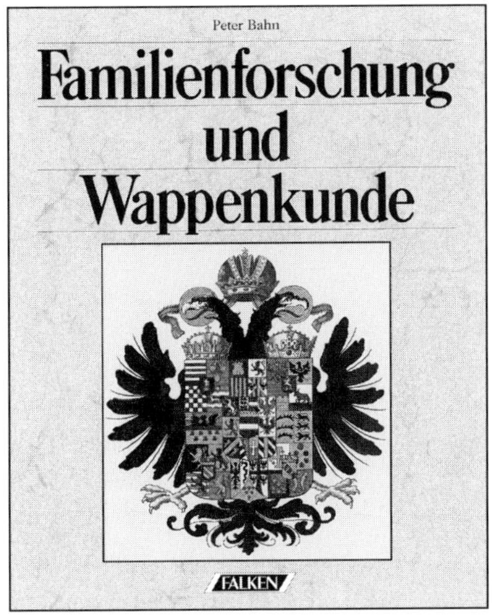

Ahnenforschung als fesselnde Freizeitbeschäftigung: Dieses Handbuch vermittelt alle dazu notwendigen Kenntnisse und hilft mit wertvollen Tips bei der Recherche und der Aufbereitung und grafischen Präsentation des zusammengetragenen Materials. Mit Informationen zur Wappenkunde und einem Literatur- und Anschriftenverzeichnis.

Familienforschung und Wappenkunde
Von Peter Bahn, 224 Seiten, 114 zweifarbige Abbildungen, gebunden
ISBN: 3-8068-**4485**-2
Preis: DM 59,90, öS 489,–, sFr 59,–

FALKEN

Der Spezialist für nützliche Bücher

Stand der Preise 1.1.1995 · Preisänderungen vorbehalten